Reih

Janina ist aus dem Ghetto gerettet, aber ihr Leben bleibt bedroht von Schrecken. Sie lebt in Warschau und fühlt sich ohne ihre Eltern sehr einsam. Allein und auf sich gestellt muss sie sich in einer fremden Umgebung zurechtfinden und sich an neue Menschen gewöhnen – und trotzdem schöpft sie immer wieder neuen Mut.

Janina David, 1930 in Polen geboren, wächst als jüdisches Mädchen in einer bürgerlichen Familie auf. Während des Krieges verliert sie ihre Eltern und verlässt 1946 nach ihrer Befreiung aus dem Warschauer Ghetto Polen. In Australien studiert sie Psychologie und Sozialwissenschaften und kehrt 1958 nach Europa zurück. Heute lebt Janina David als freie Schriftstellerin in London.

Janina David

Ein Stück Erde

Das Ende einer Kindheit

Aus dem Englischen von
Hannelore Neves

Deutscher Taschenbuch Verlag

Von Janina David
ist im Deutschen Taschenbuch Verlag erschienen:
Ein Stück Himmel (62047)

Für meinen Onkel

Ungekürzte Ausgabe
In neuer Rechtschreibung
Juni 2001
2. Auflage Januar 2006
Deutscher Taschenbuch Verlag GmbH & Co. KG,
München
www.dtv.de
Titel der Originalausgabe:
›A Touch of Earth. A Wartime Childhood‹
(London 1969)

Satz: Fotosatz Reinhard Amann, Aichstetten
Gesetzt aus der Sabon 10,5/12· (QuarkXPress)
Druck und Bindung: buch bücher dd ag, Frensdorf
Gedruck auf säurefreiem, chlorfrei gebleichtem Papier
Printed in Germany · ISBN 3-423-62069-2

I

»Im September beginnt wieder die Schule und damit das vierte Jahr des Krieges ...«

Ich wiederholte diese Worte noch einmal, auf dem Boden eines großen, leeren Raumes sitzend, und meine Stimme hallte mit einem tönenden Echo von den Wänden zurück. Erschrocken drückte ich die Hände auf meinen Mund und lauschte einen Moment lang ängstlich, aber es gab kein anderes Geräusch. Niemand hatte mich gehört.

Die Wohnung war still, keine Schritte kamen vom Stiegenhaus. Acht Monate waren vergangen, seit ich an einem verschneiten Morgen im Januar 1943 hierher gekommen war. Acht Monate, seit ich das Ghetto verlassen hatte und Erich durch die einsamen Straßen von Warschau in die Sicherheit seiner Wohnung gefolgt war, wo ich, wie ich zuversichtlich hoffte, bis zum Ende des Krieges bleiben konnte. Acht Monate lang hatte ich Tag für Tag angstvoll auf die Ankunft meiner Eltern gewartet, aber jetzt hatte ich jede Hoffnung aufgegeben, sie wieder zu sehen, und noch einmal sollte ich aufbrechen, allein diesmal, um es mit der Welt draußen aufzunehmen. Und plötzlich schien mir diese Wohnung, die so lange mein Gefängnis gewesen war, der sicherste Platz auf Erden. Ich zitterte vor Schreck bei der Vorstellung, ihre leeren Wände verlassen zu müssen.

Seit Anfang 1940 hatte ich zusammen mit meinen Eltern und der restlichen Familie im Ghetto von Warschau gelebt. Dort hatte Vater einmal zufällig Lydia getroffen und sie trat in unser Leben wie eine gute Fee, sie besuchte uns in unserem schäbigen, feuchten, kleinen Zimmer, brachte Essen und fürstliche Geschenke, und brachte vor allem ihre Schönheit und ihr Lachen, was meinem elfjährigen Gehirn noch verführerischer erschien als die Cremetorten.

Lydia und Erich hatten vor dem Krieg in unserer Stadt gelebt. Er war dort Friseur gewesen, ein kurzer, dicklicher Mann mit Grübchen in den Wangen und einem quälenden Stottern in seinem starken deutschen Akzent, den er nach so vielen Jahren in Polen noch immer nicht verloren hatte. Erich war Deutscher, erklärte mir meine Mutter vor meinem ersten Besuch in diesem merkwürdigen Haushalt. Aber er war schon als kleiner Junge nach Polen gekommen und hatte die polnische Staatsbürgerschaft angenommen. Er nahm seinen ursprünglichen Status im Krieg, als so viele andere selbst die fadenscheinigsten Verbindungen mit Deutschland zur Erreichung von Machtpositionen nutzten, nicht wieder an. In Warschau hatte er jetzt ein viel größeres Unternehmen, einen Schönheitssalon, und das Geschäft ging offenbar glänzend.

Lydia war eine Polin reinsten Wassers, aber als sie uns begegnete, hatte sie einen deutschen Liebhaber. Die völlige Problemlosigkeit, mit der sie bei ihren häufigen Besuchen bei uns im Ghetto ein- und ausging, machte meine Eltern etwas skeptisch über die wahre Natur ihrer Beziehung zu den Besatzern. Ich hatte ihren Liebhaber einmal bei ihr gesehen und ich wusste auch, dass es viele andere gegeben hatte, seit er an der russischen Front verschollen war.

1942, als ich zwölf Jahre alt war, begann die Zerstörung des Ghettos und meine Verwandten und Freunde gingen einer nach dem anderen nach Treblinka in den Tod. Meine Großeltern verließen uns als Erste, dann ging Tante Marysia, die Schwester meines Vaters, dann verschwanden meine Freundinnen nacheinander, bis schließlich im Winter 1942/43 allein meine Eltern und ich noch übrig waren von allen, die ich kannte und liebte.

Als während der Deportationen im Januar 1943 der erste Widerstand aufflammte, beschlossen meine Eltern, mich hinauszuschicken, zu Erich und Lydia. Zuerst weigerte ich mich zu gehen, bis sie versprachen, dass Mutter sofort nachkommen würde. Vater würde allein, da war ich sicher, auf »der anderen Seite« leicht durchkommen.

Kaum war ich weg, da fingen die letzten Deportationen an, aber meine Eltern kamen mir nicht nach.

In dem Haus, wo ich jetzt lebte, wusste niemand von meiner Existenz außer Erich und Lydia, ihren Söhnen Paul und Tommy, beide etwas jünger als ich, und Sophie, der alten Haushälterin meiner Großmutter, die jetzt für Lydia arbeitete. Olga, unsere Klavierlehrerin, wurde auch eingeweiht, denn ich konnte während der Klavierstunden unmöglich im Besenschrank bleiben. Am Tag meiner Ankunft bekam ich ein Paar Filzpantoffeln, damit niemand meine Schritte hören konnte, und nie durfte ich mich einem Fenster nähern. Wenn Gäste kamen, verschwand ich im Besenschrank.

An meinem dreizehnten Geburtstag läutete das Telefon. Erich nahm den Hörer ab und reichte ihn nach einem Augenblick mir.

»Es ist Marek«, sagte er, den Namen betonend. Das einzige Telefon im Ghetto, das noch funktionierte, war sicher angezapft, es wäre sehr unklug gewesen, ihn anders zu nennen, aber ich brachte es nicht über mich, Vater bei seinem Namen zu nennen. Über dem Knacken und Summen klang seine Stimme so fern und verzerrt, dass ich sie überhaupt nicht erkennen konnte. Das war das erste Mal, dass er anrief, und ich war zu erschüttert, um etwas sagen zu können. Er fragte, was ich machte, und ich sagte, ich übte gerade mein Klavierstück, möchte er es vielleicht hören. Ja, gern, sagte er. Ich ging zu dem Instrument und spielte meine Übungen, während Erich den Hörer nahe an die Tastatur hielt. Dann ging ich zurück zum Telefon und er sagte, es klänge herrlich und er würde Celia darüber berichten. Dann wiederholte er seine Geburtstagswünsche und legte auf.

Ein paar Tage später kam ein großer Reisekoffer voll mit Kleidern bei uns an. Bestürzt durchwühlte ich ihn. Es waren sämtliche Kleider meiner Eltern und ein paar von mir. Ich fand weder einen begleitenden Brief noch sonst eine Erklärung. Ich durchstöberte alle Taschen und hatte dabei das Gefühl, ein Sakrileg zu begehen, fand aber nichts. In einer von Vaters Taschen war eine Miniaturspielkarte aus grünem Zelluloid, das Pik-Ass, sein Spieltalisman, den er immer bei sich hatte. Ich drückte die Karte in meine Hand und verbrachte den Rest des Tages damit, einen sicheren Ort für sie zu suchen. Ich wusste, dass er sich von dieser Karte nie lange trennte, und war überzeugt, dass er und Mutter bald herüberkommen würden. Voll erneuter Hoffnung wartete ich von einem Tag auf den anderen, aber sie kamen nicht.

Am 17. April weckte uns das ferne Knattern von Schüssen und eine aufgeregte Nachbarin in Lockenwicklern stürzte herein, um zu verkünden, dass das Ghetto sich wehrte. Die letzte Serie von Deportationen hatte begonnen und die noch übrig gebliebenen Juden erhoben sich, um zu kämpfen.

Durch einen Spalt zwischen zwei Häusern vor unseren Fenstern zum Hof konnten wir über den Dächern eine Rauchsäule aufsteigen sehen. Jeder Tag brachte neue Nachrichten über den Kampf. Die Leute strömten zu den Mauern, in der Hoffnung, irgendetwas zu sehen, und die Bäuerinnen, die unsere Lebensmittel brachten, zitterten vor lauter Aufregung.

»Wer hätte ihnen das zugetraut? Hat man schon jemals von einem kämpfenden Juden gehört?«

Ich dachte an Vaters Orden und sah Onkel in seiner zerfetzten Uniform, wie er während der Belagerung von Warschau im Jahre 1939 gekommen war, um uns allen Mut zu machen. Und an meine zahllosen Cousins, die bei Ausbruch des Krieges alle in der polnischen Armee dienten. Einige waren 1939 gefallen, andere in Gefangenschaft geraten, wie Onkel, andere im Ausland verschwunden. Hatten sie denn nicht gekämpft?

»Nützen wird es ihnen ja nichts«, knödelte die Bauernstimme in der Küche. »Ein paar Flugzeuge, ein paar Panzer und alles ist vorbei. Oder Gas. Warum verwenden sie kein Gas? Das würde sie bald ausräuchern, was? Das Ungeziefer ausräuchern, sage ich immer. Das ist das einzige Gute an diesem Hitler, dass er uns die Juden vom Hals schafft.«

Wie oft sollte ich in den folgenden Wochen solche Worte noch hören. Man war allgemein empört darüber, dass die Juden ausgerechnet diese Zeit des Jahres für ihren Kampf gewählt hatten. Es war Ostern, das Wetter herrlich und nun hatten die Bewohner der Häuser am Rand des Ghettos das Pech, dass sie ihre Fenster nicht öffnen konnten, um die Frühlingssonne zu genießen. Dichte Rauchwolken wogten über allem, drangen in die Häuser ein, ruinierten die Vorhänge. Und der Geruch!

Ich saß im hinteren Schlafzimmer, starrte wie hypnotisiert auf diese Rauchwolke und versuchte mir vorzustellen, was meine Eltern taten. Vater konnte man sich leicht mit einem Gewehr vorstellen, aber was war mit Mutter? Hockte sie irgendwo in einem Keller, wie wir zusammen in den achtundvierzig Stunden, bevor ich sie verließ? Zitterte und weinte sie allein, eingekeilt zwischen Fremden, und wartete auf die Explosion, die das Ende bedeutete? Mein Herz verkrampfte sich vor Elend. Ich hatte kein Recht gehabt, sie zu verlassen. Mein Platz war dort. Auch wenn ich ihr nicht helfen, sie nicht beschützen konnte, so wären wir doch wenigstens beisammen gewesen.

Die Rauchsäule schwankte, als meine Augen sich mit Tränen füllten. Ich war ein Feigling gewesen, ein Deserteur. Ich war davongelaufen und hatte es ihnen überlassen, meine Freiheit mit ihrem Leben zu bezahlen. Ich musste zurück.

Aber die Lage in der Wohnung veränderte sich rapide. Während das Ghetto seinen letzten Kampf kämpfte, zerfiel rund um mich die Familie und endlich begriff ich, warum man mich hierher gebracht hatte. Was auch immer Lydias Motive gewesen sein mochten, als sie uns anbot, mich zu sich zu nehmen, jetzt war ich nur noch ein Mittel, um Erich zu erpressen, damit er ihr alles gab, was sie haben wollte. Sie hatte jetzt eine Wohnung in der Stadt, die sie mit ihrem derzeitigen Freund gemeinsam bewohnte, und jeder ihrer Besuche bei uns endete in einem fürchterlichen Krach mit Erich. Jedes Mal ging sie mit einem Koffer weg und wir hatten jetzt kaum noch genügend Geschirr, um den Tisch zu decken. Die Bilder, die Kristallgläser, das Silber und die Tischwäsche waren verschwunden, nur die Möbel waren noch da. Ende April hatte sie Erich schließlich an den Rand des Bankrotts gebracht und alle seine Drohungen und Weigerungen beantwortete sie mit einer einzigen Gegendrohung: dass sie die Behörden von meiner Existenz in Kenntnis setzen würde. Aber ihre Stimmung schwankte von einem Extrem zum anderen und wir wussten nie, was wir vom nächsten Besuch zu erwarten hatten.

Von Zeit zu Zeit gab es eine tränenreiche Versöhnung. Dann kam Lydia mit einem Arm voller Geschenke für jeden von uns, mit Bonbons und Orangen und Kuchen, und küsste uns alle und versprach, dass sie nie wieder fortgehen würde, und ein oder zwei Tage lang waren wir alle miteinander glücklich. Die Buben hängten sich an ihre Mutter und erstickten sie mit Küssen und Erich hörte zu stottern auf und sogar sein harter deutscher Akzent schien zu verschwinden. Eine kurze Zeit lang waren wir eine glückliche Familie, aber dann riss der Faden, Lydia verschwand für eine Nacht und wir waren wieder dort, wo wir eine Woche zuvor gewesen waren, warteten ängstlich auf ihren nächsten Besuch und wussten, dass sie wieder die Wohnung plündern und jedem Einzelnen Beschimpfungen ins Gesicht schreien würde.

Während der letzten Versöhnung war sie so weit gegangen, uns alle in ihre Wohnung zum Tee einzuladen. Zu meiner Verblüffung – und Sophies grenzenloser Verachtung – nahm Erich an. Er sagte immer Ja zu allem, was Lydia vorschlug, um sie nur ja bei Laune zu halten. Noch mehr überrascht war ich darüber, dass ich mit von der Partie sein sollte. Die Vorstellung, mich am helllichten Tag auf die Straße zu wagen, entsetzte mich und auch Erich äußerte vorsichtig Zweifel, ob das wohl klug wäre, aber Lydia gab nicht nach. »Entweder sie kommt mit oder ihr bleibt alle zu Haus. Ich möchte meine ganze Familie bei mir haben! Wenn ihr Angst habt, dann nehme ich sie allein mit, und ihr kommt später nach.«

Wir machten uns eines sonnigen Nachmittags auf den Weg und spazierten durch eine der belebtesten Straßen von Warschau, in ihrer ganzen Länge, drängten uns durch die Menge, Lydia zog mich an der Hand, ich stolperte hinter ihr her, atemlos vor Aufregung und der ungewohnten körperlichen Bewegung, aber zu verschreckt, um mich umzusehen. Wir gingen nicht geradewegs zu ihrer Wohnung, wie sie versprochen hatte, sondern zuerst in mehrere Geschäfte und dann in ein Caféhaus, das zu dieser Tageszeit voll von Deutschen war. Während Lydia langsam ihre Kuchen aussuchte, stand ich mit dem Rücken zu dem überfüllten Raum, mein Gesicht berührte fast das Glas an der Theke. Die Verkäuferin mit Pappschachtel und Silberzange bewegte sich wie eine Schnecke und dann setzte Lydia dem allen noch die Krone auf, indem sie mich bat, mir doch meine Lieblingskuchen auszusuchen. Blind deutete ich auf das eine und andere Stück und betete, dass diese lächerliche Show aufhören möge, bevor mich jemand bemerkte. Ich hatte das deutliche Gefühl, dass es sich um eine Show handelte und dass es dabei nur um mich ging. Das ganze Café starrte mich an, jedermann auf der Straße musste mein Gesicht bemerkt haben, jeder wusste, wer ich war.

Es kam mir wie Stunden vor, bis wir endlich in der Wohnung waren und ich meinen Kopf wieder heben konnte. Es war eine Junggesellenwohnung in einem modernen Mietshaus: zwei kleine Zimmer mit riesigen Fenstern, die eine ganze Wand füllten, ein Badezimmer und ein kleiner Herd in einer Art Vertiefung im Vorzimmer. Über dem Diwan im Schlafzimmer hing Lydias Porträt, erst kürzlich von einem berühmten Maler gemalt. Letzte Weihnachten hatte Erich es bestellt und bald nach der Fertigstellung war es auf mysteriöse Weise aus dem Studio des Künstlers verschwunden. Erich war verzweifelt, vor allem auch deshalb, weil er es sich nicht leisten konnte, ein zweites zu bezahlen. Lydia schwor, dass es von den Deutschen bei einer Hausdurchsuchung beschlagnahmt worden war.

Ich beobachtete Erichs Gesicht, als er die Wohnung betrat und das Bild erblickte. Er blieb stehen, starrte es an, dann ging er schweigend ins Wohnzimmer weiter. »Könnten wir jetzt Tee haben, Liebling?«, fragte er. »Es ist furchtbar heiß und wir haben einen langen Spaziergang hinter uns.«

Ein Mädchen in schwarzem Kleid und weißer Rüschenschürze servierte Tee, Schokolade und Kuchen. Sie ging im Zimmer herum und betrachtete uns neugierig, bis Lydia sie fragte, wie ihr denn ihre Familie gefiel. »Das ist mein Mann, das sind meine Kinder. Was meinen Sie, Marysia, sollen wir sie einladen, bei uns zu bleiben?«

Marysia schaute verlegen drein und lächelte unsicher. Dann sah sie mich an und verkündete: »Aber die ist doch nicht von Ihnen!«

»Doch, doch«, sagte Lydia. »Wie kommen Sie darauf?«

»Sie sieht Ihnen nicht ähnlich.«

»Wie sieht sie denn aus?«

»Sie sieht jüdisch aus.«

Lydia lachte. »Sie ist die Tochter meines Mannes aus erster Ehe. Schauen Sie ihn doch an, sehen die beiden sich nicht ähnlich?«

Marysia studierte Erichs Gesicht. »Er sieht auch jüdisch aus«, stellte sie fest, darüber mussten wir alle lachen und das Mädchen verließ das Zimmer.

Nur die Buben genossen die Kuchen. Erich und Lydia saßen steif am Tisch und stocherten auf ihren Tellern herum. Erich sah sich die Möbel an, die Nippsachen, die Bilder, das Silber, alles so schmerzlich vertraut, und seine Augen wurden immer trauriger. Ich überlegte, was für ein Mann das wohl war, mit dem Lydia die Wohnung teilte, und ob er Deutscher war oder Pole. Wir fuhren in einer Droschke nach Haus zurück, schweigend, alle mit einem Gefühl der Übelkeit nach so viel Schlagsahne und Süßigkeiten.

Am nächsten Tag läutete das Telefon, Sophie nahm den Hörer ab.

»Würden Sie Ihrer Gnädigen bitte sagen, wenn sie ein jüdisches Kind bei sich haben will, so ist das ihre Sache und geht niemanden etwas an, aber es wäre besser, es nicht in der Stadt vorzuführen, sonst wären wir leider gezwungen einzugreifen.«

Mit einem Klick wurde der Hörer am anderen Ende aufgelegt und Sophie starrte das Gerät an. Die Stimme war so laut gewesen, dass sowohl Erich wie auch ich jedes Wort gehört hatten. Sophie legte den Hörer auf und schaute uns an, die Augen rund vor Angst. Erich rieb sich nervös das Kinn.

»Jetzt sehe ich, warum sie auf dieser verrückten Tee-Party bestanden hatte. Damit musste man ja rechnen, dass jemand sie bemerken würde ... Stellt euch vor, sie in alle diese Geschäfte zu schleppen! Jetzt werden wir sie natürlich fortbringen müssen.« Traurig sah er mich an.

»Ich tu's nicht gern, Janie, du bedeutest mir so viel wie meine eigenen Jungen, aber wir müssen dich an einem sicheren Ort verstecken, sonst sind wir alle in Gefahr. Sag Lydia nichts. Und hab keine Angst. Solange ich lebe, werden sie dich nicht bekommen.«

Ich verzog mich in die Küche, setzte mich und starrte auf den Boden. Es war also wahr. Ich musste fort. Plötzlich schien mir die Wohnung der sicherste Platz auf Erden. Sogar Lydias Wutausbrüche schienen weniger gefährlich als das unbekannte Versteck, in das ich sollte. Vielleicht war alles nur ein Scherz? Vielleicht versuchte Lydias Freund, uns zu erschrecken? Vielleicht kommt sie bald und erklärt uns alles?

Aber Lydias nächster Besuch bestätigte nur meinen schlimmsten Verdacht. Sie war wütend und drohte, die Polizei zu rufen und uns alle verhaften zu lassen. Als sie sah, dass Sophie fortgehen wollte, schlug sie die Tür zu und sperrte sie ab.

»Ihr geht nirgends hin, bis ich es euch sage! Ich bin noch immer die Chefin in diesem Haus. Wenn ich euch fortschicke, dann werdet ihr ein für alle Mal fortgehen. Und glaub nur ja nicht, dass du mit ihr weglaufen kannst.« Sie drehte sich plötzlich zu mir und zerrte mich aus meiner Ecke heraus. »Der erste Polizist, der euch auf der Straße sieht, wird euch abknallen, euch alle beide! Und du brauchst auch nicht zu glauben, dass Sophie dich mitnimmt, die hat viel zu viel Angst. Keiner, der bei Verstand ist, wird dich jetzt nehmen. Wir werden dich so bald wie möglich loswerden. Ich komme an einem Tag der nächsten Woche her und hole die restlichen Sachen, und dass du ja aufmachst, wenn ich laute! Sonst komme ich mit der Gestapo zurück, das schwöre ich!«

Sie stürmte hinaus und ließ uns alle bestürzt zurück. Jetzt war alles aus, dachte ich. Sie war es also, die mich den Deutschen ausliefern würde. Warum hatte ich nur so lange gewartet? Jetzt gab es kein Ghetto mehr, wohin ich zurückgehen konnte. Alle waren fort und was immer mich erwartete, ich musste allein damit fertig werden. Lohnte sich das? Wäre es nicht besser gewesen, bei Mutter zu bleiben?

Ich sah zu Sophie hin. Sie machte Tee und schien plötzlich ganz ruhig.

»Was, glaubst du, wird jetzt passieren?«

Sie zuckte die Schultern. »Ich hab keine Ahnung und es ist mir auch ganz egal. Ich gehe. Mir reicht's. Ich will nicht erschossen werden, nicht einmal in meinem Alter. Für niemanden! Ich gehe, sobald ich eine andere Stelle finde, und ich werde niemandem sagen, wo ich bin. Du kannst heut Nacht bei mir schlafen, und überhaupt, bis ich gehe. Das ist näher beim Hinterausgang. Aber wenn sie dich in der Nacht abholen kommen, dann bleibe ich hier und beschwöre, dass ich dich nicht kenne.«

Von diesem denkwürdigen Tag an wurde die Spannung im Haus unerträglich. Sobald das Mittagessen vorbei war, nahm Sophie immer ihren Korb und flüchtete, die Jungen ihr auf den Fersen, in die Stadt und ließ mich allein zu Haus. Auf Zehenspitzen schlich ich durch das stille Zimmer und wühlte in ihrer Kommode, bis ich ihr altes Gebetbuch fand. Es war voll bunter Heiligenbilder und unzähliger Madonnen und Jesuskinder. Vorsichtig trug ich es zu meinem Diwan, kniete nieder – heilige Bücher durften immer nur auf den Knien gelesen werden – und las die Gebete, Litaneien, Hymnen, Vespern, Messen und Rosenkränze und strengte mich an, in diesem Mysterium einen Sinn zu finden.

Seit ich zu Lydia gekommen war, hatte ich beschlossen, katholisch zu werden, ich wollte mich unbedingt, bevor ich starb, auf diesen Schritt vorbereiten. Mein Entschluss hatte nichts mit Opportunismus zu tun. Falls man mich verhaftete, würde kein Zeugnis gegen mein Aussehen ins Gewicht fallen. So weit es um diese Welt hier ging, war ich Jüdin, darüber machte ich mir keine Illusionen. Aber die katholische Religion hatte mich seit meiner frühesten Kindheit fasziniert. In einem areligiösen Haus aufgewachsen, hatte ich versucht, in den Bibelstunden in der Schule etwas Trost zu finden, und war schließlich bei einem undeutlichen, aber jedenfalls Furcht erregenden Bild des alttestamentarischen Gottes, den man nur auf Aramäisch anreden durfte, gelandet; bei ein paar Gebeten in dieser Sprache, deren Bedeutung ich vergessen hatte, und weit und breit war kein apfelwangiger Engel, den ich meinen Schutzengel hätte nennen dürfen. Mit jedem Jahr wuchs meine Sehnsucht nach einem gütigen, schönen, verständnisvollen Gott und die Zeit im Ghetto verstärkte nur meinen Entschluss: unser eigener Gott kümmerte sich offenbar nicht um uns, wenn er es zuließ, dass Sein auserwähltes Volk auf diese furchtbare Weise umkam, also brauchte man sich auch nicht um Ihn zu kümmern. Als ich das Ghetto verließ, verließ ich auch Ihn, von da an wollte ich mein Heil bei den Christen suchen. Ihre Gebete waren wenigstens auf polnisch und außerdem hatten sie Bilder, so dass man wusste, wer wer war. Das Vaterunser kannte ich schon, auch das Ave Maria und das Kredo, und endlich hatte ich auch das Rätsel der himmlischen Familienbeziehungen gelöst. Der große, gut aussehende Jesus mit einem blutenden Herzen über seinem Gewand war *nicht* der Vater des kleinen Jesuskindes und Mann der Madonna. So viel war mir jedenfalls aus Sophies Buch klar geworden, aber der Rest blieb undurchdringliches Geheimnis. Ich hatte es nie gewagt, Sophie um Hilfe zu bitten. Sie war die Haushälterin meiner Großmutter gewesen, gehörte fast zur Familie, und ich hatte den starken Verdacht, dass sie mich als Verräterin betrachten würde.

Waren schon die Tage schwierig, so waren die Nächte noch viel furchtbarer. Ich lag im Studierzimmer auf einem neuen Diwan, auf dem ich überhaupt nicht schlafen konnte. Die neuen Federn gaben unter meinem geringen Gewicht nicht nach, ich rollte hilflos über die glatten Betttücher und hatte das Gefühl, dass ich auf einer riesigen Eisscholle liegend einen schwarzen Fluss hinuntertrieb. Jeden Augenblick konnte die Scholle umkippen und ich würde ins Wasser rutschen. Nirgends konnte ich mich festhalten, mich an niemand um Trost und Hilfe wenden. Nach Luft ringend, fuhr ich hoch, halb wach, drückte die Knie an mich und starrte in die undurchdringliche Finsternis. Die Verdunklungsvorhänge hatten jeden Schatten der Möbel ausgelöscht. So saß ich oft stundenlang, in meinem Kopf drehte sich alles vor Müdigkeit, aber ich wagte nicht, mich auf meine Eisscholle zurückzulegen. Seit vielen Jahren schlief ich zum ersten Mal ohne Mutter und ich hatte schreckliche Sehnsucht nach unserer durchhängenden Matratze und noch viel mehr nach Mutters warmem Körper neben meinem.

In den Jahren im Ghetto hatten wir oft darüber gejammert, wie unbequem es doch war, zusammen zu schlafen, und nach dem Tag geseufzt, an dem endlich jeder wieder ein eigenes Bett haben würden. Jetzt war ich allein und es schien mir, als würde ich nie wieder im Stande sein zu schlafen. Irgendwann mitten in der Nacht rollte ich alle Decken und Kissen zu einem Haufen zusammen, kroch darunter und weinte, bis der erste Schimmer des Tageslichts endlich ins Zimmer drang.

Jeden Morgen, bevor Erich die Wohnung verließ, wiederholte er seinen strikten Befehl, Lydia die Tür nicht zu öffnen, während ich allein war. Er versicherte uns, dass sie es nicht wagen würde, die Polizei zu holen, und falls sie Krach schlug, würden schon die Nachbarn eingreifen und sie von der Wohnung fern halten. Wenn irgendetwas Unvorhergesehenes passierte, sollte ich ihn im Geschäft anrufen, er würde sofort kommen. Auch Olga wurde über die angedrohte Invasion informiert, worauf sie von heftiger

Panik ergriffen wurde. Sophie und ich besprachen ihr merkwürdiges Benehmen und kamen zu dem Schluss, dass sie Jüdin sein musste. Den Verdacht hatte ich schon seit längerem. Olgas Gesicht war nicht besonders semitisch und es gab viele Frauen, die ihr Haar in dieser besonderen Gelbtönung färbten, obwohl es so himmelschreiend künstlich aussah. Aber ihre Nervosität, sobald jemand anrief, und der Zustand ständiger Alarmbereitschaft, in dem sie zu leben schien, das machte uns alle stutzig. Mir kam sie vor wie ein großer Hase mit gelbem Fell, der dauernd die Luft nach Feinden abschnüffelte. Und ihre runden, dunklen Augen waren oft rosa gerändert. Einmal brachte sie ihren Sohn mit und durch sein Aussehen fanden wir unseren Verdacht bestätigt.

Erich, dem sonst alle Kinder willkommen waren, untersagte es ihr, den Jungen noch einmal herzubringen, und zwar unter dem Vorwand, dass er unsere Stunden gestört hätte. Das war nicht wahr, das Kind war still wie eine Maus, folgte uns mit seinen riesigen schwarzen Augen, und trotz unserer Bemühungen konnten wir kein einziges Wort aus ihm herausbringen.

»Was hätte ich denn sonst sagen sollen«, fragte Erich später. »Das Kind ist ganz eindeutig jüdisch, es könnte ihm leicht jemand auf der Straße nachgehen und hierher kommen. Und was würde dann geschehen? Olga ist verrückt, dass sie ihn überhaupt ausgehen lässt, sie sollte ihn verstecken, bis alles vorbei ist.«

Als Olga von Lydias Drohung erfuhr, wollte sie zuerst mit ihren Stunden aufhören, aber Erich war dagegen. Die Kinder litten wirklich schon genug. Die Stunden gingen also weiter, aber beim geringsten Geräusch fuhr Olga zusammen und hörte uns überhaupt nicht mehr zu.

Ich saß gerade am Klavier und probierte ein neues

Stück, als die Glocke schrillte. Darauf folgte heftiges Poltern gegen die Tür und Lydias Stimme, die verlangte, hereingelassen zu werden. Ich schaute Olga an. Die wurde totenblass und starrte stumm auf die Tür.

»Ich darf sie nicht hereinlassen«, sagte ich, so ruhig ich konnte.

»Du bist verrückt«, flüsterte Olga. »Du musst die Tür öffnen, sonst wird sie sie einschlagen und die Polizei holen. Aber warte, bis ich fort bin. Mach nicht auf, bis ich draußen bin!«

Sie riss ihren Mantel und ihre Musiktasche an sich und verschwand über die Küchenstiege. Ich blieb im Korridor stehen, starrte auf die Eingangstür und hielt mir die Ohren zu. Der Lärm war entsetzlich und kein Nachbar kam zu Hilfe. Aber hören müssen sie sie, dachte ich, von Schreck gelähmt. Sie müssen doch ihre Schreie hören und alles, was sie über Erich sagt. Dann hören sie auch, dass ich hier drin bin, und wenn ich nicht sofort etwas tue, dann werden sie alle von meiner Existenz erfahren. Und dann werden sie alle kommen und ihr helfen, die Tür einzubrechen!

»Die Polizei ist hier bei mir«, dröhnte es vom Stiegenhaus zwischen Schlägen gegen die Tür. »Hör nur zu, wenn du mir nicht glaubst!« Das Getrommel hörte auf und ich konnte den schweren Tritt von mehreren Paar Stiefeln auf dem Flur draußen hören.

»Wenn du diese verdammte Tür jetzt nicht aufmachst, dann treten wir sie ein und ich blase dir das Licht aus, du, du ...«

Wie im Traum ging ich den Korridor entlang. Die Sache war hoffnungslos. Eine Tür ist etwas Nützliches, warum soll man sie kaputtmachen lassen? Wenn ich schon gehen muss, dann lieber still und leise. »Es tut mir leid, Erich«, murmelte ich, während ich Kette und Riegel von der schweren Tür schob. Mit einem Triumphschrei stürzte Lydia herein, packte mich an den Schultern und schüttelte mich, bis meine Zähne klapperten. Hinter ihr standen, überrascht und peinlich berührt, vier stämmige Möbelpacker. Ihre Stiefel waren es, die ich vom Flur draußen gehört hatte. Von Polizei keine Spur.

»Ich könnte dir den Kragen umdrehen, du kleines Ungeheuer«, zischte mir Lydia ins Ohr. »Geh mir aus den Augen, bis ich dich rufe.« Sie stieß mich in Richtung Küche. Ich lief zu Sophies Bett, fiel auf die Knie und vergrub mein Gesicht in den Daunen.

Jetzt war also alles aus. Sie nahmen die Möbel mit. Armer Erich! Nichts würde ihm bleiben. Und dann wird Lydia mit mir Schluss machen, dachte ich. Das sind meine letzten Stunden, vielleicht Minuten. Und was sollte ich tun? Beten? Ich schaute zu den Heiligenbildern über dem Bett und seufzte. Ich war nicht getauft, hatte also wahrscheinlich gar kein Recht, sie anzurufen. Mein eigener Gott hatte Sein Gesicht von mir gewendet. Ich hatte niemanden.

Das ist meine Strafe dafür, dass ich meine Eltern verlassen habe, dachte ich. Jetzt muss ich allein sterben. Und diese Vorstellung erfüllte mich mit einem solchen Schrecken, dass ich überhaupt nichts mehr denken oder fühlen konnte und stattdessen nur auf die Tür starrte und wartete, dass Lydia zurückkam. Nach dem Lärm in der Wohnung zu urteilen, nahmen die Möbelpacker alles mit. Es kam mir sehr lange vor, bis der letzte Gegenstand hinausgeschleppt war und ich Lydias hohe Absätze über den nackten Fußboden klappern hörte. Ich stand auf, stellte mich in die Mitte der Küche und erwartete starr mein Schicksal. Halb und halb rechnete ich damit, dass sie mit einem Revolver in der Hand hereinkommen würde, und instinktiv verschränkte ich die Arme über meiner Brust. Ganz gleich, was geschah, ich durfte ihr nicht zeigen, dass ich Angst hatte. Ich würde ohne einen Laut sterben. Mit zusammengebissenen Zähnen starrte ich auf die Tür.

Lydia kam lächelnd herein und ließ sich graziös auf einen Küchenstuhl sinken. »Brrr, das wäre vorbei«, teilte sie mir mit, offenbar nicht im Bild über meine heroischen Absichten. Da ich nichts darauf sagte, stieg wieder die Wut in ihr hoch. »Du bist wirklich ein Rabenbraten! Lässt mich nicht in meine eigene Wohnung hinein! Ausgerechnet du! Nach allem, was ich für dich getan habe, tausende Male mein Leben riskiert, meine eigenen Kinder Todesgefahren ausgesetzt. Schöne Dankbarkeit! Aber jetzt ist alles vorbei. Du gehst. Sogar Erich, dieser Trottel, wird einsehen, dass er dich nicht länger behalten kann.«

Sie drückte ihre Zigarette auf Sophies Lieblingsteller aus und stand auf. »Versuch ja keine Tricks! Wie Erich anrufen. Aber dazu ist es jetzt ohnehin zu spät. Der Lastwagen ist weg, er wird die Sachen nie finden.« Sie lachte. »Wie gern würde ich sein Gesicht sehen, wenn er hereinkommt und die Wohnung leer findet, mit nichts drin als nur dir, du Herzblatt! Er wird dir dankbar sein, was wetten wir! Schön, viel Spaß also bis zum nächsten Mal! Bye-bye!«

Sie ging und ließ mich mitten in der Küche stehen, mit verschränkten Armen, die Augen starr auf die Tür geheftet. Es kam mir vor, als wären nur wenige Minuten vergangen, bis ich draußen Erichs Schritte hörte, wie er immer zwei Stufen auf einmal nahm, und dann war er da, rannte von einem Zimmer ins andere und starrte auf die kahlen Wände. In der Wohnung war nichts mehr. Nicht einmal Betten. Nur die Küche mit Sophies Feldbett war unberührt. Das Buffet mit unserem gesamten Porzellan war verschwunden, ebenso Erichs prachtvolle Markensammlung. Im Schlafzimmer lagen die Kleider, die sie aus den Schränken geworfen hatte, in großen Haufen auf dem Boden.

Erich sah sich die Bescherung an und nickte langsam mit dem Kopf. Auf seinem Gesicht stand ein schiefes Lächeln, als würde er seinen Augen nicht ganz trauen. Plötzlich drehte er sich um, sah mich hinter ihm stehen, und etwas wie Schmerz breitete sich in seinem Gesicht aus.

»Warum hast du das getan? Warum hast du diese Tür aufgemacht? Ich habe dir doch gesagt ...«

Ich fing zu weinen an und sofort war er neben mir auf den Knien, drückte mich an sich und wiegte mich vor und zurück, wie ein kleines Kind.

»Ich konnte mir nicht helfen«, schluchzte ich. »Sie hat geschrien und gegen die Tür getreten und dann hab ich diese Männer gehört und gedacht, das sei die Polizei. Sie hat so viel Lärm gemacht ...«

»Macht nichts, macht nichts«, stammelte er. »Natürlich warst du erschrocken, ich hätte das wissen sollen. Schau, ich bin nicht böse. Sie ist eine schlechte Person, eine durch und durch schlechte Person. Ich war ein Narr, dass ich es so lange nicht geglaubt habe. Aber jetzt weiß ich es und jetzt fangen wir ein neues Leben an, ein ganz neues Leben, wir werden alle so glücklich sein ohne sie ... Wir werden ihr zeigen, wie glücklich wir sein können. Wir brauchen keine bösen Frauenzimmer in diesem Haus. Wir kommen schon allein zurecht.«

Er stand auf und ging noch einmal durch die Zimmer. »Ich gehe jetzt am besten fort und kümmere mich um Betten für heut Nacht. Von jetzt an müssen wir uns eben behelfen, so gut wir können.«

Als Sophie und die Jungen später zurückkamen, musste

ich ihnen sagen, was passiert war. Sie waren hin- und hergerissen zwischen Zorn auf Lydia und Verachtung für mich, dass ich sie hereingelassen hatte, und schließlich sperrte ich mich im leeren Schlafzimmer ein, setzte mich auf den Fußboden und wartete, dass Erich zurückkam. Ich war ein Schandfleck für die Familie und ich schämte mich zu Tode. Ich hatte Erichs Vertrauen enttäuscht, ich war ein Feigling, ich hatte Lydia erlaubt, ihn und die Buben um alles zu bringen, was sie hatten, weil ich einfach nicht mutig genug gewesen war, ihre Drohungen auszuhalten, die sich schließlich als leeres Gerede entpuppt hatten. Ich verdiente es nicht weiterzuleben.

Als Erich mit ein paar Feldbetten und einem Tisch heimkam, tauchte ich wieder aus meiner Isolierung auf. Wir verbrachten Stunden damit, die Zimmer mit noch ein paar von den Nachbarn geborgten Möbeln einzurichten, und am Ende wurde das Ganze zu einem Spiel. Wir waren Entdecker, Siedler, Pioniere in den Blockhütten von Kanada. Bibi wurde vorübergehend ein Schlittenhund und wir dachten sogar daran, im leeren Speisezimmer Zelte aufzustellen und unser Essen hier auf einem Spirituskocher zu kochen, obwohl doch die Küche vollkommen in Ordnung war.

Ich spielte bei allem mit, aber innerlich betete ich, es möge alles schnell vorüber sein. So bald wie möglich musste ich dieses Haus verlassen. Ich hatte schon genügend Unannehmlichkeiten verursacht, von jetzt an wurde es lebensgefährlich und in der leeren Wohnung, wo ich ständig an meine Feigheit erinnert wurde, konnte ich ohnehin nicht leben.

Ich sprach Erich am nächsten Tag daraufhin an und er gab zu, dass er sich schon Gedanken gemacht hatte über einen sicheren Ort für mich und dass er zu diesem Zweck falsche Identitätspapiere für mich besorgen wollte. Bisher hatte ich überhaupt keine Papiere gehabt. »Wenn du erst einmal einen Fetzen Papier hast, kommst du vielleicht irgendwo hinein. Nicht weit von Warschau gibt es ein Nonnenkloster, wo eine meiner Angestellten ihre Tochter hat. Es hört sich an, als wäre es recht nett dort, mitten auf dem Land, mit einem Garten und einer Schule. Du kannst dort weiter Klavierstunden nehmen und wirst mit Mädchen in deinem Alter zusammen sein. Das Einzige ist, dass du furchtbar vorsichtig sein musst, damit niemand draufkommt, wer du bist. Wirklich niemand. Die Schwestern sind alle sehr gut und freundlich, aber sie sind auch nur Menschen, und ich traue überhaupt keiner einzigen Frau mehr. Sie dürfen nie den geringsten Verdacht wegen deiner Herkunft schöpfen. Du musst alle Gebete lernen und fähig sein, alle Fragen sofort zu beantworten ohne mit der Wimper zu zucken. Wenn es sich machen lässt, nehme ich dich in eine Kirche mit, bevor du weggehst, damit du siehst, was dort passiert. Ich verstehe selber nicht viel davon, aber vielleicht können dir die Buben ein bisschen was erklären.«

»Könntest du mich nicht vielleicht taufen lassen, bevor ich fortgehe?«, schlug ich schüchtern vor. »Dann würde ich wirklich zu ihnen gehören, weißt du.«

Er sah mich nachdenklich an. »Das ist eine sehr ernste Sache. Wenn du einmal getauft bist, bist du fürs ganze Leben Katholikin. Aufgeben kannst du das nie wieder. Ich habe die Erlaubnis deines Vaters dazu. Als ich das letzte Mal mit ihm gesprochen habe, als wir ausmachten, dass du zu uns kommst, da hat er mir klar und deutlich gesagt, dass ich dich so bald wie möglich taufen lassen soll. Natürlich hat er dabei weniger an die religiöse Seite gedacht, sondern hauptsächlich daran, dein Leben zu retten. Aber er hat mich jedenfalls darum gebeten. Willst du denn wirklich getauft werden?«

»Ja, ich will«, antwortete ich ohne zu zögern. »Und nicht nur deshalb, weil das sicherer für mich wäre. Solange der Krieg dauert, können wir das Taufzeugnis ohnehin niemandem zeigen, denn ich hätte ja schon bei der Geburt getauft werden müssen. Ein wirklicher Schutz wird das also nicht sein, aber ich wollte immer schon katholisch werden ...«

Ich lief scharlachrot an, während ich diese Worte herausbrachte.

Erich rieb sich das Kinn. »Ich frage mich, ob du nicht vielleicht noch zu jung bist für diese Entscheidung. Und falls nach dem Krieg dein Onkel oder deine Großeltern oder sonst jemand auftaucht – das heißt also alle anderen, außer deinem Vater –, dann werden sie mir vielleicht nicht glauben, dass ich seine Erlaubnis dazu hatte, und werden wütend sein.«

»Sicher nicht. Sie werden schon verstehen, dass das geschah, um mein Leben zu retten, und außerdem wird Vater da sein, um alles zu erklären.«

»Schön, wir werden sehen, was wir tun können. Ich schaue mich nach einem Priester um ... Jemandem, dem wir trauen können ...«

Ein kalter Schauer lief mir über den Rücken. »Aber ein Priester würde mich doch nicht verraten? Wenigstens denen kann man doch trauen?«

Erich seufzte. »Ich weiß es nicht. Offen gestanden, traue ich überhaupt keinem mehr. Auch keinen Pfarrern oder Klosterschwestern. Ich traue meinem eigenen Schatten nicht mehr. Und du wirst gut daran tun, genauso zu werden. Fehler können wir uns keine leisten.«

Ich zog mich ins leere Hinterzimmer zurück, um meine

Gedanken zu ordnen. Die Vorstellung, in die Welt hinauszugehen, erschreckte mich, aber ich ging ja immerhin in eine Anstalt, wo ich vielleicht in der Menge untertauchen konnte. Was wusste ich denn schon über Klöster? Gar nichts. Aber Internate waren mir nicht so fremd. Ich hatte haufenweise Bücher darüber gelesen. Da gab es die russischen Internate, wo man immer zu zweit in einem Bett schlief, jeden Tag kaltes Hammelfleisch zum Abendessen bekam und immer unsterblich ineinander verliebt war. Dann gab es die englischen Schulen, wo von Lernen kaum jemals die Rede war, dafür aber viel von Spielen im Freien, von Hockey, Tennis, Schwimmen, Ponyreiten, und wo man immer auf dem Land lebte. Es war, als hätte man das ganze Jahr lang Ferien.

Dann gab es Mutters Schule für Höhere Töchter, aber das war am anderen Ende der Skala. Natürlich würde es eine strenge Disziplin geben und jede Menge Regeln und Traditionen, die ich lernen müsste. Das konnte ganz lustig sein.

Und viele Mädchen würden dort sein und darunter könnte ich vielleicht eine Freundin finden. Keine echte Freundin natürlich. Ich könnte ihr ja niemals die Wahrheit über mich sagen und unter echten Freundinnen darf man schließlich keine Geheimnisse voreinander haben.

Dann würde es eine Schule geben, endlich eine richtige Schule, mit Büchern und Tafeln und dem Geruch von Kreide. Wenn ich nur genug Arbeit hatte, dann fiel es mir sicher leichter, mit niemandem zu reden. Und Erich sagte, dass es auch einen Garten gab. Das war das Allerbeste.

Plötzlich sah ich alles vor mir. Ein hohes, dunkles, düsteres Gebäude mit vielen Reihen von kleinen Fenstern. Wie ein Gefängnis oder eine alte Burg. An jeder Ecke ein Turm, mit Turmuhr und großen Glocken. Und ein großer

Garten – eher ein Park –, vernachlässigt, verwildert, voll alter Bäume, Büsche und unzugänglicher Verstecke. Dort würde ich meine Tage verbringen. Ich konnte den Duft des Mooses und der Farne und der Tannennadeln beinahe riechen. Und da ich mich ja notfalls immer im Garten verstecken konnte, würde mir die strenge Disziplin und alles andere vielleicht nicht so viel ausmachen. Ganze Tage würde ich in Gesellschaft von Büchern dort verbringen. Das wäre der allerbeste Ort, um das Ende des Krieges zu erwarten.

Sophie nahm die Nachricht sehr schlecht auf und fast gelang es ihr, meinen neu gefundenen Optimismus zu zerstören. »In ein Waisenhaus wirst du geschickt«, jammerte sie und wischte sich die Augen. »Dort werden sie dich prügeln und strafen und dich stundenlang knien lassen. Und im Winter wirst du barfuß gehen und von Kraut und Kartoffeln leben. Ach, mein armes Kind, wer hätte gedacht, dass es so weit kommt, dass du in so ein Haus gehen musst!«

Trotz meines festen Entschlusses, mich nicht aus der Fassung bringen zu lassen, begann doch mein Kinn zu zittern. »Aber Sophie, so schlecht kann es nicht sein. Die Töchter von Frau P. sind dort und sie sind anscheinend ganz glücklich ... Frau P. hat das Haus doch empfohlen ...«

Aber Sophie wollte nichts hören. »Frau P. kann sagen, was sie will. Ich weiß, wie diese Anstalten aussehen. Waisen und Findelkinder kommen dorthin, Kinder von unbekannten Eltern oder solche, deren Eltern sie einfach loswerden wollen, weil sie Gott weiß was im Blut haben. Instinkte, Elemente, grausliche Sachen, wo unsereins nicht einmal eine Ahnung hat davon. Und ich wette, Läuse haben sie auch noch!«

Ihre Absätze trommelten auf dem Boden, wie immer, wenn sie sich aufregte, und die abgetretenen Schlapfen rutschten in alle Richtungen. Sie knallte den Topf auf den Herd, knurrte den ganzen Tag zornig vor sich hin und weigerte sich, auch nur ein Wort mit irgendjemandem zu sprechen.

Am nächsten Tag rief mich Erich ins leere hintere Schlafzimmer und reichte mir ein Papier. »Das ist deine neue Identität. Lern alles auswendig und vergiss, dass du jemals einen anderen Namen hattest.«

Meine Hand zitterte, als ich das Papier nahm. *Danuta Teresa Markowska*, las ich. *Geburtsdatum*: von jetzt an würde ich drei Monate jünger sein, aber das machte ja nicht so viel aus. Katholiken feierten eher ihren Namenstag als ihren Geburtstag. Ich musste mich bei Sophie erkundigen, wann ich Namenstag hatte. *Vatername*: *Wojciech*. Geboren – auch jünger als mein Vater. Der Name gefiel mir aber gar nicht. So hatte der Kutscher meines Großvaters geheißen, der nach Pferden und nach Bier roch und immer ausgebeulte braune Reithosen aus Kordsamt und hohe Schaftstiefel trug. Und außerdem hatte er O-Beine.

Mutter: Marysia. Mädchenname: Stolicka. Geboren – merkwürdig, sie war älter als meine Mutter. Aber wenigstens rief der Name keine unangenehmen Assoziationen wach. Da war natürlich Tante Marysia, aber sie war tot.

Was mich betraf, so war ich in Gdingen geboren. Angst stieg in mir hoch. Ich war nie in dieser Stadt gewesen und wusste kaum etwas darüber, außer dass es dort einen großen Hafen gab. Und was war, wenn in dem Kloster ein anderes Mädchen war, das aus Gdingen kam? Dann würde sie mich sicher ausfragen. Wo hast du gewohnt? In welcher Straße? In welchem Haus? Schule? Konnte ich sagen, dass ich nur dort geboren war, aber sonst in Warschau gelebt hatte, oder, noch besser, in meiner eigenen Stadt, wo ich wenigstens jeden Stein kannte?

Aber Erich sagte, ich durfte nie etwas erwähnen, was irgendwie mit meinem früheren Leben zusammenhing. Keine Namen, keine Geständnisse, gar nichts! Ich begriff, dass ich eine ganze Welt bauen und mir jede ihrer kleinsten Einzelheiten ins Gedächtnis prägen musste.

»Das muss dir alles derart in Fleisch und Blut übergehen, dass du immer haargenau die gleiche Geschichte abspulst, und wenn sie dich um Mitternacht aus dem Schlaf wecken. Kein Zögern, keine Fehler, sonst bist du verloren. Und wir auch. Denk dran, wir müssen uns auf dich verlassen können. Wenn ich dich dorthin bringe, dann vergiss nicht, ich bin dein Onkel. Die Schwester deiner Mutter war meine erste Frau. Sie starb und dann heiratete ich Lydia. Auf diese Art wird sich niemand darüber wundern, dass wir verschiedene Familiennamen tragen. Ich werde dich so oft besuchen, wie ich kann, aber du selber darfst dich unter keinen Umständen bei mir melden. Keine Briefe, keine Anrufe. Mach dir keine Sorgen, falls ich längere Zeit nicht komme. Ich werde dich dort nicht allein lassen, aber falls ich beobachtet oder verfolgt werden sollte, muss ich natürlich sehr vorsichtig sein. Ich habe das Gefühl, Lydia wird herausfinden wollen, wo du bist, und das darf sie nie erfahren. Weißt du, ihr ist wirklich alles zuzutrauen. Weder die Jungen noch Sophie werden erfahren, wo du bist. Und ich habe versprochen, das Kostgeld für die beiden Töchter von Frau P. zu zahlen, das sollte ihr den Mund stopfen. Nicht, dass ich sie irgendwie verdächtigen möchte. Sie ist wirklich ein guter Mensch und hat es furchtbar schwer gehabt, seit ihr Mann umgebracht wurde. Sie hat mir die Adresse dieses Klosters gegeben und sie ist anscheinend sehr zufrieden damit. Ihre Mädchen sind begeistert, also glaub nur nicht alles, was Sophie dir erzählt. Wie zu Hause ist es natürlich nicht, aber wenigstens bist du unter lauter Mädchen in deinem eigenen Alter.«

Er zog mich an sich und drückte meinen Kopf an seine Brust. »Es bricht mir das Herz, Janie, dass ich dich fortschicken muss, aber du weißt doch, es geschieht genauso sehr um deinetwillen als wegen meiner Jungen. Vorläufig bist du dort sicherer als hier und das ist schließlich jetzt das Wichtigste. Wenn der Krieg vorbei ist... Ja, und wenn, was Gott verhüten möge, deinen Eltern etwas geschieht, dann wirst du bei uns immer ein Zuhause haben. Ich werde dich adoptieren. Würde dir das gefallen?«

Ich versuchte verzweifelt, etwas Nettes darauf zu sagen, aber stattdessen brach ich in Tränen aus. Die Vorstellung, dass meine Eltern vielleicht nicht da sein und auf mich warten könnten, sobald der Krieg vorbei war, war zu schrecklich, um ernsthaft in Betracht gezogen zu werden.

Erich trocknete mir die Augen und versuchte, mich aufzuheitern. Es gab doch wirklich keinen Grund, so viel Angst zu haben. Klöster waren sichere, friedliche Orte, mit Gärten und Vögeln und Blumen. Und die Schwestern waren gütig und freundlich. »Du wirst viel im Freien herumlaufen können, vielleicht im Garten helfen, Blumen pflücken. Stell dir das vor! Wie lang ist es denn her, dass du zum letzten Mal in der Sonne und in der frischen Luft warst?«

Ich seufzte und schaute zum Fenster. Über ein Jahr war das her, die Tee-Party nicht mitgerechnet. Unmerklich war der Frühling in den Sommer übergegangen, jetzt hatten wir Ende August. Die Stadt röstete in der Sonnenglut, die Buben kamen jeden Tag mit sommersprossigen roten Gesichtern nach Haus und redeten von Eiscreme. Die Bäuerinnen in der Küche konnten jetzt nicht mehr so leicht schmuggeln, nachdem sie ein paar von ihren Kleiderschichten hatten ablegen müssen.

»Morgen schaue ich der Welt ins Auge.«

2

Eine lange, gebogene Allee von Lindenbäumen, in die Biegung kuschelt sich ein großer Gemüsegarten. Wir schreiten im Schatten der dunkelgrünen Blätter im unaufhörlichen Gesumm von Tausenden von Bienen. Reihen von konischen Bienenstöcken im Garten brummen vor Geschäftigkeit. Wir durchqueren einen großen Hof und kommen zu dem niedrigen, weiß gekalkten Rechteck des Hauses. Wir treten in einen dunklen Korridor und ich schnüffle vorsichtig den fremdartigen Geruch des Klosters. Den charakteristischen Anstaltsgeruch, nach frisch geschrubbten Holzböden, gestrigen Mahlzeiten und zu vielen Körpern, die auf engem Raum zusammenleben. Eine Tür geht auf.

»Die Schwester Oberin wird Sie empfangen.«

Die Schwester, die uns von der Pforte bis hierher begleitet hat, verschwindet mit einem leisen Klirren von Rosenkranzkugeln und wir betreten einen kleinen Raum, in dem sich eine andere Nonne von einem Stuhl erhebt.

Ich kämpfe gegen die Panik, die auf dem langen Weg immer stärker in mir aufgekommen ist. Ich darf nicht weinen, ich darf nicht weglaufen. Ich bin Danuta Markowska, ein Mädchen wie jedes andere, und ich habe nichts zu befürchten. Die Schwester Oberin ist eine winzige Person, mit einem runden, faltigen, von roten Adern durchzogenen Gesicht. Sie hat kleine, helle Augen und sie lächelt, als sie Erichs Hand nimmt. Er beugt sich tief darüber. Ich habe das Gefühl, ich sollte einen Knicks machen, aber meine Beine sind plötzlich aus Holz, ich kann nur stehen und starren.

»Das ist also unsere kleine Danka; was für schönes Haar du hast, Kind ...« Ich versuche zu lächeln, fühle aber, dass mein Gesicht dabei einen Sprung bekommen wird. Sie tätschelt mich am Kopf, dann macht sie genau über mir eine rasche Bewegung mit der Hand, so, als würde sie mich fortwinken. »Ist das das erste Mal, dass du von zu Hause fortgehst?« Ich nicke stumm, meine Augen füllen sich plötzlich mit Tränen. Sie nickt und zieht an einer kleinen Silberglocke. »Ich bin sicher, es wird dir hier gefallen. Wir freuen uns sehr, dass du zu uns kommst. Das Haus ist vorläufig noch recht leer. Die Schule beginnt nächste Woche, die meisten von unseren Mädchen sind noch zu Hause. In ein paar Tagen kommen sie alle zurück. Alice und Krysia führen dich jetzt herum. Das sind unsere ältesten Mädchen, sie gehen nie nach Hause.«

Die Tür geht auf, es erscheinen zwei bezopfte Mädchen etwa in meinem Alter. Sie knicksen, treten vor, küssen der Schwester Oberin die Hand, knicksen noch einmal, nehmen mich an den Händen und führen mich zur Tür. Erich lächelt und winkt. »Sei jetzt brav und tu, was man dir sagt. Ich werde dich bald besuchen kommen.« Die Tür schließt sich.

»Zuerst zeigen wir dir das Haus und dann können wir in den Garten gehen.« Sie öffnen die Tür zu einer großen Halle, die voller Bänke ist. An einem Ende sehe ich einen Altar, umgeben von einer atemberaubenden Mauer aus Blumen. Eine kleine rote Lampe an einer langen silbernen

Kette hängt über den teppichbelegten Stufen davor. Eine hölzerne Balustrade trennt den Altar von der restlichen Halle.

»Das ist unsere Kapelle«, sagt Alice.

Ich stehe mitten in dem Durchgang zwischen den Bänken und starre auf das Geheimnis vor mir. Was geschieht hier? Die Luft ist kühl und wunderbar duftend. Blumen, und noch etwas – der süße, schwere, leicht würzige Duft von etwas Unbekanntem. Ich habe das Gefühl, dass ich etwas dazu sagen soll.

»Sehr hübsch«, sage ich aufs Geratewohl und sehe die Mädchen an. Zu meinem Entsetzen liegen sie im Eingang auf den Knien und sind gerade damit fertig, sich zu bekreuzigen.

Hätte ich dasselbe tun sollen? Jetzt, unter ihren vorwurfsvollen Blicken, kann ich es auch nicht mehr tun. Steif schreite ich hinaus, sie folgen mir, die Wendeltreppe hinauf in den ersten Stock, an jeder Wendung die Gipsfigur eines Heiligen. Wieder ein langer Gang. Eine andere Tür führt in einen großen, luftigen Schlafsaal mit Reihen von kleinen Betten. Die Bettdecken sind rosa, auf jedem Bett liegt ein Kissen mit einem rosa Rüschenüberzug, wie bei den Bauern. »Hier schlafen wir, genau über der Kapelle. Tagsüber Zutritt verboten.«

Auf der gegenüberliegenden Seite ist ein Speisesaal und Aufenthaltsraum, mit einfachen Holztischen und -bänken. Dahinter ist das Besuchszimmer, »unser kleiner Salon«, und ein dunkler Alkoven mit hölzernen Schließfächern, wie eine riesige Kommode. »Hier wirst du eine Schublade bekommen, wo du alle deine Sachen hineingeben kannst.« Der Fußboden im Salon ist spiegelblank gewichst, die Fenster sind fast ganz hinter Palmen und Farnen versteckt. »Hierher dürfen die Gäste kommen und hier haben wir auch unsere Weihnachtsfeier. Sonst dürfen wir nicht herein.«

Ein schneller Blick in die weiß gekachelte Küche, wo eine gewaltige, weiß beschürzte Schwester mit einem Gesicht wie ein rosiger Vollmond uns über riesige Kessel hinweg anstrahlt. »Eine Neue, Schwester Martha, sie heißt Danka.«

»Jetzt in den Garten. Das müssen wir ausnützen, so lange wir können. An Wochentagen dürfen wir sonst nicht dorthin.«

Wir sitzen auf Bänken im Halbkreis rund um eine Statue der Madonna, genau wie die, die ich mir immer auf dem Friedhof zu Hause angeschaut habe. Ein paar Mädchen kommen zu uns gelaufen. Sie haben alle Zöpfe oder lange Flechten und tragen dunkelblaue Kleider mit schwarzen, rüschenbesetzten Schürzen.

»Wie hübsch«, sage ich, berühre die steifen Rüschen, und sie lächeln stolz.

»Das ist unser Sonntagsstaat. Du bist ›privat‹, du musst also deine eigenen Kleider tragen. Aber du musst deinen Rock auslassen, er ist zu kurz.«

Überrascht betrachte ich mein Kleid. Es hat die übliche Länge, aber die Kleider der Mädchen reichen ihnen bis weit unter die Knie.

»Schwester Ludvika wird dich ausschimpfen, wenn du deine Knie zeigst. Das ist unanständig, weißt du das nicht? Ihr Mädchen von draußen seid immer zu kurz angezogen.« Alice streicht mir übers Haar. »Du hast wunderschönes Haar. Bei uns ist niemand so dunkel wie du. Drehst du dir in der Nacht Lockenwickler hinein? Das kannst du hier aber nicht machen. Schwester Ludvika wird dir sagen, dass du es glatt bürsten musst. Du musst Bänder finden, damit wir es zusammenbinden können. Sollen wir dir Zöpfe machen?«

Sie zogen ihre Kämme heraus und machten sich an die Arbeit, zogen meinen Kopf einmal auf die eine, dann auf die andere Seite, kämpften mit meinen drahtigen, dicken Locken. »Dein Haar ist zu dicht, aber Schwester Ludvika wird schon damit fertig werden. Du kannst ja nicht wie ein Heuschober herumgehen, das gehört sich nicht.«

Ich ließ mir die Haare mit Schnüren zusammenbinden und verlangte dann einen Spiegel, um zu sehen, was sie da gemacht hatten. Sie lachten: »Wir haben keinen Spiegel im Kloster. Keinen einzigen. Bist du eitel? Das nützt dir hier nichts. Wenn du wirklich unbedingt wissen willst, wie du aussiehst, dann kannst du Joanna bitten, dass sie dich in ihre Brillen schauen lässt. Das ist der einzige Spiegel, den wir haben.«

Ein lautes Läuten. Nachmittagspause. Wir laufen zum Haus zurück und setzen uns an die Tische. Jetzt sind wir schon viel mehr geworden. »Du kommst an meinen Tisch«, sagt Krysia. »Ich bin fünfzehn, ich bin hier die Älteste. Du musst mir folgen. Meine Mädchen sind hier die folgsamsten, ich verstehe es nämlich, mit ihnen fertig zu werden. Ich bin für dich verantwortlich und ich rate dir, lass dir lieber keinen Unsinn einfallen.« Sie legt eine Scheibe Brot mit irgendeinem grausigen, rosaroten Zeug darauf auf meinen Emailteller.

»Steh auf zum Tischgebet.«

Sie sagt ein Gebet vor, ich bewege stumm die Lippen und bemühe mich, mir die Worte zu merken. Es gelingt mir, mich rechtzeitig mit den anderen zu bekreuzigen. Das ist das erste Mal, dass ich diese Zeremonie mitmache, und ich habe das Gefühl, als gehörte ich schon fast zu ihnen.

Eine sehr große Schwester gleitet ins Zimmer. Wie lautlos sie gehen. Wenn nicht der Rosenkranz klappern würde, man könnte sie gar nicht hören.

»Das ist die Neue, Schwester Ludvika.«

Krysia dreht mich zu der Schwester hin, die mir einen durchdringenden Blick zuwirft. Sie hat ein blasses Gesicht, vollkommen regelmäßige Züge und kalte Augen. Zeigt sie die Spur eines Lächelns, einen Schatten von Wärme oder Interesse?

Ich kann es nicht sagen. Ich habe es noch nicht gelernt, wie man in einem Gesicht liest, das von dem strengen Schwarz und Weiß eines Nonnenschleiers eingerahmt ist. Sie streckt mir ihre Hand entgegen. Ich überlege mir kurz, ob ich sie küssen soll, entscheide mich dagegen und mache einen steifen Knicks. Wenn ihr das nicht passt, kann ich auch nichts machen. Ich bin ja ohnehin nicht ich selber. Ich bin Danka Markowska, ein unbekanntes Mädchen. Und wenn die schlechte Noten bekommt, dann schert mich das überhaupt nicht.

Wir wenden uns unserem Essen zu, aber beim ersten Bissen verzieht sich mein Gesicht in einem Schock. Das Zeug ist unerträglich sauer. »Was soll denn das hier sein?«, frage ich und sofort wird von allen Seiten gezischt.

Keine Unterhaltungen bei den Mahlzeiten! Verzweifelt starre ich auf meinen Teller. Ich bin sehr hungrig, aber dieser Brei aus Quark und gekochten Mohrrüben dreht mir den Magen um. Ich blicke auf. Neun Augenpaare beobachten mich gespannt. Acht Teller bewegen sich vorsichtig in meine Richtung. Acht Gesichter lächeln bittend. Das neunte, Krysias Gesicht, runzelt die Stirn und die Teller ziehen sich zurück. Krysia schaut mich streng an und streckt ihre Hand aus. Ich lege mein Brot hinein. Die blauäugige Alice mir gegenüber schneidet ein Gesicht, ich muss laut kichern.

»Steh auf, Danka.«

Ungläubig schaue ich mich um. Schwester Ludvika deutet mir mit einer langen weißen Hand. Sie deutet in die Mitte des Raumes. »Hier bleibst du stehen, bis ich dir sage, dass du gehen kannst. Dass du neu bist, ist keine Entschuldigung für Ungehorsam.«

Ich starre sie verzweifelt an. Ich kann nicht hier stehen und mich von allen anschauen lassen. Kannst du nicht sehen? Verstehst du nicht, dass ich mich verstecke? Kannst du es nicht in meinem Gesicht lesen? Ich presse meine Lippen zusammen und nehme meinen Platz mitten in der Halle ein, die Hände am Rücken, den Kopf hoch. Wenn Schwester Ludvika die Gefahr nicht sieht, dann werde ich mich auch nicht darüber aufregen. Und wenn Danka Markowska sich hier nicht gut einführt, dann macht mir das noch viel weniger. Janie David hätte sich schrecklich geschämt, aber Danka ist zäh.

Die Nachmittagspause ist zu Ende. Nach einem Gebet drängen die Mädchen hinaus, werfen mir neugierige Blicke zu. Krysia zuckt die Schultern und stelzt hinaus. »Wenn die sich so benimmt, dann will ich sie nicht in meiner Gruppe haben«, sagt sie laut. Alice blinzelt mir zu, ich blinzle zurück. Ich stehe in der leeren Halle, lausche auf die Geräusche aus dem Garten. Mädchen kommen aus Warschau zurück. Sie stürzen herein, suchen ihre Freundinnen, ziehen Verwandte hinter sich her. Dann halten sie jäh inne und starren mich an. Ich habe das Gefühl, dass manche Verwandte besonders neugierig sind und mich zu lang anstarren. Mein Rücken beginnt zu schmerzen, Tränen verwirren mir die Sicht. Irgendwo läutet wieder eine Glocke und Krysia kommt zurück. »Schwester Ludvika ist im Salon. Wenn du jetzt hingehst und dich entschuldigst, dann lässt sie dich vielleicht gehen. Und vergiss nicht, ihr die Hand zu küssen.«

»Ich küsse keinem die Hand. Und warum soll ich mich

entschuldigen? Sie hat mich bestraft. Damit soll sie sich zufrieden geben. Ich bin ihr nichts schuldig.«

Krysia zuckt die Achseln. »Aha, wir sind stolz, was? Na, warte nur ab. Schwester Ludvika hat eine feste Hand. Sie wird dir das schon noch austreiben.«

»Du kannst Schwester Ludvika ausrichten, wenn sie mich schlägt, dann wird ihr das noch leid tun. Ich kann auch kämpfen.«

Die Mädchen versammeln sich zum Abendessen und Schwester Ludvika kommt herein. Als sie vor mir stehen bleibt, zeigt sich der Schimmer einer Überraschung auf ihrem kalten Gesicht. Hat sie vergessen, dass ich noch immer hier war?

»Ich hoffe, du hast jetzt bereut. Du kannst zu deinem Tisch gehen.«

Ich gehe rund um sie herum und setze mich auf meinen Platz auf der Bank. Das Erstaunen auf allen Gesichtern sagt mir, dass ich mich schon wieder nicht so benommen habe wie erwartet. Aber mein Entschluss ist gefasst. Kein Händeküssen, keine Kriecherei, vor niemandem. Wenn sie hart sind, dann bin ich auch hart.

Das Abendessen vollzieht sich schweigend. Die Halle ist jetzt voll. Ich zwinge mich, den dicken Haferschleim hinunterzuwürgen, ohne Salz, Zucker, Milch oder Butter oder irgendeinen der sonstigen Zusätze, die das Zeug essbar machen würden. In der kurzen Pause nach dem Abendessen lässt Alice einen Apfel in meine Tasche gleiten. Schwester Ludvika klatscht in die Hände und wir knien uns alle nieder zum Abendgebet. Dann huschen wir schweigend in den Schlafsaal. Schnell den Kopf unter den kalten Wasserhahn, dann zurück zu den Betten, wo wir uns ausziehen. Ich spüre, wie neugierige Augen mich mustern, als ich mir das Kleid über den Kopf ziehe. Schwester

Ludvika erscheint mit ihren weiten flatternden Ärmeln. »Nicht so, Kind, wir wollen doch nichts zur Schau stellen. Du musst lernen, dich auf anständige Weise auszuziehen. Man darf nichts sehen, was unsere Augen beleidigen könnte.« Sie streift mir mein Nachthemd über den Kopf und sagt, ich müsste mich darunter ausziehen. Ich fühle mich gedemütigt und bin wütend. Es war mir bis jetzt nicht eingefallen, dass mein Körper ein beleidigender Anblick sein könnte. Ich schlüpfe unter die Decke. Die mit frischem Stroh gefüllte Matratze knirscht laut. Es ist sehr ungemütlich. Wir setzen uns noch einmal auf, zu einem kurzen Gebet, und Schwester Ludvika zieht die Verdunklungsvorhänge herunter und sperrt einen herrlichen Sonnenuntergang aus. In dem Halbdunkel gleiten die Ältesten still herein und gehen zu ihren Betten. Ein rundlicher Schatten mit langen Zöpfen beugt sich über mich und berührt meine nassen Wangen.

»Wein nicht, Neue, du wirst dich hier schon noch wohl fühlen«, flüstert sie und streift meinen Kopf mit einem Kuss.

3

Die Räder des Anstaltslebens mahlten weiter und langsam gewöhnte ich mich an meine neue Umgebung. Ich lernte die Routine, die Kniffe und Schliche, die Anstaltssprache. Ich beugte mich den Regeln gerade so weit, dass ich nicht allzu sehr auffiel, legte aber immer Wert auf einen kleinen Protest. Schon nach der ersten Woche im Kloster war mir klar geworden, dass ich nie ganz so werden konnte wie die anderen, und je mehr Mühe ich mir gab, umso mehr würde das auffallen. Die anderen, der harte Kern des Hauses, hatten ihr ganzes Leben in solchen Anstalten verbracht. Sie hatten in Kinderkrippen begonnen, in Kindergärten oder Findelhäusern, und wurden nach und nach, je nach ihrem Alter, in das eine oder andere Heim gebracht, wo sie die Anstaltstraditionen lernten und die Atmosphäre in sich aufsogen, bis sie sich jetzt im Alter von vierzehn oder fünfzehn Jahren auf dem Höhepunkt dieser Laufbahn befanden. In etwa einem Jahr mussten sie fortgehen, um draußen als Dienstboten zu arbeiten. Aber solange sie noch im Kloster waren, waren sie die »Führerinnen«, die lebendigen Quellen von Sitte und Tradition, die unangefochtenen, despotischen Herrscherinnen. Die anderen waren entweder verächtliche, unwissende Anfängerinnen, denen man alles von

Grund auf einbläuen musste, oder »Private« und zu denen gehörte ich. Die »Privaten« kamen von zu Hause ins Kloster, ihre Familien zahlten für den Aufenthalt, nicht die Regierung oder irgendwelche mildtätigen Organisationen, und es war klar, dass sie nie richtig dazugehören konnten.

Ohne die Umwälzungen des Krieges hätte keine von den »Privaten« je den Weg ins Kloster gefunden. Nie wären sie auf die Idee gekommen, das Kloster als ihr Zuhause zu betrachten. Sie gehörten woanders hin, ihre Treue zum Kloster war nicht unerschütterlich, man konnte nicht damit rechnen, dass sie sich widerstandslos der Schwester Oberin als höchster Autorität unterwarfen. Ihre Kleider stachen heraus aus dem Einheitsblau der Anstaltsuniformen, sie hatten oft feinere Manieren, sie redeten über die Welt draußen, von der das echte Anstaltskind keine Ahnung hatte. Zwischen den beiden Lagern herrschte offene Feindschaft, nur dünn verhüllt von Nützlichkeitsüberlegungen. Die »Alten« wachten über den Zutritt zu Vergünstigungen und Privilegien und besaßen durchaus die Macht, das Leben einer »Privaten« zur Hölle zu machen. Die »Privaten« dagegen konnten die Autoritäten von draußen ins Spiel bringen und – und das war das Wichtigste – sie hatten ihr »Privatessen«. Das war die Hauptwaffe, das unüberwindbare Argument, das jeden Kampf entschied. Wir alle, die Alten genauso wie die Neuen, waren ständig hungrig. Unsere Mahlzeiten waren nicht nur nicht ausreichend, sondern häufig auch ungenießbar. Die »Privatessen«, die in Paketen geschickt oder von Verwandten gebracht wurden, waren im Schrank der Schwester eingeschlossen und wurden zweimal am Tag ihren glücklichen Besitzern in knappen Portionen zugemessen. Sobald der Schrank aufging, bildeten sich vor ihm Schlangen, während die Alte Garde im Korridor wartete, um sich dann auf die paar Glücklichen zu stürzen und ihnen, sei es durch Schmeichelei und gute Worte, sei es durch Gewalt, einen Teil abzuringen.

Während meiner ersten Woche im Kloster fastete ich buchstäblich die ganze Zeit, ich brachte nichts hinunter, trotz meinem ständig wachsenden Hunger. Als ich endlich den Ekel vor dem Geruch der Portion auf meinem Teller überwunden hatte, revoltierte mein Magen und es dauerte fast einen Monat, bis ich die Nahrung bei mir behalten konnte. Erich, dem dieser Umstand genauso unbekannt gewesen war wie mir, brachte mir vor seiner Abreise kein Essen und es dauerte über zwei Monate, bis ich ihn wieder sah. Und dann brachte er mir eine Tüte voll gekochter Karamellen, was mir, die ich auf ein paar Laibe Brot gehofft hatte, die Tränen der Enttäuschung in die Augen trieb.

Unser Tag begann um 7 Uhr mit dem Schrillen der Glocke. Die Dienst habende Schwester ging zwischen den Bettenreihen hindurch und schüttelte dabei eine schwere Messingglocke, und bis es mir gelang, noch vor ihrem Eintreffen aufzuwachen, fuhr ich immer voll Entsetzen hoch, bereit, vor Zorn loszuschreien über dieses brutale Wecken. Nach einem kurzen, noch im Bett gemurmelten Gebet zogen wir uns unter den Decken an, wuschen uns, kämmten uns das Haar und machten unsere Betten, und zwar so, dass sie wie vollkommene rosa Schachteln aussahen. Die älteren Mädchen sahen uns dabei zu, schätzten die Ergebnisse mit dem Auge des Experten ab und rissen oft genug die Bettdecke und die Wolldecken wieder auf und befahlen ihrem Opfer, noch einmal von vorne zu beginnen.

Wenn die Betten gemacht waren, gingen wir gemeinsam in den Speisesaal und knieten uns zum Morgengebet nieder. Bald nach meiner Ankunft verkündete Schwester Ludvika, dass unsere Stimmen zu tief seien. Wir klängen wie ein Haufen alter Männer. Gebete sollten mit einem süßen, kindlichen Sopran aufgesagt werden, hoch und musikalisch, und wir sollten lernen, die Ohren Gottes nicht zu beleidigen. Dementsprechend begann sie also das Vaterunser auf einem hohen Ton und wir stimmten ein, halb singend, und verzweifelt bemüht, unser Kichern zu unterdrücken, und mit vor Anstrengung geschlossenen Augen. Nach einer Woche voll merkwürdiger Geräusche brachten wir es endlich fertig, nicht mittendrin in Lachkrämpfe auszubrechen, und Schwester Ludvika holte die anderen Gruppen (es gab vier Gruppen von Kindern, jede mit einem eigenen Quartier), damit sie an unserer Tür zuhörten, während wir uns produzierten. Ihre Reaktion war voraussehbar. Sie lachten und machten uns nach, bis wir schon bei der Erwähnung des Gebets die Fäuste vor Wut ballten.

Nach dem Gebet wurden die Kessel hereingebracht und die Älteste an jedem Tisch verteilte das Essen an ihre Schützlinge. Wir hatten Emailteller, Emailbecher und Zinnbestecke. Außer am Sonntag gab es immer nur eine Art Grütze, einen Haferschrot, der so schlecht gereinigt war, dass wir die meiste Zeit damit verbrachten, die Hülsen auszuspucken. Ohne »private« Zucker- oder Butterzugaben war dieses in Wasser gekochte Gemisch tatsächlich ungenießbar. An Sonntagen gab es selbst gebackenes Brot, feucht und schwer wie Lehm, und »Kaffee« aus Eicheln. Das war eine höchst willkommene Abwechslung.

Vom Aufwachen bis zum Ende des Frühstücks hatte absolute Stille zu herrschen. Jeder, der nur ein Wort flüsterte, wurde sofort bestraft. Ein Lieblingsspiel der Alten Garde war es, das Bett eines besonderen Opfers gerade in dem Moment aufzureißen, wo das Frühstück hereingebracht wurde, und das Mädchen so lang im Schlafsaal das Bett machen zu lassen, bis es Zeit für die Schule war. Dadurch versäumte sie ihr Frühstück, das dann ihre Peinigerin gefälligerweise aufaß, damit kein Essen verschwendet wurde. So unglaublich mir das auch in den ersten Wochen hier vorkam, es gab tatsächlich Leute, die zwei Portionen Grütze essen konnten!

Das Schulgebäude stand am Tor, eine gute halbe Meile weiter an der gebogenen Lindenallee, durch die ich an meinem ersten Tag gegangen war. Die Dorfkinder gingen auch in diese Schule, betraten sie aber durch einen anderen Eingang. Die ersten paar Tage wartete ich, vor Angst wie gelähmt, auf irgendwelche spitzen Bemerkungen, aber nichts geschah und langsam wurde ich ruhiger. Meine größte Sorge war, dass ich weder Hefte noch Papier noch Bleistift hatte. Erich hatte versprochen, mir in der Woche nach meiner Ankunft alles zu bringen, was ich für die Schule brauchte, aber die Wochen vergingen und es kam kein Zeichen von ihm. Ich hatte kein Geld, um mir diese Dinge zu kaufen, und es war mir furchtbar peinlich, immer neue Ausreden finden zu müssen, warum ich ihm nicht schrieb. Schwester Ludvika hatte mir mehrere Male befohlen, ihm zu schreiben, und jede Woche gab ich zu, dass ich es wieder vergessen hatte, während ich in Wirklichkeit an nichts anderes dachte. Es gab so viele Dinge, die ich brauchte, angefangen von Bändern für mein Haar, das ich jetzt mit Bindfaden zusammenhalten musste, bis zum Essen, das zu einer fixen Idee geworden war. Außerdem brauchte ich dringend ein Gebetbuch, um mit meiner religiösen Erziehung nachzukommen, und das war überhaupt das nächste Problem geworden. Ich verbarg meine völlige Unkenntnis der katholischen Religion und lernte die Gebete, so schnell ich konnte, während ich so tat, als würde ich sie schon kennen. Bei der Messe machte ich alle Bewegungen der anderen nach, musste aber zugeben, dass ich noch nicht bei der Erstkommunion gewesen war, und die schockierte Art, wie Schwester Ludvika und die anderen Mädchen das aufnahmen, jagten mir große Angst ein, ich fürchtete, mich verraten zu haben. Offenbar war ich Jahre hinter allen anderen zurück und diese Unterlassung musste sofort gutgemacht werden. Schwester Ludvika lieh mir einige Bücher und überwachte persönlich meine Vorbereitungen. Sie hoffte, ich würde in zwei Monaten so weit sein, während ich absichtlich auf Zeitgewinn spielte, so schnell lernte, als ich nur konnte, aber nach außen überhaupt keinen Fortschritt zeigte. Die schreckliche Wahrheit war nämlich, dass ich nicht zur Beichte oder Erstkommunion gehen konnte, ohne vorher getauft worden zu sein, und trotz meiner vielen Bitten hatten wir in Warschau nicht die Zeit gefunden, uns darum zu kümmern. Und jetzt war es natürlich zu spät. Je mehr ich darüber erfuhr, um so mehr sehnte ich mich, in die Kirche aufgenommen zu werden, und um so schwieriger wurde es, Ausreden und Verschiebungen für etwas zu finden, was ich selber so dringend wollte.

An freien Nachmittagen ging ich im Garten herum und dachte über meine Lage nach und meine Hilflosigkeit trieb mir die Tränen des Zorns in die Augen. Angst und Verzweiflung brachten mich fast so weit, Schwester Margareta alles zu gestehen, der kleinen, blassen Nonne, die sich um unsere Seidenwürmer kümmerte, und die ich seit unserem ersten Zusammentreffen am Tor schüchtern verehrte. Aber die Angst vor möglichen Folgen hielt mich in letzter Minute davon ab. Ich vertraute Schwester Margareta vollkommen und wusste, dass sie mir helfen würde, indem sie mich sofort taufen lassen würde. Danach würde ich dann Schwester Ludvika durch einen plötzlichen Ausbruch von Intelligenz überraschen. Aber Erichs Worte klangen mir jedes Mal in den Ohren, wenn ich diesen Schritt in Betracht zog. Ich hatte ihn schon einmal verraten. Noch einmal durfte ich es nicht tun. Und außerdem, was sollte ich dann tun, wenn er mich daraufhin völlig aufgab? Vielleicht hatte er das ohnehin schon getan. Sieben Wochen waren vergangen und ich hatte nicht das geringste Lebenszeichen aus Warschau bekommen. Was war mit ihnen allen geschehen?

Diese schreckliche Ungewissheit, wie auch die ständige Furcht vor Entdeckung bedeckten meine Stirn ständig mit Runzeln und ließen mich in der Nacht nicht schlafen.

Nach dem Mittagessen, das an Wochentagen hauptsächlich aus halb verfaulten Kartoffeln und Kohl oder welkem Salat mit saurer Milch bestand, zog ich mich in die Hügel hinter dem Hauptgebäude zurück und wanderte zwischen den Bäumen herum, den Katechismus in der Hand, und tat so, als würde ich meine Lektionen lernen, während ich mir in Wirklichkeit vor Unruhe die Fingernägel zerbiss. Viel länger konnte ich sie nicht mehr hinhalten, das war klar. Schwester Ludvika schöpfte bereits Verdacht. Da war mein unseliges Aussehen, meine schwarzen Haare und Augen, mein fortgeschrittenes Alter – alle anderen Mädchen waren mit acht oder neun Jahren zur Erstkommunion gegangen – und meine unbegreifliche Schwerfälligkeit beim Erlernen des Katechismus, während ich alles andere offenbar ohne Schwierigkeiten begriff. Das konnte nicht lange gut gehen. Aber wenn ich jetzt zur Erstkommunion ging, dann würde ich damit eine Todsünde begehen. Alles lieber als das, beschloss ich. Wenn sich kein anderer Ausweg fand, dann würde ich eben die Wahrheit sagen müssen. Dann müsste ich aber auch schwören, dass Erich nicht die geringste Ahnung hatte, wer ich war, als er mich eines Nachts im Schnee auf der Straße auflas.

4

Manchmal gesellte sich Alice bei meinen einsamen Spaziergängen zu mir und wir tratschten vorsichtig über dieses und jenes. Alice kam aus dem Osten von Polen und ihre Stimme hatte den reizenden Tonfall jenes Landesteils, wo viel Russisch gesprochen wurde. Sie war auffallend zurückhaltend über ihre Vergangenheit und ich, die ich selbst keine Vertraulichkeiten austauschen wollte, respektierte ihr Schweigen. So viel ich verstand, waren ihre Eltern nach Sibirien geschickt worden und wahrscheinlich gestorben. Sie war von einer Verwandten gerettet und letztes Jahr ins Kloster gebracht worden. Wenn sie groß war, wollte sie dem Karmeliterorden beitreten. Schnell erzählte sie mir alles, was sie über den Orden wusste, und ich war entsetzt von der Vorstellung, in ewigem Schweigen zu leben. Aber Alice gefiel das. Barfußgehen und in einem Sarg schlafen waren noch zusätzliche Genüsse. Aber es war das Schweigen, was sie am meisten anzog.

»War es ruhig in deiner Gegend, als der Krieg anfing?«, fragte ich sie.

»Ja, wir haben nicht viel gesehen.«

»Habt ihr keine Luftangriffe gehabt?«

»Nein ... so etwas gab es nicht ...«

Schweigend gingen wir Seite an Seite dahin. Der Nachmittag war sonnig und still. Ich brannte vor ungesagten Dingen, vor Sorgen und einem überwältigenden Drang, über meine Probleme zu sprechen, zu beichten, um Hilfe zu bitten. Plötzlich erschien ein Flugzeug zwischen den Baumwipfeln und kam im Tiefflug über den Garten. Wie ein Blitz sausten wir vom Weg und vergruben uns ins Gebüsch. Das Flugzeug flog weiter und verschwand. Mit roten Gesichtern tauchten wir wieder auf, kichernd vor Verlegenheit.

Du hast also keine Flugzeugangriffe zu Hause gesehen, dachte ich. Aber du hast gelernt, schnell in Deckung zu gehen, wenn ein Flugzeug kommt ...

Nach der Freistunde kehrten wir in den Speisesaal zur Hausarbeit zurück, die – in Schweigen – bis zum Abendessen dauerte, bei dem wir, weiterhin schweigend, unseren Maisbrei hinunterwürgten, unsere Gebete aufsagten, und dann wandten wir uns noch einmal unseren Schulbüchern zu, bis es Schlafenszeit war.

Darauf noch einmal Beten, Katzenwäsche, dann ins Bett. Noch ein Gebet, einen Ellbogen aufs Kissen gestützt, bis endlich die Verdunklungsvorhänge zugezogen wurden und ich mit meinen Gedanken allein war. Jetzt war der Augenblick gekommen, um alles, was ich tagsüber gesagt und getan hatte, gründlich zu überprüfen. Hatte jemand etwas erraten? Verdacht geschöpft? Hätte ich dieses oder jenes nicht sagen sollen? Hätte sich ein katholisches Kind genauso benommen? Ich versuchte herauszufinden, ob ich mich in irgendeiner Weise anders benahm als die anderen, und wenn ich nichts finden konnte, dann freute ich mich zwar, machte mir aber gleichzeitig neue Sorgen. Wenn es also keinen Unterschied zwischen uns gab, warum dann der Hass, die Verachtung, die endlosen Witze über die Juden?

An Sonntagen gingen wir zur Messe und zur Abendandacht und ich sang im Chor. Ich freute mich sehr, dass ich dabei war, obwohl das hieß, dass man einmal in der Woche um 5 Uhr aufstehen und in einer Messe für die Schwestern singen musste. Latein erschien mir als die schönste und geheimnisvollste aller Sprachen und ich rollte die unverständlichen Wörter mit einem beinahe sinnlichen Genuss von der Zunge. Auf ihre Bedeutung war ich gar nicht neugierig. Das würde ich schon später in der Schule lernen. Vorläufig war Latein für mich eben die feierliche, majestätische Sprache der Kirche, jedes Wort ein heiliges Geheimnis. Manchmal dachte ich kurz daran, dass ich für Aramäisch, die genauso unverständliche Sprache, die mich in der Schule viele Tränen gekostet hatte, nie das Gleiche hatte empfinden können.

Jeden Sonntagnachmittag saß ich geduldig im Aufenthaltsraum und wartete darauf, dass »sie« kamen. In der Anstaltssprache wurden Eltern, Verwandte oder Freunde, besonders wenn eine Person männlichen Geschlechts dabei war, zu »ihnen«. »Sie sind für dich gekommen«, lautete die traditionelle Formel und ich träumte von dem Tag, wo »sie« für mich kommen würden. Aber die Wochen vergingen ohne ein Zeichen von ihnen und jeden Sonntagnachmittag trug ich meine Enttäuschung in das kleine Pförtnerhaus neben der Schule und bot Schwester Margareta, die hier unter ihren Borden voll mit Seidenwürmern schaltete und waltete, meine Dienste an.

Das Kloster besaß eine Reihe von Maulbeerbäumen und hatte aus diesem Grund eine Quote von Seidenwürmern zur Aufzucht zugeteilt bekommen. Die Kokons mussten an die Deutschen abgeliefert werden, die wollten nämlich Seide. Als winzige, sich schlängelnde Fädchen mit stecknadelkopfgroßen Augen an dem einen Ende trafen die Würmer bei uns ein und wuchsen unter unseren liebevollen Händen zu fetten Raupen von der Größe eines Fingers. Sie waren die gefräßigsten Geschöpfe, die ich je gesehen hatte. Jeden Nachmittag kletterten ein paar von uns auf die Maulbeerbäume, um entsprechend saftige Blätter zu suchen. Die Würmer waren heikel, im Unterschied zu uns lehnten sie minderwertige Nahrungsmittel ab. Wir verteilten die Blätter auf die Stellagen und schauten zu, wie sie verschwanden. Der kleine Raum summte vom dauernden Malmen der Kiefer, die Würmer widmeten sich dem Geschäft des Essens und Wachsens mit einer geradezu wütenden Hingabe.

»Was geschieht, wenn sie den Kokon fertig gesponnen haben? Sie müssen sich doch durchbeißen, wenn sie herauskommen wollen. Macht das die Seide nicht kaputt?«

»So weit lassen wir sie nicht kommen«, erklärte Schwester Margareta. »Wenn die Kokons fertig sind, dann tauchen wir sie in kochendes Wasser und töten die Würmer. Und dann kann die Seide in der Fabrik abgewickelt werden.«

Ich war entsetzt. Wir fütterten die Raupen also nur, um sie am Ende zu töten? Meine Begeisterung für diese Arbeit ließ merklich nach. Jetzt trieb mich nur mehr die Freude an Schwester Margaretas Gesellschaft zum Pförtnerhaus.

Die Mädchen lachten über meine Anhänglichkeit. »Ich verstehe nicht, was du in ihr siehst. Sie sieht nicht einmal gut aus, wie Schwester Ludvika.«

Ich fuhr hoch und verteidigte meine Angebetete.

»Sie sieht nicht nur gut aus, sie ist schön!«

»Sie hat ein gelbes Gesicht und O-Beine, haha!«

»Ihre Haut hat die Farbe von Elfenbein. Von altem Elfenbein.« (Was wussten sie denn schon davon – hatten sie jemals Elfenbein gesehen?) »Und ihre Beine habt ihr ohnehin nicht gesehen, also warum lügt ihr? Und übrigens, O-Beine hat sie nicht!«

»Schau ihr nur einmal zu, wenn sie die Stiegen hinaufgeht, dann wirst du schon sehen!«

Ich sah Schwester Margareta zu, wie sie die Wendeltreppe hochstieg, sah aber nie mehr als ihre schwarz bestrumpften Knöchel, und die waren schlank und gerade. Sie hatte ein sehr bleiches Gesicht mit außerordentlich dunklen, gütigen Augen. Ihre Haut war tatsächlich etwas gelblich – ich nannte es lieber altes Elfenbein –, aber auf ihren Wangen lag ein zarter rosa Schimmer, den vielleicht nur meine anbetenden Augen bemerkten; ich hielt sie jedenfalls für die schönste Nonne auf der ganzen Welt. Sie war still und freundlich, kommandierte nie herum wie Schwester Ludvika, stellte nie peinliche Fragen, zeigte nie diese gefährliche Neugierde auf meine Vergangenheit wie einige von den anderen Schwestern. Bei ihr konnte ich mich wohl fühlen, von der Gegenwart sprechen, von der Schule, von den Seidenwürmern, vom Buchbinden, das sie versprochen hatte mir beizubringen; und von ihren großen Plänen, bunte Glasfenster für unsere Kapelle zu machen.

Wenn ich so zwischen den Brettern voller Raupen herumging und kleine Zäune aus Eichenzweigen baute, an denen sie hinaufklettern sollten, um ihre Kokons zu spinnen, war ich oft sehr nahe daran, ihr alles zu sagen. Die Versuchung war so groß, dass ich an manchen Tagen hastig davonlief, mit einem flüchtig gemurmelten »Auf Wiedersehen«, aus lauter Angst, dass, wenn ich nur den Mund aufmachte, schon die ganze Wahrheit herausquoll.

Schwester Margareta bemerkte mein verzerrtes Gesicht, dachte, dass ich mir wegen Erich Sorgen machte, und mahnte mich gütig, doch nur Geduld zu haben.

Und endlich kam der große Tag. An einem Samstagnachmittag stürzte ein Mädchen in den Speiseraum und verkündete, dass »sie« für Danka gekommen waren – volle zwei Monate nach meiner Ankunft im Kloster. Ich rannte die Stiegen hinunter und warf mich in Erichs Arme. Er war allein. Wir gingen in den Garten und ich überschüttete ihn mit Fragen. Anscheinend war alles noch genauso wie früher. Immer noch kam Lydia manchmal auf Besuch, schrie ihnen das eine Mal Beschimpfungen entgegen und brachte das andere Mal Geschenke. Die Buben fragten nach mir und schickten mir Grüße. Sophie war noch immer bei ihnen. Sie schickte mir einen Schilling. Erich brachte eine Tüte Karamellen, aber meine Enttäuschung darüber war so deutlich, dass er sofort versprach, noch in der nächsten Woche mit handfesterer Nahrung wiederzukommen. Und noch etwas anderes brauchte ich dringend, ich versuchte den ganzen Nachmittag, meine Verlegenheit darüber niederzukämpfen, und brachte es erst heraus, als er schon am Fortgehen war. Ich brauchte einen Kamm mit ganz feinen Zähnen. Bald nach meiner Ankunft hatte ich zu meinem Entsetzen festgestellt, dass alle Mädchen Läuse im Haar hatten, und da ich meinen Kamm schon am zweiten Tag verloren hatte – er war viel zu hübsch, um nicht verloren zu gehen –, musste ich mir Kämme von anderen ausborgen und fürchtete daher jetzt das Schlimmste.

Diese höchst bedauerliche Situation schien außer mir niemand besonders aufzuregen. Einmal in der Woche inspizierte Schwester Ludvika unsere Köpfe und machte eine Liste von allen, die befallen waren. Nur die ganz Neuen standen nicht darauf, sonst las sich die Liste wie ein komplettes Verzeichnis unserer Gruppe. Bis jetzt war es mir gelungen, nicht auf diese Liste zu kommen, aber das konnte offensichtlich nicht mehr lange so bleiben.

Ich malte mir das Entsetzen aus, mit dem Mutter eine solche Nachricht aufgenommen hätte, und war erleichtert, als Erich sich nicht besonders aufregte. »In einer Anstalt muss man mit so was rechnen, aber wenn du wieder nach Hause kommst, werden wir dich schon sauber kriegen. Mach dir keine Sorgen.«

»Wann werde ich nach Hause kommen?«

Er seufzte. »Ich weiß es nicht. Nicht, solang Lydia in der Nähe ist. Zu Weihnachten vielleicht . . .«

Zu Weihnachten! Aber zu Weihnachten sollte ich doch zur Erstkommunion gehen und ich hatte damit gerechnet, dass ich lange vorher einmal an einem Wochenende in Warschau getauft werden könnte. Viel länger konnte ich es nicht mehr hinausschieben. Ich versuchte, Erich das Problem klarzumachen, aber er konnte das nicht begreifen. Keiner von den beiden Jungen war bei der Erstkommunion gewesen und sie waren fast schon so alt wie ich. Konnte ich nicht einfach sagen, ich wäre nicht in Stimmung dafür? Oder noch besser, ich wollte das in Warschau erledigen, wo ein paar von meinen Verwandten dabei sein konnten? Oder wenn das nicht ging, konnte ich dann nicht einfach zu allem Ja und Amen sagen und die Sache einfach hinter mich bringen? Wenn ich nicht getauft war, dann machte das doch nichts. Das würde sicher nicht zählen.

Es war ganz klar, dass er nicht verstand, wie wichtig das alles war. Ich seufzte. Er versprach, dafür zu sorgen, dass ich zu Weihnachten getauft würde, und damit ging er.

Ein paar Tage später kam ein großes Esspaket für mich, zusammen mit all den anderen Sachen, die ich brauchte, und jetzt sah das Leben ganz anders aus. Was für einen Riesenunterschied ein Stück Butterbrot doch machte! Krysia, die Älteste von meiner Gruppe, wurde wieder freundlich, denn jetzt hatte ich ihr ja etwas anzubieten, als Gegenleistung für kleine Vergünstigungen. Sogar meine Stirne glättete sich. Mein Bett wurde nicht mehr jeden Morgen aufgerissen, ein paar kleine Gegenstände, die ich verloren hatte, lagen plötzlich wieder an ihrem gewöhnlichen Ort und wenn bei den Mahlzeiten etwas übrig war, dann wurde mir ein Nachschlag angeboten. Aber das kostbarste Privileg war die Aussicht auf ein Bad.

Bisher hatte ich, in großen Zeitabständen, an der grotesken Zeremonie der allgemeinen Dusche teilgenommen. Dieses Ritual fand nur in den Sommermonaten statt, und dann auch nur alle drei oder vier Wochen. Wir wurden alle in den Keller getrieben, über dessen Betonboden eine Reihe von Duschen befestigt war. Die Fenster wurden mit dunklen Decken verhängt und in der undurchdringlichen Finsternis stellten wir uns in Reih und Glied unter dem dünnen Geriesel von kaltem Wasser auf, mit Unterhemd und Unterhose bekleidet, krampfhaft ein Stück rationierter Seife festhaltend, die hauptsächlich aus Lehm und Sand zu bestehen schien. Uns nackt auszuziehen, wäre unkeusch gewesen, selbst in dieser pechschwarzen Finsternis, also seiften wir, so gut es ging, unsere Unterwäsche ein, kämpften verbissen um einen Platz unter der Dusche, rutschten auf dem glitschigen Beton aus, verloren unser Stück Seife oder stiegen darauf und trampelten gegenseitig auf unseren Handtüchern herum. Der feuchte, finstere Keller war ideal für Frösche, die umsprangen uns denn auch, landeten auf oder unter unseren Füßen, trieben die empfindsameren Kinder zu hysterischen Anfällen, die anderen zu einem Abscheu davor, sich zu waschen. Wild zerzaust, tropfend nass, schlammig bis zu den Knien tauchten wir wieder auf, eingehüllt in unsere feuchten Handtücher, mit denen wir uns abzutrocknen, gleichzeitig aber auch zu verhüllen versuchten, während wir uns trockene Unterwäsche anzogen.

Nachdem ich dieses Tollhaus ein- oder zweimal mitgemacht hatte, schwor ich mir, mich nie wieder zu waschen; bis ich herausfand, dass die Alte Garde ihr eigenes Arrangement hatte. Im Krankenrevier gab es ein Badezimmer mit einer richtigen Badewanne und mit ein bisschen Bestechung konnte man auf die Liste dieses höchst exklusiven Clubs gesetzt werden.

Wenn die Schwestern ihr Bad nahmen, dann bekamen ein paar von den älteren Mädchen die Erlaubnis, das übrig gebliebene Warmwasser aufzubrauchen. Ich musste zu meinem Abscheu erfahren, dass die Mädchen um die Begünstigung kämpften, im Badewasser ihrer Angebeteten baden zu dürfen. Wenn man Glück hatte und gerade in der Nähe war, wenn der Gegenstand der Verehrung in der Badewanne war, dann überließ sie einem vielleicht ihr Badewasser nach dem Verlassen des Bades. Mein Ekel war so spontan, dass ich ihn nicht verbergen konnte, und die Mädchen ritten darauf herum als ein weiteres Beispiel meines feinen Getues. Aber ich war fest entschlossen, entweder in reinem Wasser zu baden oder überhaupt nicht.

Ich würde meinen Fuß nicht einmal ins Badewasser der Schwester Oberin tauchen, erklärte ich, worauf sie alle voll Entsetzen von mir zurückwichen. Ich hatte eine Blasphemie ausgesprochen.

Durch einen Schirm von der schweigsamen Schwester getrennt, die, ihren Rosenkranz betend, in der Ecke saß, badeten wir eine nach der anderen. Das hatte rasch und energisch zu geschehen, Herumfläzen im Wasser war nicht erlaubt, und man vertraute darauf, dass wir natürlich auch nicht einen Blick auf unseren Körper werfen würden.

Das war das Dutzend Stücke Würfelzucker, die ich

Krysia gegeben hatte, sehr wohl wert, dachte ich, während ich mich in dem lauwarmen Wasser ausstreckte und behaglich meine Rippen zählte. Aber lieber war ich schmutzig als noch einmal hungrig, beschloss ich, und war sicher, dass sogar Mutter mich verstehen würde.

Alice und ich verbrachten fast unsere ganze freie Zeit zusammen. Wir machten Botengänge für Schwester Margareta in ihrem Pförtnerhaus und für Schwester Martha in der Küche. Schwester Margareta schenkte uns zum Dank dafür ein Lächeln, während wir von Schwester Martha meist einen handfesteren Lohn bekamen, der aber auch höchst willkommen war, wenn wir durch die spärlich bewaldeten Hügel hinter dem Hauptgebäude eilten und an die verschiedenen Gespenster dachten, die hier hausten. Die Hügel dehnten sich einige Meilen weit aus und gingen dann in das Dorf am anderen Ende über. Ein paar kleine Hütten und Blockhäuser standen auf den Lichtungen, jedes eine andere Gruppe der Anstaltsgemeinschaft beherbergend. Das gemütlichste und komfortabelste Haus wurde von den Priestern bewohnt, die zu dem Kloster gehörten, und von dem Franziskaner, der seine Tischlerwerkstatt in der Scheune daneben hatte. In dem größten Blockhaus, aus lauter Eichenbalken und mit schrägem Dach, wohnten ein paar Schwestern und hier befanden sich auch Wäschekammer und Nähstube. Hier wurden wir am häufigsten gebraucht, denn das Haus hatte kein fließendes Wasser, und wir hatten alle Hände voll zu tun, um das Wasser in Kübeln vom Hauptgebäude hierher zu schleppen. Ein kleiner Bungalow diente als Infektionsabteilung, manchmal auch als Einzelzelle für ein besonders bockiges Mädchen. Dann gab es noch einen großen Holzbau, wo die weltlichen Lehrerinnen lebten, darunter unsere Klassenlehrerin Frau Rolska, eine Kriegerwitwe, mit ihrem kleinen Sohn. Tief drinnen unter den Bäumen stand ein dunkles, einzelnes Gebäude mit kleinen Fenstern und einer schweren Tür. Das war das Heim der vierten Gruppe, eine Art Besserungsanstalt für schwierige Fälle, die aus anderen Anstalten hierher geschickt wurden. Uns drohte man ständig mit der Übersiedlung in dieses Haus und die Legende berichtete, dass die Insassen nicht nur des Nachts und den größten Teil des Tages im Haus eingesperrt waren, sondern auch noch im Schlaf an den Knöcheln an ihre Betten gefesselt wurden. Wir sahen sie nur in der Kirche und durften nie mit ihnen reden.

Hinter unserem Gemüsegarten stand schließlich noch die Krankenabteilung, ein moderner, weiß gekalkter Würfel, dessen große Fenster nach allen Richtungen glänzten. Drinnen war es der sauberste Ort, den ich je gesehen hatte. Selbst mit klösterlichen Maßstäben gemessen, war der leuchtende Schein auf dem Fußboden und auf allen anderen Flächen außergewöhnlich. Das Weiß von Vorhängen, Wänden, Schirmen und Bettwäsche ließ einen die Augen zusammenkneifen. Sogar die Blumen vor den Gipsheiligen schienen frischer und bunter als die Blumen im Garten.

Herrin über diesen antiseptischen Traum war Schwester Eulalia, ein blasser, flacher Schatten, die unkörperlichste Gestalt, die es gab, die geräuschlos in den zellenartigen Krankenzimmern aus und ein glitt, allgegenwärtig und allwissend wie ein wohlwollender Geist. Ihr unheimlich blasses Gesicht schien weder Augenbrauen noch Wimpern zu besitzen, ihre Augen waren blaßgrau, ihre Lippen blutleer. Ihre Tracht fiel von dem großen runden Kragen schnurgerade zu den Zehen herunter und wir waren jederzeit bereit zu glauben, dass sich kein Körper darunter verbarg.

Im Kloster munkelte man allgemein, dass Schwester Eulalia nie schlief und dass sie drauf und dran war, an Tuberkulose zu sterben. Die erste Annahme schien mir zutreffend. Man konnte ihre ausgemergelte Silhouette zu jeder Tages- und Nachtzeit auf dem Weg zum Dorf über die Hügel wehen sehen. Es hieß, sie hätte eine glückliche Hand bei Niederkünften und eine lindernde bei Todesfällen, daher war sie bei den Bauern sehr gefragt. Wenn ich ihre dünne schwarze Gestalt so von den Herbstwinden angeblasen und gepeitscht sah, dann war ich dankbar für die große Tasche in ihren Händen, die als Einziges zu verhindern schien, dass sie über die Hügelkuppen davongeweht wurde.

Was allerdings die Tuberkulose angeht, so stand jede einzelne Nonne im Kloster irgendwann einmal im Verdacht, daran zu sterben. Selbst die apfelbäckige Schwester Martha, die sich in alle Richtungen ausbauschte wie ein Kissenberg in einem schwarzen Sack, war angeblich ein Opfer dieser Krankheit. Viele von den Mädchen waren schon einmal in dem Sanatorium hier gewesen und redeten über ihre »Flecken«, »Schatten« oder »Kavernen« mit dem Verständnis eines Fachmanns. Einige von ihnen hatte die Tb zu Waisen gemacht, andere hatten noch immer Geschwister in den Sanatorien, andere waren gerade aus dem Sanatorium gekommen und sollten nächsten Sommer wieder hingehen. Sie hatten Fotos von ehemaligen Insassen, Freunden von ihnen, mit dem Todesdatum in kindlicher Schrift auf der Rückseite, sie beschrieben ihre letzten Stunden in allen makabren Einzelheiten. Tb schien so natürlich zum Anstaltsleben zu gehören wie Läuse (oder Lämmer, wie sie in der Klostersprache hießen) und Trachome, die fast jeder irgendwann einmal bekam.

Im September, kurz nach Schulanfang, hatten wir lange

»Kartoffelferien«. Wir ließen alles andere liegen und stehen und arbeiteten von morgens bis abends auf den Feldern. Schon nach dem ersten Morgen war es offenkundig, dass ich nicht mit den anderen Schritt halten konnte, ich wurde daher in die Küche abgeordnet, wo ich die restlichen Tage damit verbrachte, im Schatten einer Hütte die Kartoffeln für unser Abendessen zu schälen. Die ganze Woche lang gruben wir Kartoffeln aus, aßen Kartoffeln und sangen Kartoffellieder. Früh am Morgen gingen wir aus dem Haus, marschierten über tief gefurchte Sandwege und wischten mit unseren bloßen Füßen den Tau vom Gras. Wir sangen und schwangen unsere Körbe und nach einer Stunde Marsch waren unsere Finger von der Hitze angeschwollen und sahen wie ein Kranz von Würsten aus. Die letzten paar hundert Meter gingen wir mit über den Kopf ausgestreckten Händen, um unseren Blutkreislauf wieder in Gang zu bringen, und wenn uns dabei einmal ein Bauer begegnete, dann riss er die Augen auf. Wir bekamen besseres Essen, weil wir schwere Arbeit leisteten. Viel Brot und Margarine zusätzlich zu unseren Kartoffeln, und wir toasteten die Scheiben in der sengenden Sonne, bis sie ganz knusprig und goldbraun waren.

Wenn die Sonne zum Zenit aufstieg, senkte sich Schweigen über die Felder. Sogar die Vögel zogen sich zu einer Siesta zurück. Ich schaute über das flache braune Land und beobachtete die kleinen Gestalten, die langsam mit funkelnden Schaufeln durch die Furchen krochen. Wie weit weg das alles war von dem ungezieferverseuchten, überfüllten Straßengewirr des Ghettos. Und wie sehr ich mich dennoch danach sehnte, dort zu sein, unter der Menge, den Gefahren, der Hässlichkeit, der Armut. Unter meinem Volk.

Die Dunkelheit kam jetzt schnell, Herbstnebel stiegen

von den Feldern, Spinnwebfäden segelten im leichten Abendwind. Die Luft wurde kühl, süß vom Duft reifender Obstgärten, vom tiefen Geruch frisch aufgegrabener Erde, eine Andeutung von Verfall aus den dämmernden Wäldern. Die Blätter wurden gelb. Kastanien und Eicheln glitzerten zwischen den goldenen Flammen, die von den Eichen herabfielen, von den Buchen, den Pappeln, den Ahornen und den hohen silbrigen Birken. Der Abendwind seufzte in den Zweigen, schwer vom Versprechen des Regens.

An unserem letzten Tag in den Feldern machten wir ein Feuer aus Zweigen und Stroh und brieten unsere Kartoffeln in der Asche. Wir saßen und lauschten auf das ferne Bellen der Dorfhunde, schauten zu, wie die Finsternis aus den Wäldern quoll, müde und ein bisschen traurig und ein bisschen ängstlich vor der kommenden Nacht. Der Sommer war vorbei.

5

Im Pförtnerhaus waren die wie Perlmutter schimmernden Seideneier schon gesponnen. Wir fanden ein paar gelbe darunter und Schwester Margareta gab jedem von uns eines, zum Dank für unsere Hilfe. Ich legte meins in eine Schachtel und hoffte, den Moment zu erwischen, wenn die Larve ausschlüpfte.

Alice und ich boten Schwester Martha an, ihr beim Einkochen der Kürbisse zu helfen. Während ich das kochende Wasser im Auge behielt, beobachtete Alice den siedenden Essig. Schwester Martha flitzte durch die Küchentür ein und aus und Alice tanzte auf dem glitschigen Steinboden. Sie glitt aus, fiel gegen den Kessel und goss den ganzen Inhalt über sich. Der kochende Essig verbrannte ihr das Gesicht. Wir rasten zum Krankenrevier, wo ihr Schwester Eulalia die Augen auswusch, das Gesicht verband und sie ins Bett steckte. Ich ging an diesem Abend noch ein paar Mal zur Krankenabteilung, brachte Alice zuerst ihr eigenes Kissen, dann meines, und hoffte, mit ihr reden zu können, aber sie hatte ein Mittel gegen die Schmerzen bekommen und schlief.

Es dauerte eine Woche, bis ich sie wieder sehen durfte.

Sie trug noch den Verband, hob ihn aber ein bisschen hoch, damit ich ihr Gesicht sehen konnte, das braun war, wo der Essig sie verbrannt hatte, und von rohem Fleischrosa, wo sich die Haut geschält hatte. Ihre Augen waren noch geschlossen, die Lider geschwollen und verweint, und ich hatte nicht den Eindruck, als könnte sie jemals wieder sehen. Sie machte sich fürchterliche Sorgen darüber und so viel ich mich auch bemühte, sie aufzuheitern, ich konnte keine geeigneten Worte finden.

Ich hatte inzwischen ihre kleine Schülerin übernommen, die sie auf die Aufnahmeprüfung vorbereitete, und verbrachte täglich eine Stunde damit, ihr die Anfangsgründe von Lesen, Rechnen und Schreiben beizubringen. Das Kind war willig, aber begriffsstutzig, und ich knirschte mit den Zähnen vor Ärger. Das bedeutete, zusätzlich zu meinen sämtlichen anderen Aufgaben, dass ich jetzt von morgens bis abends keine freie Minute mehr hatte, und wenn ich mich nicht genau an meinen Stundenplan hielt, dann hatte ich keine Zeit mehr zum Üben auf dem Klavier.

Kaum war das Mittagessen vorbei, begann der Dauerlauf zwischen der Schule und dem Hauptgebäude, mit täglichen Besuchen bei Alice in der Krankenabteilung und, wenn ich Glück hatte, ein paar Minuten im Pförtnerhaus, um Schwester Margareta zu begrüßen. An den Abenden saß ich länger über meinen Hausarbeiten, ging als Letzte zu Bett und kam am Morgen nicht mehr so leicht aus den Federn.

Anfang Oktober kam Erich wieder, diesmal mit den Buben, mit Paketen voll Essen und einer unfassbaren Nachricht: Im letzten Monat hatte er mehrere Briefe von Vater bekommen. Er hatte sie nicht mitgebracht, er gab sogar zu, dass er jeden einzelnen sofort nach der Lektüre verbrannt hatte, aber die Hauptsache daran war, dass Vater noch lebte. Er war in einer großen Stadt im Südosten von Warschau, hatte eine schwere Lungenentzündung gehabt und versteckte sich in irgendeinem Keller, aber jetzt ging es ihm besser und er hoffte, uns bald zu sehen. In jedem Brief fragte er, ob Mutter bei uns sei. Ich fragte mich, was das bedeutete. Hatten sie sich denn getrennt? War sie noch irgendwo in Warschau? Hatte sie versucht, zu uns zu kommen, nachdem sie das Ghetto verlassen hatte? War ihr auf dem Weg zu uns irgendetwas zugestoßen? Das Ghetto hatte sich vor über sechs Monaten aufgelöst, wo war sie jetzt?

Erich wusste keine Antwort auf meine Fragen. Er redete von etwas anderem, wollte wieder über Vater sprechen, aber auch da schüttelte mich die Angst beim Gedanken an seine Krankheit. Das war die zweite Lungenentzündung innerhalb von zwei Jahren und er hatte es nie verstanden, auf sich selbst aufzupassen. Und jetzt lebte er in einem Keller ... Aber meine größte und unausgesprochene Angst kam daher, dass die Stadt, aus der er uns schrieb, sehr nahe bei einem der größten Konzentrationslager war. Schrieb er uns denn wirklich aus der Stadt?

Mechanisch kümmerte ich mich um meine täglichen Arbeiten, ohne mit dem Kopf dabei zu sein. Ich hatte nie wirklich daran gezweifelt, dass meine Eltern am Leben waren, und die Briefe bestätigten zwar meinen Glauben, brachten mir aber einen neuen, sehr realen Grund zur Sorge. Vaters Krankheit und Mutters Verschwinden ... das Schrecklichste an diesen Nachrichten war, dass die beiden nicht mehr zusammen waren.

Das kleine Mädchen, das ich vorbereiten sollte, brachte mir am Ende des Monats zehn Schillinge, als Honorar für Alice und mich. Ich wollte meinen Anteil nicht nehmen und gab auch Alices Geld wieder zurück, ohne sie überhaupt zu fragen. Die Idee, für Geld zu unterrichten, schockierte mich und obwohl ich das Geld dringend gebraucht hätte, hätte ich es für überaus ungehörig gehalten, es anzunehmen. Völlig verwirrt steckte das Kind das Geld wieder ein und fuhr mit seiner Lektion fort. Es war mitten am Nachmittag und nach einer Weile wickelte es ein fettiges Paket aus und entnahm ihm einen kalten Kartoffelkuchen.

Mein Inneres krampfte sich vor Hunger und Erinnerungen zusammen. Mit meinem »Privatessen« war es vorbei, ich lebte wieder mit dem fast ständigen Gefühl des Hungers. Gequält dachte ich, wenn das Kind mir statt des Geldes einen Kartoffelkuchen angeboten hätte, wäre ich nicht im Stande gewesen, Nein zu sagen, und es tat mir einerseits Leid, andererseits war ich froh, dass sie das nicht getan hatte.

Ich sah zu, wie sie aß, und sah Frau Szerell vor meinem geistigen Auge, wie sie sich über den Herd beugte, dabei einen Kartoffelpuffer nach dem anderen vertilgte und wir alle auf ihrem ungemachten Bett saßen. Es war noch kein Jahr her ... Ich schützte Kopfweh vor, schickte das Kind weg und rannte, unfähig, meine Tränen zurückzuhalten, durch den dämmerigen Garten in die Kapelle. Dort konnte ich endlich meinem Schmerz freien Lauf lassen.

Bald darauf lud Schwester Margareta mich ein, einen Abend bei ihr im Pförtnerhaus zu verbringen, während sie Dienst hatte. Ich sollte ihr helfen, ein paar Kleider zu flicken. Ich flog über den Weg, meine Füße berührten kaum den Boden. Es war ein frischer Herbstabend, voll goldener Blätter, der dunkelblaue Himmel übersät mit Sternen. In ihrem kalten Funkeln spürte man schon das Kommen des Winters, aber die Luft war warm. Von Glück durchströmt, sagte ich mein letztes Gedicht auf und dachte: Was wird Frau Rolska sagen, wenn ich es ihr statt eines Aufsatzes in die Hand gebe?

Als ich zum Pförtnerhaus kam, war es schon ganz dunkel und auf dem Tisch stand eine Öllampe. Wir holten unser Nähzeug heraus und setzten uns nahe an den Kachelofen.

»Wie geht's dir denn mit deiner Vorbereitung auf die Heilige Kommunion?« Ich wurde vor Schreck ganz steif. In den letzten paar Wochen hatte ich das vollkommen vergessen.

»Ich habe jetzt nicht so viel Zeit«, stammelte ich, »mit den vielen Stunden und der Nachhilfe, wissen Sie ...«

»Ja, natürlich ... bist du sicher, dass du überhaupt getauft bist?«

Ich spürte, wie mir das Blut aus dem Gesicht wich und meine Hände zitterten. Das hatte bisher noch niemand angezweifelt.

»Ja, aber, Schwester Margareta, ist denn nicht jeder getauft?«

Sie lächelte. »Natürlich, Kind, ich habe ja auch gar nicht den Verdacht, dass du es nicht bist. Aber fragen tut ja nicht weh. Es treiben sich heutzutage so viele Leute herum. Leute, die anders sind, weißt du. Anders als wir. Nicht, dass du selber irgendwie anders wärst. Du bist genauso wie alle anderen kleinen Mädchen und wir haben dich genauso lieb wie alle unsere Kinder, nur, siehst du, du bist eben so ungewöhnlich dunkel ...«

Ich war wie betäubt, konnte ihr nicht ins Gesicht sehen.

»Würdest du sagen, dass du deinem Vater oder deiner Mutter ähnlich siehst?«

»Meiner Mutter«, zwang ich mich zu sagen, obwohl ich wusste, dass das gelogen war.

»Aha ... und deine Mutter ... war sie sehr fromm?«

»Ja, sehr.«

»Hatte sie vielleicht einen Beichtvater? Weißt du, einen

Freund der Familie, einen, der euch alle gut kannte. Wie zum Beispiel der Priester, der deine Eltern getraut und dich getauft hat?«

»Ja.« Ich kam langsam wieder zu mir, redete jetzt ganz ruhig und schaute ihr dabei in die Augen. »Das war Vater Wilecki, er ist sehr oft zu uns gekommen. Ich hätte ihm eigentlich schreiben sollen, nachdem ich nach Warschau kam, aber . . .«, ich lächelte verlegen, »leider habe ich seine Adresse verloren. Und er war ohnehin schon so furchtbar alt. Es kann ganz leicht sein, dass er jetzt schon gestorben ist.«

»Das ist aber schade, na ja, es macht nichts. Solang du nur selber ganz sicher bist, dass es wirklich keinen ernsten Grund gibt, dass du nicht zur Erstkommunion gehen kannst.«

»Nein, es gibt nichts, ich hätte nur gern meinen Onkel dabei und der kann nicht so oft herkommen, wie Sie wissen. Und ich glaube, er möchte, dass ich nächste Ostern Kommunion mache, zusammen mit seinen Jungen.«

»Ja, das wäre schön, nur ist es noch so lange bis dahin. In diesen unsicheren Zeiten ist es besser, nicht allzu lange zu warten. Wer weiß, was dir noch zustoßen kann?«

Sehr wahr, wer weiß das?

»Und dieser Onkel von dir – bist du sicher, dass er ein Mitglied unserer Kirche ist?«

Das war leicht: »O ja, da bin ich vollkommen sicher, obwohl er vielleicht nicht das ist, was Sie einen praktizierenden Christen nennen. Aber er geht an den meisten Sonntagen mit seinen Jungen zur Kirche.«

Schwester Margareta dachte nach, schaute dabei in die zuckende Lampe. »Hör zu, Danuta, ich möchte dir etwas sagen, ich hoffe nur, du nimmst es mir nicht übel, und es muss ein Geheimnis bleiben zwischen uns beiden.«

Meine Hände, die ein Unterhemd umklammerten, waren feucht und zittrig, aber es gelang mir, ihr ruhig ins Gesicht zu sehen und zu nicken.

»Wenn dein Onkel wieder auf Besuch kommt, dann versuch doch, ihn ein bisschen darüber auszuhorchen. Frag ihn nach deinen Eltern. Weißt du, es ist leicht möglich, dass sie es dir nie gesagt haben. Vielleicht ist es auch passiert, bevor du auf die Welt gekommen bist. Vielleicht sogar, bevor sie geheiratet haben. So viele Leute ändern heutzutage ihren Glauben.«

Langsam schimmerte ein Licht durch das verworrene Dunkel in meinem Geist. War es möglich, dass ich sie überzeugt hatte?

»Wenn du also mit deinem Onkel redest, dann versuch doch – aber sei sehr diplomatisch dabei, ich bitte dich – herauszufinden, ob beide Eltern in die Kirche hineingeboren wurden oder ob einer oder beide konvertiert sind. Und ob du selber getauft bist. Weißt du, wir können dich nicht zur Kommunion gehen lassen, wenn es daran irgendeinen Zweifel gibt, es wäre sonst eine Sünde.«

»Das weiß ich«, ganz schlaff vor Erleichterung. »Ich hab mir selber Sorgen gemacht. Nicht, dass ich früher, bevor ich hierher kam, jemals daran gezweifelt hätte, dass ich getauft bin, aber... und ich bin wirklich ganz sicher, dass auch meine Eltern gute Katholiken waren. Aber ich werde Onkel danach fragen und bis wir das erfahren, warten wir besser noch mit der Kommunion.«

»Jawohl«, stimmte Schwester Margareta zu, »wenn wir nur nicht zu lange warten müssen. Und wir können natürlich jederzeit jeden hier taufen lassen. Wirklich jeden... Und wir möchten nicht, dass du uns verlässt. Dazu besteht überhaupt keine Notwendigkeit. Solang sonst niemand etwas weiß, bist du bei uns sicher...«

Ich kehrte in völliger Dunkelheit zum Haus zurück und diesmal war ich ausnahmsweise zu sehr mit meinen Sorgen beschäftigt, um mich vor Gespenstern zu fürchten. Ich war sehr streng erzogen worden und glaubte fest daran, dass Lügen eine der ärgsten Sünden war, die man überhaupt begehen konnte. Und jetzt hatte ich den ganzen Abend nichts anderes getan, als den einen Menschen anzulügen, dem ich von allen am liebsten die Wahrheit gesagt hätte. Ich sah ihr in die Augen und log und log, während mir das Herz brach über den Dingen, die ich sagen musste. Aber ich log nicht nur für mich selber. Ich log auch, um Erich zu schützen. Dabei wusste ich, dass das alles nicht notwendig war. Ich hätte ruhig die Wahrheit zugeben, mich im Kloster taufen lassen und zur Kommunion gehen können und dann wäre ich genau gewesen wie alle anderen. Schwester Margareta war mir mehr als nur auf halbem Wege entgegengekommen. Aber ich hatte feierlich versprochen, nichts zu sagen, und bis Erich wiederkam, musste ich das Geheimnis für mich behalten.

Vorläufig jedenfalls war es mir gelungen, die Verwirrung noch zu vergrößern. Meine Eltern als Konvertiten, die mir die Wahrheit nicht sagen wollten! Wie überzeugend musste ich meine Rolle gespielt haben! Erich wird lachen, wenn ich es ihm erzähle. Arme Schwester Margareta! Was wird sie sagen, wenn sie schließlich die Wahrheit erfährt? Wie werde ich es fertig bringen, ihr von jetzt an weiter in ihr liebes Gesicht zu sehen?

Ich ging in die Kapelle und betete, im finsteren Winkel versteckt, aus ganzem Herzen um eine rasche Lösung und um Erichs Besuch.

6

Im November wurde Frau Rolska, unser Klassenvorstand, krank und ging zu Untersuchungen und Tests nach Warschau. In ihrer Abwesenheit wurde ich gebeten, einige von ihren Klassen zu übernehmen, darunter auch meine eigene. Ich unterrichtete alle möglichen Gegenstände und konnte es kaum fassen, dass ich den Anfängern Arithmetik beibringen sollte. Ich, die ich immer solche Schwierigkeiten mit Zahlen gehabt hatte, wurde mit diesem grässlichen Gegenstand betraut! Ich fand die neue Aufgabe faszinierend, aber auch sehr aufreibend. In polnischer Literatur ließ mir die Schwester Oberin freie Hand und statt langweiliger Übungen las ich ihnen lieber aus meinem Lieblingsbuch vor. Das Buch, das vom Leben eines Elefantenjungen in Indien handelte, war ein solcher Erfolg, dass diese Klasse zum ersten Mal zu spät zum Mittagessen kam, weil sie nicht gehen wollte, bis ich ans Ende eines Kapitels gekommen war.

Die meisten dieser Mädchen hatten noch nie freiwillig eine Zeile gelesen und hielten Schularbeit ohnehin für sinnlose Zeitverschwendung. Aber dass ihnen jemand vorlas, das war ihnen etwas so Unerhörtes, dass sie alle von Anfang an wie gefesselt waren, in einem engen Kreis saßen sie rund um meinen Tisch, wie verzaubert, und ausnahmsweise einmal wirklich still. Ich war so stolz, als hätte ich das Buch selbst geschrieben, und träumte davon, eine eigene Klasse zu haben oder eine Gruppe, die immer gemeinsam lesen und lernen würde. Wie schön wäre es, diese stumpfen kleinen Seelen, diese auf dem Lande geborenen und aufgewachsenen Kinder, denen die Anstaltsroutine schon jede Neugier und Phantasie ausgetrieben hatte, zu wecken!

Wenn ich nicht schon vor langer Zeit beschlossen hätte, Ärztin zu werden, dann würde ich Lehrerin sein wollen, dachte ich, wie ich die Reihen von bezopften Köpfen vor mir sah, wie sie alle mit offenem Mund an meinen Worten hingen.

Ein neues Mädchen kam ins Kloster, das uns alle von Anfang an aufregte. Ihr Haar war vor ein paar Monaten nach einer Krankheit geschoren worden und war noch immer so kurz wie das eines Jungen. Das reizte die allmächtigen Ältesten in unserer Gruppe zu ein paar giftigen Bemerkungen, auf die die Neue mit überraschender Heftigkeit reagierte, und bevor wir es begriffen, hatten wir einen Sündenbock für alles. Halina, eine der Ältesten der Alten Garde, holte sie an ihren Tisch und erfand ein ganzes Folterprogramm für sie. Die Neue wurde mit Kleiderbügeln geschlagen, gegen Wände geschleudert und musste mit erhobenen Armen in einer Ecke knien, bis sie ohnmächtig wurde. Sie wurde am Knöchel an den Tisch gebunden, damit Halina sie im Auge behalten konnte, und an einem Halsband vom und zum Schlafsaal geführt. Niemand wagte es einzuschreiten. Das neue Mädchen wehrte sich, so gut sie konnte, aber es war klar, dass sie keine Chance hatte. Als sie ihre Schuhe auszog und in Socken von der Schule nach Haus ging, wurde zwar Halina gerügt, aber die Neue war es, die diese Socken den Rest der Woche über tragen musste. Mich rührte ihre Auflehnung besonders, denn in gewisser Weise war ich sie. Der Name der Neuen war Janie, derselbe wie mein eigener, und jedes Mal, wenn sie gerufen wurde, musste ich mich beherrschen, um nicht zu antworten. Ich hatte lange gebraucht, bis ich automatisch auf Danka oder Danuta reagierte, und glücklicherweise hatte es bei meiner Ankunft hier keine Janie gegeben, aber jetzt passierte es mir manchmal, dass ich aufsprang oder antwortete, wenn jemand die andere rief, und dass ich dann immer Ausreden für mein merkwürdiges Benehmen finden musste.

Am Namenstag des hl. Stanislaus Kostka hatten wir einen Tag schulfrei und es gab ein Konzert. Ausnahmsweise einmal erwies sich mein dunkles Haar als Vorteil, ich wurde ausersehen, die Rolle des Heiligen zu spielen. In der ersten Szene lag ich in einem riesigen Bett im Sterben, während Engel mich von allen Seiten umschwebten. Das Bett war herrlich gemütlich und bei den Proben entspannte ich mich darin so vollkommen, dass ich immer meinen Text vergaß.

Sobald der Vorhang hochging und das Publikum mich in den Kissen liegen sah, stieg ein allgemeines »Aaah!« hoch und mich erfasste echte Panik. Ich dachte an meine früheren vom Unglück verfolgten theatralischen Auftritte. Diesmal konnte eigentlich nichts Merkwürdiges irgendwo heraushängen, aber nach dem Gesumme zu schließen, das von unter der Rampe zu mir hochstieg, war ganz offensichtlich irgendetwas nicht in Ordnung.

Nervös sagte ich meinen Text auf und sprang sofort aus dem Bett, als der Vorhang fiel, um mich auf meine Seligsprechung vorzubereiten. Dann stand ich auf einem Stuhl, der hinter Topfpflanzen verborgen war, Heilige und Engel umdrängten mich und ein kleines Mädchen hielt hinter meinem Rücken eine starke Birne an meinen Heiligenschein, eine höchst kunstvolle Konstruktion, von Schwester Margareta selbst erarbeitet, um damit ihre geplanten bunten Glasfenster auszuprobieren. Der Heiligenschein war aus Pappkarton ausgeschnitten, seine festen Ränder und Unterteilungen waren mit buntem Seidenpapier ausgefüllt und das Ganze war an meinem Hinterkopf befestigt. Die Heiligenscheinbeleuchterin war in ihrem Eifer zu nahe gekommen und durch meine ganze lange Rede, die ich mit zum Gebet gefalteten Händen und zur Decke erhobenen Augen hielt, spürte ich die brennende Lampe im Nacken und wartete darauf, dass das Seidenpapier Feuer finge.

Endlich war alles vorbei. Als ich ins Publikum hinunterging, umringten sie mich alle ganz aufgeregt: »Deine Haare«, riefen sie, »sie haben deine Haare geschoren!« Mein Haar war zurückgekämmt und dann mit irgendeiner schmierigen Salbe wie ein Paar Stiefel gewichst worden, damit es flach am Kopf klebte. Und das Ergebnis war, dass mein Kopf wie geschoren aussah, was die Mädchen für eine denn doch übertriebene Hingabe an den heiligen Stanislaus hielten.

Weihnachten rückte näher. Alice kam aus dem Krankenhaus zurück. Sie konnte wieder normal sehen, aber es gab noch immer schwache braune Flecken auf ihren Augen und ihr Gesicht sah, wo die neue Haut wuchs, roh aus. Aber sie war noch immer sehr hübsch und Schwester Ludvika wählte sie aus, um im Krippenspiel die Jungfrau Maria darzustellen.

Für den Nikolaustag zogen wir Lose, um zu bestimmen, wer wem ein Geschenk geben sollte. Das war Schwester Ludvikas Idee, sie wollte damit erreichen, dass auch das unpopulärste Kind ein Geschenk bekäme. Abgesehen von dieser offiziellen Geschenkverteilung konnten wir natürlich zusätzlich unseren Freundinnen geben, was wir wollten.

Ich hatte fast kein Geld mehr, mein Privatessen war auch schon lange aufgezehrt. Erich war nicht gekommen, wie er versprochen hatte, ich verlor schon jede Hoffnung, ihn zu sehen, nicht einmal zu Weihnachten. Ich machte eine Liste großartiger Geschenke, die ich meinen Freundinnen geben wollte, und verglich diese dann mit meinen bescheidenen Mitteln. Am Ende verschenkte ich schließlich meine eigenen »Schätze« – ein Holzschächtelchen, einen daumennagelgroßen Spiegel, meine bunten Bleistifte, meine Haarbänder. Ich bekam Schreibfedern, Stopfwolle, Ausschneidebilder und Abziehbilder. Wir fanden es alle furchtbar aufregend, Päckchen unter Kissen zu verstecken und unter unserem eigenen welche zu finden. An diesem Tag war das Abendessen ausnahmsweise einmal gut und die Alte Garde bekam Zuckerplätzchen, die sie unter unseren neidischen Blicken aß.

Schwester Ludvika verkündete, dass Janie zur Strafe für ihre dauernde Unfolgsamkeit von der Geschenkverteilung ausgeschlossen werden sollte. Aus Rache lehnte Janie ihrerseits es ab, dem Mädchen, dessen Namen sie in der Lotterie gezogen hatte, irgendetwas zu geben. Das andere Kind kam sich ungerecht bestraft vor und brach in Tränen aus. Wir organisierten schnell eine Sammlung, stellten aus unseren Geschenken ein Päckchen zusammen und überreichten es ihr. Dadurch war Janie ganz allein, sie saß in ihrer Ecke und starrte uns wild an, während wir tanzten und sangen. Mir tat die arme kleine Rebellin furchtbar Leid, aber ich konnte es mir nicht leisten, Schwester Ludvika dadurch gegen mich aufzubringen, dass ich ihr etwas schenkte. Außerdem hätte sie jetzt sicher nichts angenommen.

Später am Abend kamen die offiziellen Gäste, um sich unsere Aufführung anzusehen. Es gab Lieder und Tänze und Gedichtaufsagen. Während wir alle damit beschäftigt waren, schlüpfte Janie hinaus und verschwand. Als sie beim Schlafengehen nicht da war, dachten wir, sie hätte sich vielleicht irgendwo versteckt und schmollte, und als sie auch später nicht auftauchte, hofften wir, sie wäre nach Warschau gelaufen, wo ihre Mutter lebte. Aber am nächsten Tag kam Janies Mutter, von der Schwester Oberin gerufen, in Tränen bei uns an und wir erfuhren, dass Janie nicht zu Hause angekommen war. Wir fanden nie heraus, was mit ihr passiert war, und keine von uns sah sie jemals wieder.

Am Nikolausabend wussten wir allerdings noch nichts von ihren Plänen und wir tanzten und sangen für unsere Gäste. Mir waren ein paar Nummern von unserer Vorstellung im Ghetto wieder eingefallen, ich brachte sie den anderen Mädchen bei und jetzt führten wir sie vor, zur großen Freude der Schwester Oberin und unseres Kaplans. Aber trotz unseres Erfolgs war ich sehr bedrückt und den ganzen Abend hindurch den Tränen nahe. Ich erinnerte mich so deutlich an die Mädchen, die in dem lang vergangenen Winter des Jahres 1940 mit mir getanzt und gesungen hatten, an die jungen Frauen, die alles organisiert hatten, an mein purpurrotes Strumpfband und das bestickte Kleid, an Mutter …

Ich war dankbar, als die Veranstaltung zu Ende war und ich mein Gesicht im dunklen Schlafsaal verstecken konnte. Ich fühlte mich zu Tode erschöpft. Der ständige Hunger und die Kälte und die Nervenanspannung, in der ich lebte – das alles wurde mir langsam zu viel. An den Zehen hatte ich Frostbeulen bekommen und da meine Füße seit letztem Winter auch noch gewachsen waren, war es fast unmöglich, meine Füße jeden Morgen in meine Stiefel zu bekommen. Ich nahm die Schuhbänder heraus und dehnte die Seiten aus, so weit ich konnte, aber meine geschwollenen Füße passten noch immer nicht hinein und ich fürchtete den Augenblick, da ich aufstehen musste. Ich überlegte schon, ob ich nicht die Stiefelspitzen abschneiden und es lieber riskieren sollte, mir die Füße zu erfrieren, als jeden Morgen dieselbe Tortur durchzumachen. Seit dem Einbruch des kalten Wetters hatte mein Zahnfleisch zu bluten begonnen und war geschwollen und es fiel mir immer schwerer, etwas zu essen. Ich hoffte, ich würde richtig krank werden und ein paar Tage lang im Bett liegen bleiben. Dann könnte ich schlafen und endlich zu denken aufhören. Aber nur mit hohem Fieber oder nach einem Unfall wurde man in die Krankenabteilung gelassen, daher blieben meine Träume also vorläufig unerfüllt.

Ich unterrichtete weiterhin jeden Morgen, gab am Nachmittag ein paar schwierigen Kindern Nachhilfestunden und machte meine Hausarbeiten, wann ich eben Zeit dafür fand. Schwester Ludvika teilte mir eisig mit, dass sie, falls einer meiner Schützlinge die Prüfungen nicht bestünde, persönlich dafür sorgen würde, dass meine Weihnachtsferien ruiniert wären, und ich zweifelte nicht, dass sie ihr Versprechen halten würde. Unter den Kindern, um die ich mich jetzt kümmerte, war nur eine, Bronia, sowohl klug als auch lernwillig. Sie war neun, war neu im Kloster, war »privat« und ihre Mutter besuchte sie jeden Sonntag. Ein hübsches Kind mit geradem, dunkelbraunen Haar, das ihr Gesicht einrahmte wie ein Helm und ihr in dichten Fransen bis zu den Augen fiel. Ich überlegte manchmal, dass über sie, die fast so dunkel war wie ich, niemand jemals Zweifel haben könnte. Aber wenn ihr Haar lockig wäre oder ihre Wimpern länger oder ihre Augen trauriger...

Bronias Mutter schaute mich bei ihrem letzten Besuch lange an und bot mir für meine Mühe einen fürstlichen Betrag im Monat an. Ich war so perplex, dass Schwester Ludvika, die dabei war, in meinem Namen annahm. Es fiel mir schwer, meine eigene Reaktion zu verstehen. Schließlich brauchte ich das Geld. Ich hatte gewiss hart dafür gearbeitet. Aber die Vorstellung, Geld für etwas anzunehmen, das ich sehr gern tat und was ich ohnehin getan hätte, war mir widerwärtig. Ich fühlte mich jetzt bei Bronia steif und befangen und verdoppelte meine Bemühungen um die anderen, nicht zahlenden Schüler. Niemand sollte sagen, dass ich sie vernachlässigte, weil sie nicht zahlten!

Bronias Bett stand neben meinem, und nachdem das Licht gelöscht war, erzählte ich ihr Geschichten. Ich erinnerte mich an verschiedene historische Romanzen und adaptierte sie für ihre neunjährigen Ohren und überzeugte Schwester Ludvika davon, dass sie auf diese schmerzlose Art tatsächlich auch etwas Geschichte lernte. Bald folgte mir Bronia überallhin wie ein kleines Hündchen und ihre Zuneigung zu mir war so offenkundig, dass sie die Aufmerksamkeit und Eifersucht der Alten Garde erregte. Bronia als eine »Private« hatte einen großen Vorrat an Essen und man konnte sie leicht »anzapfen«. Sie war eine kostbare Quelle aller Arten von Köstlichkeiten und ihr Herz sollte den Großen nicht entfremdet werden. Ich nahm von ihr nie etwas an, aber die Alte Garde konnte das nicht glauben und sorgte jedenfalls dafür, dass wir so viel wie möglich auseinander gehalten wurden.

Bald nach dem Nikolausfest schaute Bronia einmal von ihren Schulbüchern auf und sah mir ängstlich und bekümmert ins Gesicht.

»Ich muss dich etwas fragen, Danka, aber versprich, dass du mir nicht bös bist.«

Ich versprach es.

»Ich sage das gar nicht gern, ich weiß, dass es nicht wahr ist, aber ich habe gehört, wie die älteren Mädchen geredet haben, und ich habe es meiner Mutter gesagt und sie hat gesagt, ich soll dich fragen.«

Mir lief es kalt über den Rücken vor Unruhe. »Also, was ist es?«

Sie rang ein paar Minuten lang mit sich, kratzte sich den Kopf: »Sie sagen, du bist jüdisch! Aber das ist doch nicht wahr! Oder?« Die Worte platzten in den leeren Raum wie eine Bombe und mir wurde übel vor Panik. Bronia beugte sich nahe zu mir und sah mir flehend in die Augen.

»Sag, dass es nicht wahr ist«, bettelte sie.

»Wie dumm von ihnen, natürlich ist es nicht wahr.«

»Schwörst du es?«

Ich holte tief Atem. »Ich schwöre es.«

Ich beruhigte mich wieder. Ich hatte es geschworen, also musste es wahr sein.

Bronia seufzte und öffnete ihr Buch. »Mutter wird froh sein, wenn ich ihr das sage«, verkündete sie, den Kopf schon wieder woanders. Aber ich war noch nicht damit fertig.

»Bronia, hast du mich gern?«

Sie sah mich mit einem strahlenden Lächeln an.

»Wahnsinnig.«

»Und wenn ich jüdisch wäre, würde das einen Unterschied machen?«

Sofort machte sie ein langes Gesicht und in ihre braunen Augen schossen die Tränen. »Danka, wie kannst du nur so etwas sagen! Du weißt, ich könnte nicht ... aber du bist doch nicht ... du hast geschworen, dass du das nicht bist!«

»Ja, ja, ich weiß schon, ich wollte es nur wissen. Also reden wir nicht darüber, los, an die Arbeit.«

Als ich wieder allein war, dachte ich über diese neue Entwicklung nach. Wenn die Mädchen einmal darüber redeten, dann würden bald alle damit anfangen. Das war unmöglich. Da musste etwas geschehen. Mittlerweile verdoppelte ich meine Anstrengungen, mich im Haus nützlich zu machen. Eine der goldenen Anstaltsregeln ist: sich nie für irgendetwas freiwillig melden. Aber ich hatte Angst, für faul gehalten zu werden, und sobald Schwester Ludvika nur Hilfe verlangte, trat ich schon automatisch vor. Meistens ging es darum, in dem dunklen und feuchten Keller unter der Küche Kartoffeln zu schälen. Die Letzte, die mit ihrer Portion fertig wurde, musste hinter den anderen aufräumen und auch diese Arbeit fiel unvermeidlich immer mir zu. Ich schleppte Wasser von und zum Haus der Schwestern, schüttete es dabei in meine offenen Stiefel und über meine Strümpfe, die dann stundenlang nicht trocken wurden. Ich wischte, putzte und rieb, erschöpft vor Hunger und Müdigkeit, bot meine Anstrengungen dem Schicksal dar, um es damit zu besänftigen.

In der winterlichen Dämmerung durch den Schlamm stapfend, betrachtete ich bitter meine zerstörten Illusionen. Ich hatte mir, bevor ich ins Kloster gekommen war, vorgestellt, dass bei diesem Leben in der Gemeinschaft alle Arbeiten in fröhlicher Zusammenarbeit ausgeführt würden. Alles, was einer besaß, würde er freudig mit den anderen teilen, der Stärkere dem Schwächeren helfen, alle begeistert füreinander da sein. Stattdessen fand ich wilden Neid auf das geringste Stück Besitz, jeder hatte seine Pflichten starr abgegrenzt und freiwillige Hilfe gab es nicht. Dass einer etwas für den anderen tat, das geschah nur entweder durch Zwang von oben oder gegen Bezahlung. In beiden Fällen brachte man es so schnell wie möglich hinter sich, ohne jedes Interesse für das Ergebnis. Vielleicht kam das daher, dass nie jemand für irgendetwas gelobt wurde. Alle unsere Mühen würden uns ja im Himmel gelohnt, daher durfte man in dieser Welt keinen Lohn erwarten.

Und wenn man nie im Leben etwas Eigenes besessen hatte, weder Kleider noch Spielsachen, dann warf man sich vielleicht auf alles, was man erwischen konnte, und hütete es wie den kostbarsten Schatz, selbst wenn es nur eine Schere war oder die eigene Stopfnadel. Und wenn man ganz zufällig etwas »fand«, dann behielt man es natürlich. Selbst wenn man es in der Schublade einer anderen »gefunden« hatte. Es gab sicherlich Erklärungen für jeden Aspekt des Anstaltslebens. Aber solange man selbst mittendrin stak, half das nicht viel.

Nach der Abendandacht an den Sonntagabenden spielten wir Spiele oder lasen. Eines Abends spielten wir »Wie einer aussieht«. Wir sahen uns jedes Mädchen der Reihe nach an und stellten fest, woran uns ihr Aussehen erinnerte. Therese war ein Chinese, die kleine Lily eine Elster, die fette Krysia ein Karpfen. Hanka war ein Papagei und die rotgesichtige Ania eine Indianerin, weil die Mädchen alle glaubten, dass die Indianer rotbackig wären. Als die Reihe an mich kam, beschloss ich, einen großen Auftritt daraus zu machen.

»Ich werde euch sagen, wie ich aussehe«, bot ich mich an, ohne auf ihr Urteil zu warten. »Ich sehe wie eine Jüdin aus!«

Totenstille im Zimmer. Verdutzte Gesichter wenden sich mir zu und mustern mich, während ich nervös auf ihre Reaktion warte. Und hier ist sie: ein ungeheures Gewieher, eine Explosion von Gelächter.

Krysia steht von ihrem Tisch auf, wo die Alte Garde ihr Urteil fällt, und kommt zu mir: »Das war ein guter Witz, Danka, aber weißt du, da irrst du dich wirklich. Du siehst überhaupt nicht jüdisch aus. Also« – sie hebt ihre Stimme und alle schweigen wieder – »ich sage, Danka sieht überhaupt nicht jüdisch aus, sondern ganz gewöhnlich. Schwester Ludvika sagt, sie sieht spanisch aus, also wenn ich etwas anderes von euch höre, dann werdet ihr eine fangen!«

Zustimmendes Gemurmel steigt auf. »Komm und setz dich zu uns«, sagt Krysia und legt – unvorstellbar! – einen Arm um meine Schultern und führt mich durch den überfüllten Raum zu ihrem Tisch. »Du solltest ohnehin bei uns sein, du bist alt genug.« Ganz betäubt sehe ich, wie die Alte Garde auf der Bank für mich Platz macht. Ich bin drin. Ich gehöre dazu. Endlich habe ich Freunde.

7

Als wir am 10. Dezember erwachten, sahen wir den ersten schweren Schneefall dieses Winters. Sprachlos vor Verwunderung stand ich auf der Schwelle und sah mir die veränderte Landschaft an. Über allem lag der Schnee – Garten, Wege, Gebüsch waren unter einer weichen, flaumigen Decke verschwunden. Die Dächer trugen dicke Kissen. Die Bäume, ihre Äste halb verborgen, waren wie schwarze Bleistiftzeichnungen vor dem blendenden Weiß. Der Himmel hing tief herunter, überquellend von noch mehr Schnee, wie eine Daunendecke, die am Platzen ist. Vollkommenes Schweigen herrschte in dieser weißen Welt, sogar der Wind hatte sich gelegt.

Ich war die Erste aus dem Haus, noch kein Fußtritt hatte die fleckenlose Schneedecke vor mir berührt. Während ich noch stand und schaute, schoss ein Hase aus dem Gebüsch und hopste über den Hof. Er trug schon seinen Winterpelz und war von seiner Umgebung kaum zu unterscheiden. Seine Bewegungen waren merkwürdig langsam, als würde auch er sich bemühen, den Frieden nicht zu stören. Wäre er jetzt stehen geblieben, um auf seine Armbanduhr zu schauen, es hätte mich nicht im Geringsten überrascht. In diesem kurzen Augenblick der Verwunderung über die plötzliche Schönheit der Welt stieg wieder

der kindliche Glaube in mir auf, dass Märchen Wahrheit werden könnten.

Mein Zahnfleisch schien von Tag zu Tag ärger zu werden, das Kauen fiel mir immer schwerer. Aber es kam mir dumm vor, bei Schwester Ludvika darüber zu klagen. Sie mochte mich nicht und ich ging ihr lieber aus dem Weg. Ich hatte das Gefühl, dass sie mich verachtete, weil ich trotz meines Alters nicht so stark war wie andere Mädchen. Ich konnte nie einen vollen Eimer Wasser schleppen, ohne die Hälfte dabei zu verschütten, und die Frühstückskessel konnte ich einfach nicht heben, auch nicht, wenn mir jemand dabei half. Der Ausdruck auf Schwester Ludvikas Gesicht zeigte deutlich, dass sie meine Tricks restlos durchschaute und dass ich mich nur vor meinen Pflichten drücken wollte.

Der Chor probte jetzt Weihnachtslieder und eine neue Messe. Ich bekam zum ersten Mal ein Solo, das neu einstudierte Benedictus, und ich war ganz gebläht vor Stolz. An diesem Sonntag stand ich auf einem Stuhl hinter Schwester Monica, die uns auf dem Harmonium begleitete, und sah mir die Gemeinde von oben an. Die kleine Kapelle war bis zum Bersten voll und heiß wie ein türkisches Bad. Es schneite wieder und die nassen Schals und Mäntel dampften in der Hitze. An den Wänden zu beiden Seiten der Kapelle knieten die Schwestern in einer dünnen doppelten Linie, wie die Perlen eines schwarzen Rosenkranzes. Die Kinder an der Altarbank, alle in ihren blauen Sonntagsgewändern mit großen Schleifen wie tropische Schmetterlinge, die zart auf ihren Köpfen saßen; der Chor auf Bänken und Stühlen, eng zusammengedrängt hinter dem Harmonium; und in der Mitte die vielfarbige Menge der Dorfleute.

Auf halbem Weg den Mittelgang hinauf lag eine männliche Gestalt auf dem roten Teppich hingestreckt. Der Dorfbibliothekar, ein leichenhaft aussehender Mann mit dünnem, sandfarbenem Haar und verwaschenen grauen Augen. Er kniete immer im Mittelgang, schlug sich mit beiden Fäusten gegen die Brust, sobald die Messe begann, warf sich früher oder später zu Boden und blieb da liegen, bis die Gemeinde die Kapelle verlassen hatte.

»Das macht er schon seit Jahren«, erzählten mir die Mädchen. »Er ist furchtbar bigott. Wenn man sich in seine Bücherei einschreiben will, zieht er einem die Würmer aus der Nase, was machen deine Eltern, wo sind sie, und so weiter. Und ob du in die Kirche gehst. Und immer, wenn du dir ein neues Buch holst, fragt er, wann du zum letzten Mal bei der Beichte warst und ob du am Sonntag in der Messe warst. Und wenn du nein sagst, dann gibt er dir kein neues Buch, sondern brüllt, dass du verschwinden sollst!«

Obwohl ich sehr gern ein paar neue Bücher gehabt hätte, ging ich lieber nicht in seine Nähe.

Mein Auftritt kam. Ich sang das Benedictus und der Chor fiel mit einem ohrenbetäubenden Hosanna ein. Die Gemeinde wurde unruhig. Es war unerträglich heiß hier oben, dazu der Geruch von Weihrauch und Blumen, die schwitzenden Körper, die dampfenden Gewänder. Die Altarkerzen flackerten schwach, alles wich plötzlich vor mir zurück. Ich glitt vom Stuhl herunter auf den Boden. Ich wollte auf einmal nichts als schlafen.

Als ich wieder zu mir kam, saß ich auf den Stufen und Schwester Ludvika stand mit einem Glas Wasser über mir. Jemand brachte mich zur Krankenabteilung und stützte mich dabei kräftig, denn meine Knie gaben nach.

Schwester Eulalia schaute in meinen Mund und trat mit einem kleinen Schrei zurück. »Warum bist du nicht früher gekommen?«

Ich wusste es nicht. Ich war wieder zu müde zum Sprechen. Wieder erschien mir der Fußboden so unwiderstehlich einladend. Ich streckte mich in voller Länge darauf aus und schlief ein. Als ich aufwachte, lag ich in einem unbekannten Bett, sehr hoch und sehr weiß, mit einem weißen Schirm rundherum. Das Zimmer war klein und schachtelartig, mit blendend weißen Wänden und einem blonden Boden, der blank poliert war wie ein Spiegel. Ein kleines schwarzes Kreuz über meinem Kopf war der einzige Gegenstand, der das Weiß brach. Durch ein großes Fenster schaute der Winterhimmel herein. Es dämmerte. Schnee fiel. Lautlos schwebten Trauben von Sternen und schmolzen an den Fensterscheiben. Vollkommene Stille herrschte in der Welt. Mir wurde langsam unheimlich.

Ich musste wieder eingeschlafen sein, denn als ich das nächste Mal meine Augen öffnete, war das Licht an, der Verdunklungsvorhang zugezogen, der Winter ausgesperrt, und an meinem Bett saß Schwester Martha aus der Küche und strahlte mir ein apfelbäckiges Lächeln entgegen. In ihrem Schoß stand ein dampfender Teller, den sie mir triumphierend entgegenhielt: »Speziell für dich! Habe ich selbst gekocht. Schwester Eulalia sagt, wir müssen dich aufpäppeln, also hier sind wir. Komm, koste!«

Vorsichtig nahm ich einen Löffel voll weißem Brei und sofort schossen mir die Tränen in die Augen und ich sah mich wild nach einem Platz um, wo ich es hinspucken konnte. Aber es gab in diesem makellosen Raum keine Stelle für eine derart unzivilisierte Geste, also würgte ich und würgte das Zeug endlich hinunter.

Schwester Martha sah besorgt drein. »Was ist denn los? Was fehlt dir? Das ist der beste Grießbrei, den wir haben. Ein Baby könnte ihn essen!«

Ich schaute sie an und die Tränen liefen mir übers Gesicht. Ich konnte ihr nicht sagen, dass sich der Grießbrei in meinem Mund anfühlte wie Kieselsteine, weil mein Gaumen offen war und blutete. Sie war so stolz auf ihre Kochkunst und es war so lieb von ihr, mir das Essen selbst zu bringen, da sie doch jemand anderen hätte schicken können. Schwester Eulalia gab die strikte Anordnung, mich zu füttern, und trotz meines Bettelns und Bittens musste ich zu jeder Mahlzeit einen Teller Grießbrei schlucken. Und in der Nacht, wenn ich in meiner weißen Schachtel allein war, dachte ich bitterlich an meine kindliche Auflehnung, wenn mein Kindermädchen mir jeden Morgen dasselbe widerwärtige Zeug eingegeben hatte. Damals hatte ich geschrien und gestrampelt und mich übergeben und darum gebettelt, Brot essen zu dürfen, wie alle anderen Leute auch. Aber ich hatte zweimal täglich meinen Grießbrei bekommen, bis zum Ausbruch des Krieges, als Grieß endlich zu teuer für uns geworden war.

Ich erinnerte mich lebhaft an die Tagträume, die ich vor so langer Zeit gehabt hatte, wenn ich am Kinderzimmerfenster saß und mir ausmalte, allein in der Welt zu sein, hungrig und frierend, aber frei. Ein Waisenkind im Schnee, das war eine meiner Lieblingsvorstellungen gewesen.

Hatte ich mir mein Schicksal selbst zugezogen? Strafte mich Gott jetzt für meine kindische Auflehnung? Hier lag ich nun, krank und frierend und hungrig, allein in einer feindlichen Welt, genauso, wie ich es mir einmal gewünscht hatte. Aber noch immer musste ich Grießbrei essen, nur war mir jetzt jeder Bissen eine Qual und ich schrie nicht auf vor Überdruss, sondern vor Schmerzen.

Bin ich wirklich selbst dran schuld? Ich war unsicher. Bin ich schuld an allem, was geschehen ist, was allen Menschen im Ghetto geschehen ist? Die Vorstellung war zu furchtbar, um sich länger damit zu befassen. Ich schob sie weg, ermahnte mich, doch nicht so dumm zu sein. Aber der Zweifel blieb; einmal in die Tiefen meines Geistes gepflanzt, wuchs er und wuchs, trieb frische Schößlinge aus, schlang sich um meine innere Welt, würgte und entwurzelte und beugte mich in eine neue Form.

Nach zwei Wochen intensiver Fütterung, schmerzhafter Behandlung und einer großen Dosis von Vitaminpillen war mein Mund so weit geheilt, dass ich wieder normal essen konnte. Ich lag noch immer im Krankenrevier, als zwei Tage vor Weihnachten Erich mit den Buben ankam, um mich mit nach Hause zu nehmen.

8

Das war unser erstes Weihnachten, seit Lydia fort war, aber trotz der großen Tanne, die im Schmuck vom letzten Jahr glitzerte, wollte sich keine festliche Stimmung einstellen. In der Wohnung gab es kaum Möbel, die Fenster, nur von den Verdunklungsvorhängen geschützt, schienen viel mehr von der bitteren Winterkälte hereinzulassen als in den vergangenen Jahren. Heizmaterial war knapp, wir konnten nur das Wohnzimmer heizen. Unsere Schritte hallten auf dem nackten Fußboden, und obwohl wir uns Mühe gaben und uns alle unter dem Baum versammelten, um unsere Geschenke zu öffnen, waren unsere Gesichter traurig. Das Weihnachtsessen war still und bescheiden. Ich dachte an die fröhliche Pracht des voll besetzten Tisches, als ich zum ersten Mal hier auf Besuch gewesen war. Als wir jetzt aßen, schienen Lydias Gelächter und Tränen in dem leeren Raum hinter uns zu hängen und wir starrten alle schweigend auf unsere Teller. Sophie, die sich heute Abend ausnahmsweise dazu herbeigelassen hatte, mit uns zu essen, war mürrisch und seufzte und schniefte ununterbrochen. Nur Erich gab sich Mühe, froh zu erscheinen, aber seine Scherze, die er mit quälender Langsamkeit hervorstotterte, kamen wie gewöhnlich nicht an. Wir gingen früh ins Bett und verschliefen es, rechtzeitig zur Mette aufzustehen.

In den nächsten Tagen vergrub ich mich in die neuen Bücher, die die Buben während meiner Abwesenheit bekommen hatten. Sie waren beide in diesen letzten sechs Monaten viel schwieriger geworden, Paul leistete sich fast jeden Abend einen hysterischen Anfall, brüllte, heulte und warf sich auf den Boden, wenn er irgendetwas nicht erreichte. Man konnte kaum glauben, dass er schon zwölf Jahre alt war. Sobald er sich aber ans Klavier setzte, kam einem sein Alter noch unglaublicher vor. Er hatte in den letzten Monaten große Fortschritte gemacht und Olga bestätigte, dass er jetzt reif war für eine Konzertkarriere. Er hing an mir wie eine Klette und versuchte sogar jeden Abend, zu mir ins Bett zu kriechen. Da er aber furchtbar unruhig schlief, schob ich ihn wieder hinaus. Die eine Nacht, in der ich nachgab, verbrachte ich schließlich in einem Sessel, um seinen dreschflegelartigen Fäusten zu entgehen. Im Gegensatz zu seinem älteren Bruder war Tommy noch ruhiger als vorher, konzentrierte sich auf seine Schularbeiten und besonders aufs Klavierspielen. Er spielte jetzt viel besser als ich, aber es war klar, dass er Paul nie einholen würde.

Erich zeigte mir den letzten Brief von Vater. Er war vor sechs Wochen eingetroffen, seither war nichts mehr gekommen. Unser Haushalt bekam Zuwachs in Gestalt eines großen, dunklen und sehr dünnen Priesters, der das kleine hintere Schlafzimmer bewohnte. Er war kaum jemals zu Haus, was nicht weiter überraschend war, da sein Zimmer nicht geheizt war und er sich nie zu uns ins Wohnzimmer setzte. Die Jungen und Sophie umspannen diese etwas unheimliche Gestalt mit den unglaublichsten Phantasievorstellungen. Es fiel uns auf, dass er wie ein Soldat ging, mit großen, weit ausgreifenden Schritten, dabei den Saum seiner Soutane in höchst respektloser Weise in die Luft schleudernd. Seine gesamte Habe trug er in einem kleinen Koffer versperrt mit sich herum und das Einzige, was wir jemals in seinem Schrank fanden, war ein Paar giftgrüner Socken. Wenn er am Morgen seine Stiefel in der Küche putzte, unterhielt er Sophie mit einer Auswahl von Marschliedern aus der Armee und mit Vorkriegsschlagern. Es kam vor, dass er, einen Besenstiel als Partner im Arm, ihr einen Tanzschritt vormachte.

Von Zeit zu Zeit hielten Erich und er lange geflüsterte Konferenzen in dem kleinen Schlafzimmer ab, und so intensiv wir auch am Schlüsselloch horchten, wir konnten nie ein Wort davon verstehen. Es war Sophie und den Jungen verboten, seinen Namen oder seine Anwesenheit irgendjemandem gegenüber zu erwähnen, und unsere Neugier wurde von Tag zu Tag größer.

Da wir die Weihnachtsmette versäumt hatten, beschlossen wir, stattdessen Silvester zu feiern. Paul und mir gelang es, wach zu bleiben, und so trotteten wir kurz vor Mitternacht, vor Kälte zitternd, die Gesichter vom Gähnen auseinander gerissen, in Pyjamas und Schlafrock ins Wohnzimmer. Wir setzten uns an den Tisch, zwischen uns schlief Tommy wie ein Stein, und Erich ging in die Küche, um Sophie herumzukriegen, dass sie uns etwas zu essen brachte. Auf dem Tisch stand eine große grüne Flasche, wir untersuchten sie ohne viel Interesse. »Champagne«, lasen wir. Wir gossen uns ein bisschen was ins Glas. Es zischte. Wir zuckten zusammen, als die kalte Flüssigkeit in unsere Mägen rann und die Bläschen uns in die Nase stiegen. Langsam schwappte eine warme Woge durch mich hindurch, ließ meine Knie schmelzen und breitete sich bis zu den Zehen aus. Wir gossen uns noch ein Glas ein. Es war nicht so süß wie erwartet, Limonade wäre uns lieber gewesen, aber wir hatten eben nichts anderes. Wir tranken und gossen uns noch ein bisschen ein. Tommy wollte sich um keinen Preis wecken lassen, also teilten wir seinen Anteil zwischen uns auf.

Durch die offene Tür zog es mir kalt auf den Rücken, ich ersuchte Paul, etwas dagegen zu unternehmen. Folgsam schob er seinen Stuhl zurück, stand auf und fiel mir zu Füßen. Dort blieb er, fand es offenbar recht gemütlich, drehte sich auf die Seite und schlief ein.

Erstaunt stand ich auf, aber sofort fing der Boden zu schwanken und zu schaukeln an, als wäre ich auf einem Schiff. Ich klammerte mich am Tisch fest und kämpfte mich zu meinem Stuhl zurück, aber er glitt mir aus der Hand, und um eine Kollision mit der Wand zu vermeiden, setzte ich mich auf den Boden und hielt mich am Tischbein fest.

So fand uns Erich ein paar Minuten später. Er durchschaute die Lage mit einem Blick, trank die letzten paar Tropfen des Champagners und schleppte uns alle in unsere Betten. Der Rest dieser Nacht blieb mir nur unklar im Gedächtnis.

Ich glaube, ich verbrachte sie hauptsächlich mit Wanderungen vom und zum Badezimmer, manchmal stieß ich dabei mit Paul zusammen, der dieselbe Reise erledigte, aber auf allen vieren. Am Morgen erwachte ich mit einem brummenden Schädel und als ich die Augen aufmachte, schwankte der Weihnachtsbaum am anderen Ende des Zimmers und bewegte sich auf mich zu. Der Plafond hing herunter, die Wände drehten sich, es war wie auf einem Karussell. Mit einem Schauder schloss ich die Augen und zog mir die Decke über den Kopf. Aus dem Zimmer nebenan sagte mir Pauls Stöhnen und Jammern, dass auch er unter dem ersten Kater seines Lebens litt.

9

Die erste Woche von 1944 verging ruhig. Mit Sophies Hilfe reinigte und flickte ich meine Kleider und säuberte meinen Kopf. Erich verschaffte uns die notwendigen Medikamente und Vitaminpillen und mit der zusätzlichen Hilfe von Sophies Kochkünsten war mein Mund bald vollkommen geheilt. Erich versprach, mich weiterhin ausreichend mit Essen und Vitaminpillen zu versorgen, und endlich erlaubte er mir auch, ihm zu schreiben. Die Buben brachten eine Phiole mit Weihwasser aus der Kirche mit und Erich überlegte, wann er unserem Gast die Wahrheit sagen und ihn bitten konnte, mich zu taufen.

Am Samstag, dem 8. Januar, kam der Priester in die Wohnung gestürzt, offensichtlich in Panik, packte seinen kleinen Koffer und veschwand, nachdem er Sophie noch gesagt hatte, dass Erich am Morgen in seinem Geschäft verhaftet worden sei und wir jeden Augenblick mit der Gestapo rechnen konnten.

Sophie erzählte den Buben, Erich wäre aufs Land gefahren, um Speck einzukaufen, sie spielten also ganz unbekümmert weiter. Paul hatte einen neuen Vorrat von Propellern bekommen und ärgerte Sophie und mich mit ihnen bis zu Tränen, weil er sie uns immer wieder ins Gesicht schoss.

Am Nachmittag kam Olga zu Tommys Klavierstunde, und als sie vom plötzlichen Verschwinden unseres Gastes erfuhr, fragte sie Tommy, ob es wahr sei, dass er überhaupt kein Priester gewesen sei, sondern mein Vater. Tommy starrte sie völlig überrascht und ungläubig an, dann zuckte er die Schultern und sagte, sie wäre eine Idiotin. Olga hatte diesmal wieder ihren Sohn mitgebracht. Über Tommys Unhöflichkeit beleidigt, schimpfte sie mit dem Kind, das wie gewöhnlich in seiner Ecke hockte, und schlug ihn schließlich, bis seine Nase zu bluten anfing. Und dann, während Sophie ihn auf den Boden legte und ihm einen kalten Schlüssel unter den Nacken steckte, setzte Olga sich auf meinen Diwan und bekam einen hysterischen Anfall. Bis es uns gelungen war, sie beide zu beruhigen und nach Hause zu schicken, waren wir alle erschöpft und den Tränen nahe.

Ich verbrachte die Nacht bei Sophie im Bett, keiner von uns tat ein Auge zu. Wir redeten über Erich, machten uns Sorgen um ihn, fragten uns, wann wir ihn wohl wieder sehen würden und zerbrachen uns den Kopf, warum man ihn verhaftet hatte. Ich überlegte, wie ich wieder ins Kloster gelangen konnte, und bedauerte bitterlich, dass ich jetzt, wo unser Priester geflohen war, ungetauft ins Kloster zurückkehren musste.

Am nächsten Morgen läutete das Telefon und Sophie reichte mir erstaunt den Hörer. »Ein Mann will mit dir sprechen«, verkündete sie. Meine Knie verwandelten sich in Gelee. Vater ...? Wer sonst ...?

Ich packte den Hörer mit beiden Händen, während mir eine fremde Stimme befahl, meine Sachen zu packen und mich in zwei Stunden an der Ecke der X-Straße einzufinden. »Du musst allein kommen«, verlangte die Stimme, weigerte sich aber, mir ihren Namen zu sagen. Ich legte auf und ging meine Sachen packen, ganz verrückt vor Hoffnung und Angst. War das wirklich Vater? War er gekommen, um mich zu holen? Oder war es eine Falle? Erich haben sie schon, jetzt holen sie mich.

Sophie saß weinend und händeringend an meinem Bett und rang mit sich, ob sie mit mir gehen sollte oder nicht.

»Ich weiß nicht, wo diese Straße ist, und ich kann niemanden fragen. Könntest du nicht vor mir hergehen, so dass ich dir folge?«

Sie zögerte. »Der Mann sagte, du sollst allein kommen.«

»Aber das erfährt er doch nicht«, bettelte ich. Dabei stieg langsam der Hintergedanke in mir auf: Falls das wirklich eine Falle sein sollte, dann hätte ich gern bei meiner Verhaftung einen Zeugen dabei. Ich wollte nicht auf geheimnisvolle Weise verschwinden wie schon so viele andere vor mir.

Schließlich gab Sophie nach und versprach, mir vorauszugehen und mich dann an der letzten Ecke vor der X-Straße zu verlassen. Ich packte meine Sachen in einen Ranzen und machte mich an einem frischen, verschneiten Nachmittag auf den Weg, mit dem Gefühl, meinem Schicksal entgegenzugehen. Ich kämpfte gegen den aufsteigenden Wunsch, mein Gesicht zu verbergen und nur auf meine Füße zu schauen – doch dann würde ich Sophie aus den Augen verlieren. Aber die Straßen waren voll von Menschen und jeder Blick, der auf mich fiel, durchdrang mich wie ein Nagel. Falls ich jetzt erkannt wurde, nur ein paar Augenblicke, bevor ich Vater wieder sah ...

Sophie blieb bei einer Kreuzung stehen und bedeutete mir, dass sie jetzt umkehren würde. Von jetzt an bis zur nächsten Straße war ich ganz allein. Jetzt konnte ich meinen Blick senken und den gefährlichen Blicken der Passanten ausweichen. Ich kam zum Ort des Rendezvous und stand, angerempelt, gestoßen und hin- und hergeschoben, mitten an einer von Warschaus belebtesten Hauptstraßen. Ich wagte nicht aufzublicken. Ich werde seine Füße erkennen, dachte ich. Ein Paar Männerschuhe tauchten in meinem Blickfeld auf. Vorne abgerundet, eher klein, eindeutig zu klein …

»Folge mir«, sagte die Stimme aus dem Telefon und ich blickte auf, zu erschüttert, um ein Wort herauszubringen. Es war Herr Linski, Erichs erster Friseur, mit makelloser Brillantinefrisur und einem Bleistiftschnurrbart.

Wir gingen zum Bahnhof, und während Herr Linski unsere Fahrkarten kaufen ging, stand ich in der Menge an der Bahnsteigsperre und blickte mich kühn um. Jetzt war es mir egal, ob mich jemand sah. Die Enttäuschung der letzten Stunde hatte mir jedes Interesse an meinem Überleben genommen. Erich war im Gefängnis, Vater, falls er noch am Leben war, weit weg von Warschau. Mutter war verschwunden. Und ich ging ungetauft ins Kloster zurück. Die Zukunft war unsicherer als je zuvor. Lohnte sich denn der Kampf überhaupt noch?

Zwei Fahrkarten in der Hand, kämpfte sich Herr Linski durch die Menge zu mir zurück. Sein auch sonst gelbliches Gesicht war noch blasser als gewöhnlich, seine Augen schossen ängstlich herum. Es war klar, dass er Angst hatte. Er wollte nicht mit mir gesehen werden. Ich schaute zum Bahnsteig, wo der Zug gerade einfuhr, und sah unter den Wartenden ein vertrautes schwarzes Gewand. Schwester Matilda aus dem Wäschezimmer!

»Sie brauchen nicht mit mir kommen«, flüsterte ich Herrn Linski zu, »ich werde mit der Schwester gehen.«

Sein Gesicht leuchtete auf. Ich fing an, mich mit aller Gewalt durch die Menge zu drängen. Schwester Matilda umfing mich in einer schwarzen Umarmung und zusammen kämpften wir uns zu einem Waggon durch.

Ganz kurz tauchte noch einmal Herr Linski in meinem Blickfeld auf, wie er, noch immer hinter der Sperre, unsere beiden Fahrkarten schwenkte. »Sie werden mich leider schmuggeln müssen«, sagte ich zu Schwester Matilda, »ich habe keinen Fahrschein.«

Um neugierigen Blicken auszuweichen, drehte ich mein Gesicht zum Fenster und schloss die Augen. Der Zug setzte sich ratternd und stoßend in Bewegung, ich verschluckte meine Tränen und strengte mich an, auch den Schmerz, die Enttäuschung und die plötzlich erwachte Sehnsucht hinunterzuschlucken. Vielleicht kommt noch alles zu einem guten Ende, versuchte ich mir einzureden, aber meine Hoffnungen fühlten sich hohl an. Ich glaubte selber nicht mehr richtig daran. 1944 hatte schlecht begonnen. In drei Monaten würde ich vierzehn. Ich fühlte mich alt und schrecklich müde.

10

Die Klosterroutine war nicht dazu angetan, mich aus meinem Trübsinn zu reißen. Die Kälte war beißend, die Morgen finsterer als je zuvor. Das Essen war noch schlechter geworden. Die meisten Mädchen kamen aus den Weihnachtsferien mit großen Vorräten an »Privatessen« zurück, aber ich hatte nichts mitgenommen, und jetzt litt ich jedes Mal Todesqualen, wenn die anderen ihre Vorräte auspackten. Aus Warschau kamen keine Nachrichten. Ich hatte keine Ahnung, was mit Erich geschehen war, und wagte nicht, nach Haus zu schreiben, aus Angst, dadurch alles noch schlimmer zu machen. Mein Zahnfleisch blutete schon wieder und meine Vitaminpillen hatte ich in Warschau gelassen.

In der ersten Schulwoche kehrte Frau Rolska nach ihrer Krankheit wieder aus Warschau zurück. Blass trat sie in unsere Klasse, die Augen vom Weinen geschwollen, und verkündete, dass sie fortginge. Sie wollte sich von jeder Einzelnen von uns verabschieden, was sie mit tränenüberströmtem Gesicht auch tat. Sie hatte Tb und ging in ein Sanatorium.

Im nächsten Augenblick brach in der Klasse die Hölle los. Die Mädchen weinten, schlugen mit den Fäusten auf ihre Pulte, ein paar bekamen Weinkrämpfe, andere übergaben sich, eine wurde ohnmächtig. Die Dummköpfe waren am lautesten in ihrem Schmerz und das Mädchen, das das Bewusstsein verloren hatte, war bei allen wegen ihres Ungehorsams und ihrer Verachtung aller Lehrer verrufen. Ich hatte Frau Rolska nicht so lange gekannt wie die meisten anderen Mädchen, aber die Hysterie war ansteckend, bald heulte ich zusammen mit dem Rest der Klasse. Frau Rolska küsste und umarmte uns eine nach der anderen, packte ihre Bücher und verließ endlich unter einem lauten Heulchorus die Klasse. Sobald die Ruhe wiederhergestellt war, stellten wir ein Hilfsprogramm zusammen. Frau Rolska würde erst in ein oder zwei Wochen in ihr Sanatorium fahren. Bis dahin mussten wir ihr noch zusätzliches Essen besorgen.

Alle steuerten ihr Taschengeld bei und die Tagesmädchen konnten Eier, Zucker und Milch von zu Hause bringen. »Und Würste«, rief die fette Frania, deren Vater ein Metzger war.

»Und wir müssen auch genug Talg besorgen«, mahnte Ada. »Talg ist das Beste für die Lungen.«

»Wir werden jeden Morgen ein Ei mit Zucker verrühren und es zu ihrem Haus bringen, vor dem Frühstück!«

»Aber wird sie das annehmen?«, zweifelte jemand.

Wir schlugen alle auf unsere Pultdeckel: »Sie muss!«

Der Entschluss, etwas für Frau Rolska zu tun, gab uns allen neuen Auftrieb. Wir schworen feierlich, härter zu arbeiten und einander bei den Hausaufgaben zu helfen. Ein neuer Geist senkte sich über die Klasse. In der Pause putzten wir Fenster und Pulte, wischten den Boden auf, ordneten unsere Kleider und Frisuren. Wir wollten die bravste Klasse in der ganzen Schule werden. In jeder Hinsicht eine Musterklasse. Am Ende der Woche würden wir alle beichten gehen und am Sonntag alle für Frau Rolska zur Kommunion. Die ganze Klasse geschlossen. Alle zusammen! Mir fiel das Herz in die Hose.

Am Abend zog ich meine Schublade heraus und brachte sie in den Aufenthaltsraum. Wie üblich, scharten sich die Mädchen darum, um die fremden »Schätze« zu bewundern. Ich zog sie einen nach dem anderen heraus und verschenkte sie an die jeweils lauteste Bewunderin. Sie waren verblüfft. »Gehst du fort von uns?«

»Nein«, sagte ich – dieser plötzliche innere Drang, alle meine Sachen zu verschenken, machte mir selbst Angst.

Am nächsten Morgen kam kurz nach Schulbeginn ein Mädchen in unsere Klasse und sagte, eine Dame aus Warschau sei gekommen, um mich zu sehen. Ich stürzte hinaus und verlor mich in wilden Mutmaßungen. Lydia? Sophie doch wohl nicht? Wen gab es sonst noch?

In dem kleinen Salon drückte mich eine schlanke junge Frau an sich und stellte sich als Fräulein Lala vor. Sie war eine Kosmetikerin, die für Erich arbeitete. Sie brachte mir ein großes Esspaket, Vitaminpillen, Kleider und alle die Sachen, die ich in Warschau vergessen hatte. Und die Nachricht, dass Erich meinetwegen eingesperrt worden war! Jetzt war er wieder auf freiem Fuß, aber noch nicht gut genug beisammen, um selbst kommen zu können, deshalb hatte er das Fräulein zu kommen gebeten.

»Es kann sein, dass du bald von hier fort musst. Erich vermutet, dass die Gestapo weiß, wo du bist. Und wenn sie ihn noch einmal einsperren, dann wird er sich vielleicht nicht mehr helfen können. Verstehst du? Er konnte dir diesmal nicht schreiben, weil er einen gebrochenen Arm hat. Er glaubt, du wärst wahrscheinlich sicherer an einem Ort, wo nicht einmal er deine Adresse weiß. Sag den anderen Mädchen nichts. Ich werde dich bald holen kommen und bis dahin schicken wir dir Essen und alles, was du sonst noch brauchst.« Damit drückte sie mich noch einmal an sich und fort war sie.

Wie betäubt ging ich in den Unterricht zurück und saß die restlichen Stunden des Tages ab, ohne ein Wort davon aufzunehmen. Der arme Erich. Was hatten sie mit ihm gemacht? Hatten sie ihm den Arm gebrochen? Das war meine Schuld. Schon wieder meine Schuld. War es das wert? Ich war das doch sicher nicht wert. Wenn ich ihn nur sehen, es ihm selbst sagen könnte! Damit er aufhören würde, sich um mich zu kümmern, mich zu schützen ...

Am Abend rief Schwester Ludvika mich in den Salon. Sie war nach Warschau gefahren, um Erich zu sehen, und sie hatte Neuigkeiten für mich: »Es ist am besten, wenn du eine Weile von hier fortgehst. Richte dir dein bestes Kleid her und die paar Sachen, die du morgen brauchen wirst. Steh um fünf Uhr auf und geh hinunter in die Küche. Schwester Cecilia wird dich in dein neues Heim bringen und ich werde dir deine restlichen Sachen nachschicken, sobald ich kann. Und denk dran, zu keiner Menschenseele ein Wort!«

Ich ging in den dunklen Schlafraum und zog mich langsam aus. Die Kinder rund um mich schliefen, in Frieden und Sicherheit. Keiner kam sie abholen, sie mussten nicht herumziehen. Es war noch kein Jahr her, dass ich das Ghetto verlassen hatte, und jetzt musste ich schon wieder weiter. Die ganze Nacht warf ich mich in meinem kalten Bett herum, flüchtete und versteckte mich vor einem riesigen, allgegenwärtigen Feind, entging mit Mühe seinen langen Klauen, sprang in den Weltraum und stürzte donnernd zu Boden. Um fünf Uhr früh war ich bereits angekleidet und tappte, vor Kälte und Müdigkeit zitternd, in die noch finstere Küche. Dort fand mich Schwester Martha, im Halbschlaf hinter dem Ofen kauernd. Ein ausgiebiges Frühstück aus Brot und Milch brachte meinen Blutkreislauf wieder in Gang, und wie ich so neben Schwester Cecilia durch die winterliche Dunkelheit ging, der trockene Schnee unter meinen Stiefeln krachte und ich die frische Landluft einatmete, da wurde ich mir einer leichten Regung von Neugierde bewusst. Mein alter Sinn für Abenteuer wurde wieder lebendig. Kam ich in ein anderes Kloster? Oder ein Privathaus? Wird es andere Kinder dort geben?

Ein graues Licht sickerte langsam durch die schneeträchtigen Wolken, als wir aus dem Bahnhof und wieder in eine Warschauer Straße traten. Wir nahmen eine Tram, die um diese Zeit fast leer war, und ratterten durch die verlassene morgendliche Stadt, bis wir bei einer Kreuzung ausstiegen und in eine von Kämpfen beschädigte, krumme Hintergasse einbogen. Irgendetwas an ihrem Aussehen kam mir bekannt vor und ich schaute mich neugierig um. Der Name, wo war der Name? Ich schaute am nächsten Haus empor und mein Herz blieb stehen. Das war das Ghetto. Genauer gesagt, das war das Ghetto am Anfang seines Bestehens gewesen, vor jenem Oktober vor zwei Jahren, als diese Straße zusammen mit anderen wieder an das übrige Warschau angeschlossen und die noch vorhandenen Juden in den älteren Teil des Ghettos gepresst wurden. Das echte Ghetto musste also auch hier in der Nähe sein. Ja, hinter dem Loch dort, wo ein Haus niedergebrannt war, stand eine hohe Mauer und dahinter war ein großer freier Raum und Häuserruinen, halb verkohlte Wände, nackte Kamine. War das mein Ziel?

Fragend blickte ich zu Schwester Cecilia auf, die mich nur fester an der Hand nahm, und wir rannten jetzt fast die Straße entlang, über die heimtückischen, vom Schnee bedeckten Katzenkopfsteine. Vor einem Tor blieben wir stehen und Schwester Cecilia läutete eine Glocke. Ein Guckloch ging auf; irgendein unsichtbarer Mensch musterte uns, dann schwang das Tor selber weit auf. Im Eingang stand eine schwarz gekleidete Nonne – genauso wie »meine« Nonnen gekleidet – und lächelte.

»Gelobt sei Jesus Christus«, sagten wir.

»In Ewigkeit Amen«, antwortete sie.

Während Schwester Cecilia sich mit meiner neuen Mutter Oberin unterhielt, wurde ich allein im leeren Refektorium gelassen. Es sah außerordentlich schäbig aus. Die weiß gekalkten Wände zeigten Spuren tiefer Schrammen. Auf jeder Seite gab es Löcher, die ungeschickt mit Zement geflickt waren. Die Fußbodenbretter waren abgetreten und aufgesplintert von tief eingefressenem Schmutz, den nicht einmal das klösterliche Schrubben mehr herausbringen konnte. Ich ging ans Fenster. Es ging auf einen typischen Warschauer Hof hinaus, ein schmales Rechteck tief unten zwischen grauen Wänden. Wir waren im »Vorderhaus«, dem Gebäude, das direkt auf die Straße ging. Die anderen drei Flügel der sechsstöckigen Anlage schienen unbewohnt. Eingeschlagene oder mit Brettern geflickte Fenster starrten stumm und jagten mir einen Schauder der Unruhe über den Rücken. Dunkelgraue Wände waren mit weißen Kugeleinschlägen gepfeffert, ein paar tiefere Löcher ließen rote Ziegel erkennen wie aufgerissenes Fleisch. Ein Tor führte zu einem anderen Hof, hinter dem, falls mein Orientierungssinn mich nicht trog, das Trümmerfeld des Ghettos lag. Ich schauderte und wandte mich zurück ins Zimmer. Durch die offene Tür sah ich die Kinder durch den Korridor laufen. Sie waren ärmlich gekleidet, sogar für Anstaltsbegriffe, in vollkommen verschossene Baumwollröcke, die überall geflickt waren. Keine Uniform; jedenfalls trug jede eine andere Art, aber alle waren sie kaum besser als Fetzen. Keine Schuhe oder Strümpfe. Die Räume waren kaum geheizt und die Januarkälte ließ die nackten Beine blaurot anlaufen. Auch keine Haarbänder, die Haare waren alle mit Bindfäden zusammengehalten.

Eins nach dem anderen kam ins Zimmer und eine Weile starrten wir einander an, voller Neugier. Breite Bauerngesichter mit hohen Wangenknochen, Stupsnasen, lachende Münder voller Zahnlücken. Sie glitten durchs Zimmer, betrachteten gründlich die Neue, kicherten hinter vorgehaltenen Händen. Weiche Stimmen erhoben sich in einer Art Sing-Sang, benutzten Worte eines unbekannten Dialekts, ihr Akzent ähnelte keinem, den ich je gehört hatte.

Meine Neugierde siegte über meine Schüchternheit: »Woher seid ihr denn?«

»Von den Bergen«, sangen sie, »von den fernen Bergen hinter den Flüssen.«

Ich riss den Mund auf. Das war es also! Zu Anfang des Winters hatten wir schreckliche Geschichten gehört von einem Kloster im fernen südöstlichen Winkel des Landes, das von Ukrainern niedergebrannt worden war. Ein paar von den ältesten Mädchen waren dabei auf eine schreckliche und mysteriöse Weise umgekommen, der Rest flüchtete mit den Nonnen auf ein paar Bauernwagen und fuhr, in nichts als Nachthemden und Decken gekleidet, durch halb Polen, bis sie in Warschau ankamen. Jedes Kloster im ganzen Land erfuhr von dem Unglück und wurde um seine Hilfe gebeten. Jede Nacht beteten wir für ihre Sicherheit. Und hier war ich mitten unter ihnen, unter den ärmsten aller Klosterkinder.

»Hast du unsere Mutter Oberin schon gesehen?«, fragten sie.

»Du wirst sie gern haben. Sie ist eine richtige Mutter.

Und Schwester Zofia? Hast du Schwester Zofia schon gesehen? Na, dann hast du noch was vor dir . . .«

In ihrem kleinen, blitzblank geputzten Zimmer wandte mir die Mutter Oberin ein langes, blasses Gesicht zu. Sie hatte ein schweres Kinn und eine lange, gerade Nase und die gütigsten, traurigsten grauen Augen.

»Willkommen in unserem Haus«, sagte sie und drückte mich an sich. Überrascht schaute ich sie an. Eine Oberin, die nicht darauf wartete, dass man ihr die Hand küsste, sondern die einen selber küsste, und als Erste!

Im Aufenthaltsraum wurde mir ein Pult zugewiesen und eine leere Schuhschachtel in die Hand gedrückt. »Darin bewahren wir unsere Sachen auf. Für nichts sonst ist Platz und wir haben ohnehin nicht viel zum Hineingeben. Keine Schließfächer, keine Koffer. Nicht wie zu Haus.« In einem kleinen Raum wurde mir ein einzelner Haken angewiesen, der mir als Garderobe dienen sollte, und als ich meinen Mantel aufgehängt hatte und mich umdrehte, fand ich mich Aug in Aug mit einer großen Schwester.

»Schwester Zofia«, murmelte das Mädchen, das mich hierher gebracht hatte, und verschwand.

Einen Augenblick standen wir einander gegenüber und mich durchlief ein leichter Schauer über die Hässlichkeit des Gesichts vor mir. Ein breites Gesicht, von einem feinen Netz von purpurroten Adern durchzogen. Große, durchdringend blaue Augen, die Unterlider rot und hängend, wie von einem Gewicht heruntergezogen; ein paar breite, nach oben gerichtete Nasenlöcher, die mich wie ein zweites Paar Augen anzustarren schienen; eine kurze Oberlippe, aufgeworfen, die zwei lange Vorderzähne entblößte . . . Ein lebhaftes, furchtloses, forderndes Gesicht.

»Du bist also unsere Neuerwerbung.« Die Stimme trieb

mir neue Schauer über den Rücken. Sie war heiser, kratzend, kaum lauter als ein Flüstern. »Wie alt bist du?«

»Dreizehn.«

»Bist du schon getauft?«

Ich würgte, unfähig ein Wort herauszubringen.

»Also nicht.« Das war eine Feststellung. »Das müssen wir in Ordnung bringen. Sag den anderen nichts. Du kannst jetzt gehen.«

Den Rest dieses Tages verbrachte ich wie im Taumel, lernte neue Mädchen und neue Schwestern kennen, beantwortete Fragen und inspizierte meine neue Umgebung. Das Kloster bewohnte die beiden mittleren Stockwerke des Hauses, die Schwestern hatten ihre Zimmer auf der anderen Seite der ehemaligen Dienstbotenstiege, die jetzt, der Boden rot und spiegelglatt gewichst, die Mauern weiß gekalkt, auf jedem Absatz ein Gipsheiliger, unverwechselbar klösterlich aussah.

Die beiden obersten Stockwerke waren von einer Besserungsanstalt für Mädchen belegt. Wieder hörte ich fürchterliche Geschichten über die Disziplin dort, über nächtliche Ketten, Einzelzellen und Wächterinnen mit neunschwänzigen Katzen am Gürtel.

»Die Kinder von unten wirst du heut Abend kennen lernen, wenn sie kommen, um uns tanzen zu sehen. Die sind alle bekloppt. Und dort« – zum Hof hin nickend und zu den eingeschlagenen Fenstern – »dort sind die Jids.« Ich muss überrascht ausgesehen haben, denn sie erklärten mir schnell, dass das Haus früher einmal im Ghetto gestanden hatte. Sie waren überzeugt, dass die Leichen der früheren Bewohner noch alle in den leeren Wohnungen herumlagen. Einige von den Mädchen hatten die Geister gehört oder sie hinter den Fenstern herumgehen sehen.

»Hinter dem Hof ist ein Garten und Schwester Zofia

hat uns versprochen, dass wir im Sommer dort spielen dürfen. Und hinter dem Garten ist das Ghetto. Wenn du die Mauer hinaufkletterst, kannst du es sehen, aber wir dürfen nicht in ihre Nähe.«

Ich bemühte mich, alle diese Informationen zu verarbeiten, während mir gleichzeitig Schwester Zofias Worte pausenlos durch den Kopf gingen. Hatte sie es schon von vornherein gewusst oder hatte ich mich verraten?

Nach dem Abendessen waren die meisten Mädchen auf einmal verschwunden, während wir anderen uns im Halbkreis auf den Boden des Aufenthaltsraums setzen mussten. Das Tanzen sollte bald beginnen. Ich war furchtbar müde und wäre am liebsten gleich ins Bett gegangen. Ich war seit fünf Uhr früh auf den Beinen und die letzte Nacht hatte ich auch nicht viel geschlafen.

Die Kinder von unten kamen herein und ich fuhr mit einem Ruck wieder hoch. Sie waren alle in lange Kartoffelsäcke aus dem gröbsten Kanvas gekleidet, in der Mitte mit einem dicken Seil gegürtet, gingen barfuß und alle Köpfe waren kahl geschoren. Es war unmöglich, Jungen und Mädchen voneinander zu unterscheiden, und die Wirkung war bestürzend. Einige waren offensichtlich behindert, ein paar gingen auf Krücken, ein oder zwei waren blind, einer hatte einen großen Buckel, während einige andere ihre riesigen Köpfe rollen ließen, sabbernd, mit kaum bewussten Augen leer herumstarrend.

Auf ein Kommando setzten sie sich alle an der uns gegenüberliegenden Seite zu Boden. Schwester Zofia setzte sich ans Harmonium. Die Mutter Oberin setzte sich mit den anderen Schwestern auf die wenigen vorhandenen Stühle. Die Musik begann und plötzlich brach in diesen mit nacktem Elend gefüllten Raum ein vielfarbiger Wirbelwind, singend und tanzend in einer Wolke von Samt und Seide, von Spitzen schäumend, mit Goldstücken und Perlen bestickt, mit fliegenden Bändern und Pfauenfedern, die über hohen Hüten nickten.

Der alte Fußboden erzitterte unter den roten Stiefeln, Messingglöckchen klingelten von weißen Ledergürteln, Perlenschnüre hüpften auf und ab über schwarzen Samtleibchen. Riesige Bauernröcke schwirrten vor meinen Augen, regenbogenbunte Streifen und glänzende Rosen, Spitzenschürzen flogen wie Flügel. Ich schlug meine Hände vor den Mund und setzte mich auf, unfähig, meinen Augen zu trauen. Das also waren die bloßfüßigen, in Kreton gekleideten verwahrlosten Kinder, die mir so Leid getan hatten!

Es war sofort klar, dass das eine hervorragend ausgebildete Gruppe war. Und sie tanzten mit so viel Lust und Liebe, als wären sie jetzt endlich in ihrem wahren Element. Schwester Zofia, über ihr Harmonium gebeugt, Platten auswechselnd auf dem alten Kurbelgrammophon, kam mir plötzlich viel jünger vor als heute Morgen und auf ihrem Gesicht war ein merkwürdig leidenschaftliches Lächeln. Die Mutter Oberin schaute strahlend auf ihre Schützlinge, wie jede Mutter, die stolz ist auf ihre Kinder, und ich hatte auf einmal das Gefühl, dass ich glücklich sein würde an diesem eigenartigen Ort, fast so, als wäre ich endlich zu Hause.

11

Ich brauchte nicht lang, um mich in diesem neuen Haus einzugewöhnen, besonders, da die Disziplin hier im Vergleich zu meinem alten Kloster recht locker war, die Mädchen passten offenbar auf sich selber auf. Wir lebten natürlich viel enger zusammen, wir mussten uns ja auf nur zwei Stockwerke beschränken. Spaziergänge in der Stadt galten als zu gefährlich, als dass man sie regelmäßig unternommen hätte, und ich sollte ohnehin nicht das Haus verlassen. Jeden Morgen hatten wir Unterricht, jeden Nachmittag irgendeine Art von gemeinsamer Beschäftigung. Wir kümmerten uns der Reihe nach um die Kleinsten und jede von uns hatte ein Kleinkind, für das sie verantwortlich war. Ich, als Neue, sollte auf das nächste Kind warten, das zu uns kam, und wenn es unter sieben war, dann sollte es mir gehören.

Sie erzählten mir auch in allen Einzelheiten die Geschichte jener schrecklichen Nacht, als ihr Haus in Flammen aufging und fünf von den ältesten Mädchen mit den betrunkenen Ukrainern verschwanden. Die Schwestern wurden mit Gewalt daran gehindert, ihnen zu Hilfe zu kommen, die ganze Gemeinschaft verbrachte den Rest dieser Nacht in einer Scheune, von einem bewaffneten Posten bewacht, zitternd in ihren Nachthemden.

Im Morgengrauen wurden die fünf Leichen im Garten begraben und die Überlebenden fuhren auf ihren Leiterwagen fort ins Unbekannte. Beim Aufbrechen sahen sie die Flammen aus dem Dach ihres Hauses schießen und die Kinder weinten. Für die meisten von ihnen war es ihre einzige Heimat gewesen.

»Woher habt ihr die Tanzkostüme?«, fragte ich.

Die Mädchen lachten. »Das war natürlich Schwester Zofia. Während wir alle auf unsere Leiterwagen stiegen, zog sie ihre beiden Kisten heraus und bestand darauf, sie mitzunehmen. Sonst würde sie nicht fortgehen. Und die Ukrainer haben sie gelassen! Wir wussten nicht, was in ihnen war, wir hofften heimlich, es wäre Essen, aber sie wollte sie nicht aufmachen, bis wir hier waren. Und da lagen sie! Unsere Kostüme und alle Noten der Schwester. Sie sagte, andere Klöster würden sich schon um unsere Alltagskleider kümmern und um unser Essen, aber solche Kostüme könnten wir nie wieder bekommen. Und sie hat natürlich Recht gehabt. Alles ist handgenäht, die wollenen Röcke sind handgewebt, die Spitze ist handgeklöppelt, der Samt und der Satin alles von der besten Qualität. Und die Stiefel! Woher würde man jetzt solche Stiefel bekommen?«

»Vor dem Krieg hatten wir eine recht bekannte Tanzgruppe«, erklärte Ela, die Älteste, ein sanftes, rehäugiges Mädchen von sechzehn Jahren, die letzten Abend der Star gewesen war. Sie hatte ein Solo getanzt im traditionellen Kostüm einer Edelfrau, einem langen, engen Satinkleid und einem Mantel, der mit Schwanenfedern besetzt war. »Wir sind früher viel gereist, haben andere Klöster besucht und Konzerte gegeben. Wir hatten ein wunderbares Programm. Vielleicht zeigt dir Schwester Zofia einmal ihre Schnappschüsse. Sie hat uns das alles beigebracht, sie hat auch unsere ganze Musik zusammengestellt. Auch einen

Chor hatten wir. Aber die besten Stimmen sind erwachsen geworden und sind fast alle fortgegangen, am Ende waren nur noch acht übrig und dann wurden fünf von ihnen getötet ... Jetzt sind nur mehr Vera, Tamara und ich übrig von der alten Gruppe und ich kann eigentlich nicht singen, obwohl ich leidenschaftlich gern tanze. Und wir üben jetzt mit den Jungen. Sie haben aber Glück, wenn sie in die Kostüme passen. Seit der Krieg angefangen hat, erlaubt uns Schwester Zofia keine Änderungen mehr daran, damit nur ja nicht der Stoff kaputtgeht. Man muss einfach in die Kostüme hineinwachsen, und wenn man wieder herauswächst, kann man eben nicht mehr tanzen. Die Knabenkostüme sind so eng über der Brust, dass wir uns mit Gürteln einschnüren müssen, um sie zuknöpfen zu können. Schwester Zofia kann busige Mädchen sowieso nicht leiden, sie lässt einen gar nicht tanzen, wenn da vorn zu viel herumhängt. Sie sagt, sie kann das Schwabbeln nicht sehen!«

Diese Schwester Zofia machte mich wirklich neugierig; neugierig und zugleich ärgerlich. Ihre anmaßende Art und der unbedingte Gehorsam, den sie erwartete, gefielen mir gar nicht. Ich hasse Despoten, dachte ich. Wenn sie glaubt, sie kann mich herumkommandieren, dann täuscht sie sich. Meine rasche Niederlage bei unserem ersten Treffen wurmte mich noch immer und ich wartete schon klopfenden Herzens auf die nächste Gelegenheit.

Sie kam, als Schwester Zofia mich rief, um meine religiösen Vorbereitungen mit mir zu besprechen. Nach einer kurzen Befragung gab sie mir ein paar Bücher.

»Lies sie gründlich und pass auf, dass du sie nicht verlierst oder zerbeißt oder deine Stiefel damit auslegst. Kann man sich auf dich verlassen?«

Sprachlos starrte ich sie an.

»Was ist los? Warum schaust du so wild? Bin ich dir auf die Zehen getreten?«

»Ich verstehe einfach nicht, wie Sie solche schrecklichen Sachen sagen können«, platzte ich heraus. »Ich liebe Bücher! Ich würde nie eins kaputtmachen, auch wenn es mir nicht gefällt! Als ich klein war, habe ich mir sogar die Hände waschen müssen, bevor ich ein Buch auch nur angerührt habe!«

»Nein, wirklich ... also das ist sicher ein schöner Grundsatz. Hoffentlich tust du's noch immer. Mir hat man übrigens dasselbe beigebracht. Wer hat's dir beigebracht?«

»Vater.«

»Hatte er auch Bücher gern?«

»Mein Vater? Natürlich. Er hat ununterbrochen gelesen ...«

»Was hat er gelesen?«

»Ach, alles!«, rief ich und dachte an die Stöße von Büchern, die immer in unserer Wohnung herumlagen.

Schwester Zofia lachte. »Dann muss er ja ein sehr weiser Mann gewesen sein. Du musst mir einmal von ihm erzählen. Und jetzt lauf. Und es tut mir Leid, dass ich dich gekränkt habe. Wir haben nicht oft Mädchen hier, die mit Büchern umgehen können.«

Auf dem Fensterbrett in unserem überfüllten Aufenthaltsraum sitzend, dachte ich über dieses Treffen nach. Nein, die könnte ich nie gern haben, dachte ich. Sie ist viel zu hässlich, aber sie ist recht interessant, jedenfalls ganz anders. Schwester Margareta war mir lieber. In den ersten Wochen in Warschau fehlte sie mir sehr. Als Schwester Cecilia wieder kam, um mir meine Kleider zu bringen und andere Sachen, die ich nicht mitgenommen hatte, brachte sie mir auch Briefe von den Mädchen, die alle über mein

Verschwinden vor Neugier platzten. Und sie brachte auch ein Billett von Schwester Margareta, die mir ihren Segen schickte und hoffte, mich bald wieder zu sehen.

Aber am meisten regte mich Krysias Brief auf. »An dem Tag, als du fortgingst«, schrieb sie, »kam am Nachmittag die Gestapo ins Kloster und sie fragten nach dir! Wir sagten natürlich alle, dass wir dich nicht kennen, und dann gingen sie wieder. Was hast du angestellt?«

Unmerklich glitten die Wintertage vorbei. Jetzt, wo ich wieder einmal in einem Haus eingesperrt war, wich die Außenwelt zurück und ich vergrub mich in Schularbeiten und in Schwester Zofias Büchern. Seit ihrer Ankunft in Warschau hatte sie sich schon wieder eine recht beachtliche Bibliothek zusammengestellt. Sie bat mich, alle Bücher zu lesen und sie dann nach den Altersstufen der Kinder zu katalogisieren. An den Abenden saß ich mit den ältesten Mädchen in einem Klassenzimmer und machte Baumwollknöpfe. Dafür bekamen wir eine kleine Geldsumme, die die Mutter Oberin für unsere persönliche Verwendung aufhob. Diese Arbeit war entsetzlich langweilig. Kleine Blechringe mussten mit einem kunstvollen Geflecht von Baumwollfäden ausgefüllt werden, der Blechring selber zuerst mit der gleichen Baumwolle umnäht werden. Bei der Arbeit las immer eine von uns laut vor, wenn wir nicht sangen oder Geschichten erzählten. Einer der hübschesten Bräuche in diesem Haus war, dass wir nach dem Lichtabdrehen statt dem Schweigegebot hier Geschichten hören durften. Ich tauchte tief ein in den Haufen der Bücher, die ich gelesen hatte, und bald war es meine Aufgabe, fast jeden Abend eine Geschichte zu erzählen.

Ich trat dem Chor bei und hörte voll Bewunderung Vera und Tamara singen. Beide waren echte Stars, aber während Tamara bescheiden und freundlich war und diese

Gabe in aller Einfachheit annahm, benutzte Vera ihre außergewöhnliche Stimme als Waffe in ihrem ständigen Kampf mit Schwester Zofia.

Sie kam kaum jemals zu den Proben, sang aber immer alles richtig. Wir konnten nie sicher sein, ob sie zur Aufführung auch wirklich erscheinen würde, und sie hatte die Gabe, ihre Stimme gerade dann zu verlieren, wenn wir am meisten mit ihr rechneten. Sie schmollte und redete, wenn sie wusste, dass Schwester Zofia an einem neuen Musikstück arbeitete, oft ganze Tage lang nichts, sie wartete darauf, ganz förmlich zum Singen eingeladen zu werden. Wenn diese Einladung nicht kam, verlor sie die Nerven, brüllte mit den Kleinen herum, die in ständiger Angst vor ihren Launen lebten, schmiss und zerschmetterte Gegenstände und leistete sich schließlich irgendein größeres Vergehen, wie zum Beispiel ein Fenster einzuschlagen. Das bedeutete ein Verhör sowohl mit der Mutter Oberin als auch mit Schwester Zofia. Das Letztere dauerte oft Stunden, während denen wir alle wie auf Kohlen saßen. Wir suchten Ausreden, um an Schwester Zofias Zimmer vorbeizugehen, wo wir herumtrödelten, etwa um ein Schuhband zu binden, und pressten dabei ein Auge oder ein Ohr ans Schlüsselloch.

Manchmal wurden wir mit einem heftigen Aufruhr belohnt, der im Esszimmer deutlich gehört werden konnte. Einmal kam Vera triefnass zum Vorschein, heulend vor Zorn. Schwester Zofia, die mit einem Kübel in der Hand hinter ihr herlief, erklärte, sie hätte ihr den Kopf kurz untergetaucht, »um ihre Aufregung abzukühlen«. Ein anderes Mal beschwor Marysia, sie hätte Vera auf den Knien vor Schwester Zofia gesehen, das Gesicht auf ihren Schoß gebettet. Meistens kam sie erst spät am Abend wieder heraus, strahlend vor Glück, und ging geradewegs in die

Kapelle, wo sie stundenlang betete. Am nächsten Tag füllte dann ihre Stimme, ein echter Alt, tief und rein wie eine Glocke, triumphierend die Kirche, hob fast das Dach von unserer kleinen Kapelle und schob die Wände weg. Aber eine Stunde später schnappte ihre Stimmung wieder um, sie schnob vor Verachtung, wenn wir ihr zu ihrem großartigen Gesang gratulierten, und vergrub sich dann irgendwo, wo niemand sie sah.

Ich hatte das dunkle Gefühl, dass sie mehr wollte als nur unsere Bewunderung, und als dieses Mehr nicht kam – niemand war jemals von Schwester Zofia gelobt worden –, fühlte sie, dass sie schon wieder eine Schlacht verloren hatte.

Von ihrem Aussehen her hätte keiner Vera auch nur eine Spur von künstlerischem Talent zugetraut. Sie war klein und stämmig, mit einem viereckigen Gesicht, kleinen grünen Augen, die über den vorstehenden Wangenknochen fast verschwanden, einer niedrigen Stirn und darüber geradem, mausigem Haar. Sie schien keinen Hals zu haben, der Kugelkopf saß direkt auf ihren kräftigen Schultern. Sie bewegte sich wie ein Block, auf kurzen, dicken Beinen, und ihr schmaler Mund klappte zu wie eine Falle. Es kam wie ein Schock, wenn man diese herrliche Stimme aus einem so unpassenden Körper strömen hörte. Es war, als wäre man Zeuge eines Wunders.

Vera war in einer Kleinstadt in ihrer ersten Dienstbotenstelle, als das Kloster niederbrannte. Als sie davon hörte, verließ sie ihre Herrschaft und fuhr auf dem Leiterwagen mit nach Warschau. Auf der ganzen Reise drang sie unentwegt in die Mutter Oberin, sie doch dableiben zu lassen, bis diese schließlich nachgab. Und jetzt, wo sie wieder unter den Ältesten aufgenommen war, lebte sie in ständiger Furcht, dass bald wieder eine Stelle für sie gefunden würde und dass sie dann das Kloster verlassen und wieder als Dienstmädchen arbeiten müsste, das Einzige, was sie gelernt hatte.

Tamara, der Sopran, war ein stilles Mädchen, sanft und goldhaarig, mit einem aufgedunsenen weißen Gesicht. Sie war rundlich und weich und ein wunderbares Kindermädchen für unsere Babys. Ihre Lungen waren schwach und Schwester Zofia ließ sie gar nicht gern singen. Tamara sang auch selten, aber wenn sie sang, dann war unser Chor wie verzaubert. Sie hatte eine natürliche Koloraturstimme, und wenn ich mir ihr fülliges Gesicht und ihre plumpe, mütterliche Figur ansah, dann fiel mir die Unstimmigkeit auf und ich spürte zum ersten Mal, dass die körperliche Erscheinung vielleicht doch nicht ein so unfehlbarer Schlüssel für Charakter und Fähigkeiten eines Menschen war, wie ich immer geglaubt hatte. Wenn ich mich an Mutters Operngeschichten erinnerte, dann hatte ich mir alle Heldinnen der Bühne immer so schön, schlank und graziös vorgestellt wie die Feen in den Märchen, und da ich nie einer wirklichen Aufführung beigewohnt hatte, hatte mir niemand meine Illusionen geraubt. Tamara war gerade in einem Sanatorium gewesen, als das Kloster zerstört wurde, und stieß erst zu den anderen, als sie schon in Warschau waren.

Ela war die einzige von den älteren Mädchen, die dabei war, als es passierte, und die unverletzt davongekommen war.

Als die Ukrainer in den Schlafsaal stürzten, packte sie schnell das jüngste Kind, ein sechs Monate altes Baby, und hielt es an ihre Brust.

»Das ist meins«, sagte sie zu ihnen. »Wenn ihr mich holt, müsst ihr es zuerst töten. Ich will keine Waise zurücklassen.«

Die Ukrainer zögerten, dann gingen sie. An jungen Müttern waren sie nicht interessiert, vielleicht weckte auch das Wort »Waise« ein menschliches Gefühl in ihren vom Schnaps aufgeweichten Gehirnen. Sie ließen Ela und das Baby in Ruhe und rührten auch die jüngeren Mädchen nicht an. Aber die anderen fünf erschossen sie mit Dumdum-Kugeln.

»Wenn der Krieg vorbei ist, gehen wir zurück in die Berge. Wir werden unser Haus wieder aufbauen, wenn es sein muss, mit eigenen Händen. Alle die alten Mädchen haben versprochen, uns zu helfen. Sogar die verheirateten. Wir hatten das schönste Haus der Welt, in der schönsten Ecke des Landes. Wenn du nie in den Bergen gelebt hast, dann kannst du es dir gar nicht vorstellen. Wir alle hassen Warschau. So groß und so schmutzig und so laut! Zu Hause war der Schnee weiß, er verwandelte sich nie in diesen gräulichen Matsch wie hier. Und die Luft war so rein ...«

Dann wurden sie still, mit vor Sehnsucht feuchten Augen, und dann fing eine leise ein Lied an und bald sang die ganze Gruppe, über ihre Knöpfe oder ihr Stopfzeug gebeugt. Ich dachte an meine eigene Heimat, weit im Westen, in der alten Stadt, wo der tiefe Strom sich seinen Weg zwischen den schmalen Häusern bahnte, wo die alten steinernen Brücken und die steilen, schiefen Dächer meinen Horizont begrenzt hatten. Das war lange her. Würde ich sie je wieder sehen? Würde noch etwas davon übrig sein?

Diese Kinder konnten über ihre Heimat sprechen, sie konnten ihre Erinnerungen miteinander teilen und dadurch lebendig halten. Ich trug eine ganze Welt in meinem Inneren verschlossen, aber niemand durfte von ihrem Dasein etwas ahnen. Wenn mich jemand über meine Familie, meine Vergangenheit fragte, dann konnte ich nur lügen.

12

Eine Neue kam, und da sie fünf Jahre alt war, fragte mich Ela, ob ich sie als mein »eigenes« Kind nehmen würde. Schwester Adele, die neben ihrer Rolle als Kinderschwester jetzt auch noch Krankenschwester für uns alle geworden war, war gerade nicht da und ich ging ins Kinderzimmer, um meine Neuerwerbung kennen zu lernen. In einer Ecke stand, den Rücken zur Wand, den Kopf gesenkt, ein Kind mit kupferroten Haaren. Die Gruppe rund um sie schloss sie in einem engen Ring ein.

»Wie heißt du? Wie haben sie dich genannt? Ryfka? Sara? Faya?«

Mein Magen verkrampfte sich vor Zorn. Es waren Kinder aller Altersstufen, angefangen von den jüngsten bis zu den paar zurückgebliebenen Zehnjährigen, die noch immer mit den Kleinen spielten. Eines von denen musste es gewesen sein, das mit der Verfolgung begonnen hatte. Warum hatten sie nicht mich gefragt?

»Sie heißt Franka«, sagte ich und schob sie alle energisch zurück. Dann nahm ich das Kind an der Hand und zog es aus der Ecke heraus. »Komm, ich führ dich herum. Und wenn einer von euch sie noch ein einziges Mal fragt, wie sie heißt oder geheißen hat, dann haue ich euch grün und blau«, versprach ich, bevor ich die Tür zuschlug.

Wir gingen durch die Räume in beiden Stockwerken, ich munter dahinredend, das Kind stumm auf seine Füße starrend. Nicht ein einziges Mal bekam ich eine Antwort, nicht ein Wort, nicht ein Lächeln, nicht das geringste Zeichen von Interesse. Unter dem dichten kupferroten Lockenschopf schaute ein Augenpaar wie frisch geschälte Kastanien mit steinerner Gleichgültigkeit in die Welt. Kinn und Mund deuteten auf ein Maß von Dickköpfigkeit oder Angst, das keine Anstrengung durchbrechen würde. Obwohl mir völlig klar war, dass ihr Name nicht Franka war, hatte es keinen Zweck, sie zu fragen. Damit würde ich mir meine ohnehin schon feindselig eingestellte Gefangene noch weiter entfremden.

»Komm, wir wollen vor dem Abendessen noch dein Haar bürsten«, schlug ich vor. Ich nahm aus ihrer kleinen Tasche einen Kamm, zog sie zu mir und fing an, mich durch den undurchdringlichen Filz durchzukämpfen. Plötzlich zuckte sie zusammen und im gleichen Augenblick fiel mir der Kamm aus der Hand und ich trat mit einem Schrei des Abscheus zurück. Unter dem Haar hatte sie oben auf dem Scheitel eine riesige, schwärende Wunde, einen Brei aus Blut, Eiter und Läusen. Ich war wütend auf diese kleine Gestalt, die nun schon in der Ecke kauerte. »Du, du kleines ...« Aber ich hielt mich noch rechtzeitig zurück. Noch eine Sekunde vorher hätte ich sie am liebsten erwürgt, aber plötzlich schwemmte eine Welle des Mitleids meine Empörung fort. Von einem Kind in diesem Alter konnte man nicht erwarten ... Wer weiß, wo sie die letzten Monate verbracht hat? Wie sie behandelt worden war, dass sie sich in dieses granitene Schweigen flüchtete?

»Wir werden dir den Kopf rasieren müssen«, überlegte ich laut und plötzlich zuckten Schmerz und flehendes Bitten über ihr Gesicht und sie wich noch weiter vor mir zurück.

»Nein«, sagte sie, das erste Wort, das ich von ihr hörte.

Überrascht sah ich sie an. Sie war doch sicher noch zu jung, um sich an die geschorenen Köpfe im Ghetto zu erinnern, aber vielleicht war ihr eine undeutliche Assoziation im Gedächtnis geblieben oder etwas, das sie gehört hatte. In meinen Augen jedenfalls bedeutete ein geschorener Schädel immer nur »Jude« und plötzlich beschloss ich, um Frankas Haar zu kämpfen.

»Bleib hier«, wies ich sie an. »Geh nicht weg, ich bin gleich wieder da. Wir werden deinen Kopf wieder gesund machen, ohne dich zu scheren. Ich versprech's dir!«

Es dauerte lange, bis ich Schwester Adele dazu überreden konnte, dass sie mich Franka behandeln ließ, um so mehr, als ich nicht erklären konnte, warum ich das Ganze so wichtig nahm. Vielen Kindern wurden bei ihrer Ankunft hier die Köpfe geschoren, wenn sie sehr arg von Läusen befallen waren, und niemand dachte sich viel dabei. Aber ich ließ nicht locker und am Ende gab sie nach und schickte mich mit der nötigen Ausrüstung zurück ins Badezimmer.

»Das wird ein bisschen wehtun«, warnte ich sie, während ich die Watte in das scharf riechende Desinfektionsmittel tauchte und ihr vorsichtig damit den Kopf betupfte. Sie schauderte, wich aber nicht aus. Von diesem Tag an sperrten wir uns jeden Nachmittag ins Badezimmer und ich reinigte, desinfizierte, stutzte und bürstete Frankas Haar. Bei diesen Sitzungen versuchte ich manchmal, sie auszuhorchen, sie über ihr bisheriges Leben auszufragen, woher sie kam, wo ihre Eltern waren, aber nie erhielt ich darauf etwas anderes als einen vorwurfsvollen Blick aus diesen großen Spanielaugen und Schweigen.

Als ihr Kopf endlich geheilt war, schickte ich sie wieder zur Gruppe der Kleinkinder zurück, im Bewusstsein, versagt zu haben. Obwohl ich sie jetzt jeden Morgen ankleidete, ihr Haar bürstete und ihre Kleider flickte, blieb das einzige Gefühl, das in ihrem Gesicht zum Ausdruck kam, eine allumfassende Gleichgültigkeit. Wegen Franka hatte ich jetzt mehr Kontakt mit der Vorschulgruppe und ich beobachtete sie mit Missbilligung. Sie waren ganz ohne Zweifel anders als ich oder meine Freundinnen in diesem Alter und ich versuchte, die Ursache für ihr merkwürdiges Benehmen herauszufinden.

Es musste das erzwungene Schweigen sein, fand ich. Sie haben einfach nie Gelegenheit zum Reden, also lernen sie es auch nie richtig. Schweigen vor dem Frühstück, Schweigen bei den Mahlzeiten, Schweigen während der Ruhestunde am Nachmittag, Schweigen nach dem Abendessen. Und zwischen diesen Schweigeperioden sind sie sich selbst überlassen oder einem älteren Mädchen ausgeliefert, das auf die gleiche Weise aufgezogen worden war wie sie und selbst nie sprechen gelernt hat. Ich dachte an meine Kinderfrau Stefa und die endlosen Geschichten, die sie mir immer erzählte. Wenn Schwester Adele Zeit hatte, versuchte sie es manchmal mit einem Märchen, aber die Aufmerksamkeit ihrer Zuhörer erlahmte schon nach den ersten paar Sätzen.

»Die Hälfte der Wörter verstehen sie nicht und es ist zu umständlich, sie ihnen zu erklären. Sie sind nicht an Geschichten gewöhnt, Worte bedeuten ihnen nichts, wenn man sie nicht bildlich darstellen kann, und wenn es nicht um etwas geht, das sie wirklich brennend interessiert.«

»Wie ›Essen‹ zum Beispiel«, sagte ich und sofort drehten sich mehrere Köpfe erwartungsvoll in meine Richtung.

»Ja, die armen Würmchen, sie sind sehr hungrig«, nickte

Schwester Adele traurig. »Ich fürchte, sie werden unseren Geschichten erst dann zuhören, wenn sie einen vollen Magen haben. Und wann das sein wird, das weiß Gott allein.«

Ich war voll Bewunderung für Schwester Adele und die geduldige Art, wie sie mit ihren teilnahmslosen Schützlingen umging. Ich selber empfand nichts als Verzweiflung und Zorn, wenn ich mich allein um sie kümmern musste. Es war undenkbar, irgendein Spiel für sie zu organisieren, sie in einem Kreis gehen zu lassen und sich an den Händen zu fassen oder zu singen, sie für irgendetwas zu interessieren. Sie streiften durchs Zimmer wie eine Herde von Tieren und traten, boxten oder zwickten einander hinterrücks. Sie rauften miteinander und mussten getrennt werden oder hockten einfach an der Wand und starrten ins Leere.

»Ich hasse Kinder«, murmelte ich, während ich sie eines nach dem anderen hochzog, sie mühevoll in den Korridor beförderte und dort festhielt, bis die Glocke zum Essen läutete und sie alle blindlings ins Speisezimmer rannten. Wir wechselten einander ab beim Aufpassen auf die Kleinen und dazu gehörte auch, dass man bei den Mahlzeiten an ihrem Tisch saß. Angewidert sah ich ihnen zu, wie sie einander stießen und drängten, um zu ihren Plätzen zu kommen, und im Vorbeigehen von fremden Tellern Essen wegnahmen. Das Tischgebet sagten sie mit einem Auge auf dem Teller und das Amen klang noch im Raum, da stürzten sie sich schon darauf und schlangen ihr Essen direkt aus den Schüsseln hinunter, ohne Zuhilfenahme von Löffeln oder Gabeln.

»Schält eure Kartoffeln«, ordnete ich an. »Legt die Schalen an den Tellerrand und dann esst die Kartoffeln.« Verständnislos schauten sie mich an, schälten die Kartoffeln, wenn ich sie dazu zwang, aßen sie und aßen dann die Schalen. Ihre Gesichter zeigten deutlich, dass sie nicht begriffen, wozu das gut sein sollte. Ich gab auf.

Unser Essen war kümmerlich und keineswegs ausreichend, aber immerhin abwechslungsreicher als in meinem ersten Kloster. Schwester Viktoria aus der Küche und Schwester Helena aus der Wäschekammer gingen regelmäßig mit großen Säcken betteln und kamen manchmal mit interessanter Beute zurück, wie zum Beispiel großen Mengen von zerbrochenen Keksen oder Würsten, die nur einen ganz leichten Stich hatten.

An Sonntagen gab es immer eine kleine Überraschung, und wenn es etwas wirklich Gutes war, wie die Krapfen, die Schwester Viktoria an meinem ersten Sonntag hier auf den Tisch gezaubert hatte, dann steckte sie immer die Nase in den Speisesaal, um unsere Reaktion darauf zu sehen. Schwester Viktoria war die längste Klosterschwester, die ich je gesehen hatte. Sie war außerdem ungewöhnlich dunkel und knochig, mit langen Vorderzähnen in einem langen Gesicht und der unbestreitbaren Ähnlichkeit mit einem Pferd. Sie war sehr lustig, aber gleichzeitig sehr schüchtern, und wenn sie sich freute oder verlegen wurde, was beides sehr häufig passierte, dann stieß sie ein lautes, wieherndes Gelächter aus, dass die Fensterstöcke zitterten.

An dem Sonntag, als wir die mit Zucker glasierten Krapfen auf unseren Tellern fanden, warteten wir auf ihr schüchternes Erscheinen an der Tür, dann sprangen wir alle von unseren Sitzen, hoben sie in die Höhe und schleppten sie in die Mitte des Saals. Unter Rufen und Schreien und ihrem lauten Gewieher gelang es uns, sie bis zur Decke zu werfen und wieder zu fangen, bevor die Mutter Oberin hereinstürzte, ganz entsetzt über den höllischen

Krach. Beim Anblick von Schwester Viktorias Stiefeln, Größe 42, die in der Luft herumstrampelten, setzte sie sich an den nächsten Tisch und schlug die Hände vors Gesicht, bemüht, ihr Lachen zu verbergen. Wir drängten uns alle um sie und dankten ihr für das gute Essen und wieder hatte ich das Gefühl, in eine glückliche Familie aufgenommen zu sein.

Langsam vergingen die Wochen. Der Winter schien endlos. Wir waren übereingekommen, dass ich im Frühling getauft werden und zu Ostern zur Erstkommunion gehen sollte, zusammen mit der Gruppe der Sechs- bis Siebenjährigen und einem anderen Mädchen in meinem Alter, Teresa, die auch noch nicht getauft worden war. Teresa sah nicht jüdisch aus und der Grund, den sie angab, klang durchaus glaubwürdig. Aber ich beobachtete sie von diesem Tag an und versuchte, herauszufinden, ob sie wie ich war oder nicht. Dadurch zog ich mir ihre heftige Abneigung zu. Meine Aufmerksamkeit ging ihr auf die Nerven – offenbar war sie deutlich zu sehen –, aber ihre Ungeduld und Sprödigkeit reizten meine Neugier noch mehr. Wenn sie nichts zu verbergen hatte, warum ärgerte sie sich dann so über mich?

Schwester Zofia gab uns getrennt Unterricht und mir gefielen diese Stunden, die meistens zu hitzigen Diskussionen ausarteten, immer besser. Oft ließen wir meinen Katechismus liegen und unterhielten uns über Bücher, über neue Wörter, die ich entdeckt hatte, über ihren Ursprung und ihre Bedeutung. Wir verglichen, stellten gegenüber, debattierten, schlugen in Enzyklopädien nach und bemühten uns, vertraute Ausdrücke in neuem Zusammenhang anzuwenden. Es wurde mir zur Gewohnheit, lange Listen von Wörtern anzulegen, über die ich mir nicht ganz sicher war, und sie jede Woche zu meiner offiziellen

Stunde mitzubringen. Aber noch öfter ging ich irgendwann am späten Nachmittag, wenn ich wusste, dass Schwester Zofia allein war, zu ihr und klopfte an ihre Tür.

Wenn ich wieder fortging, schwirrte mir der Kopf von der Entdeckung neuer Welten. Es gab so vieles, was ich lernen konnte! Das Universum war randvoll mit Wundern. Wenn man nur genug Zeit hätte, um zu lernen, könnte man alles erfahren. Dem menschlichen Wissen schienen keine Grenzen gesetzt, das Gehirn konnte ohne Schranken alles aufnehmen. Schwester Zofia glaubte daran, dass wir nach dem Tod alles wissen würden, was es zu wissen gab, ohne Anstrengung, ohne vorausgehendes Lernen. Wir würden einfach das Universum schauen und es im selben Augenblick begreifen. Die Aussicht war atemberaubend, aber ich wollte alles *jetzt* wissen. Ohne das Wort der Schwester im Geringsten anzuzweifeln, hatte ich doch die Absicht, über diese Welt herauszufinden, so viel ich konnte und so lange ich noch darin war.

Eines Abends saßen Schwester Zofia und ich allein im leeren Speisesaal und unterhielten uns über ein Buch, das ich gerade zurückgebracht hatte. Es handelte sich um eine Biographie von Pasteur und meine Augen leuchteten vor Begeisterung. »Wenn ich groß bin, will ich Ärztin werden.«

Schwester Zofia lächelte und hob ihre Augen zur Decke, mit einem Ausdruck von »lieber du als ich«, der mich zum Lachen brachte. »Das ist sicher ein sehr edler Beruf und ich hoffe, du verzeihst mir, wenn ich mich nicht dafür begeistere. Für mich ist alles, was mit dem menschlichen Körper zu tun hat, einfach unerträglich. Der Körper widert mich an.« Und es schauderte sie.

Am Anfang dieser Woche hatte sie uns in der Biologiestunde ein paar Dias gezeigt und nach ein paar Beispielen von Blumen und Blättern sahen wir ein Bild von den menschlichen Atmungs- und Verdauungsorganen. Schwester Zofias Stimme änderte sich merklich, als sie über »unser inneres Leitungssystem« redete. Am Ende gab es ein paar ziemlich abstoßende, lebhaft bunte Bilder von der Verbreitung der Tuberkelbazillen in verschiedenen Organen. Wir fanden das sehr interessant, aber Schwester Zofia erbleichte plötzlich, drehte den Projektor ab und hastete aus der Klasse.

»Jetzt wird sie sich übergeben«, flüsterte Ela. »Sie kann den menschlichen Körper nicht ertragen. Sie verachtet ihn so. Ist dir nicht aufgefallen, dass sie immer ›Kadaver‹ sagt statt Körper?«

Es war mir aufgefallen, aber ich hatte es für einen Tick gehalten. Aufgefallen war mir auch, dass ihre Einstellung ansteckend war und dass die ältesten Mädchen ihrem eigenen Körper gegenüber die gleiche Verachtung zeigten. Ihre Brüste mit Gürteln niederzubinden, wenn sie tanzten, schien nur eines der Symptome. In Schwester Zofias Gegenwart brachte niemand einen Bissen hinunter, auch ich konnte nichts essen, wenn ich ihre ironischen Blicke auf mir fühlte. Niemand hatte sie jemals essen sehen, niemand sie je anders als in Ausdrucken größter Verachtung über Essen reden hören. Wenn Schwester Zofia dabei war, dann erschien einem das Essen geradezu als etwas Unanständiges. Das war eben eines der notwendigen Übel unseres Daseins. Und es zeigte, wie groß ihr Einfluss auf die Mädchen war, dass sie, die doch immer hungrig waren, diese Einstellung, wenn auch vielleicht nur oberflächlich, von ihr übernahmen. Wenn wir unter uns waren, dann drehte sich die Unterhaltung sehr oft ums Essen und vergangene Festessen wurden oft mit großen Details ausgemalt und beschrieben. Jedes Mädchen hütete wie einen

Schatz ein Foto, das an einem Frühlingstag vor dem Krieg in ihrem alten Heim in den Bergen aufgenommen worden war. In ihrem Sonntagsstaat standen sie da, lächelnd, und jede hielt eine kleine Orange in der Hand.

»Der Orangentag« wurde es genannt. Irgendein kirchlicher Wohltäter war mit einer Schachtel Orangen angekommen und jedes Kind hatte eine bekommen. Für viele war es die erste Orange ihres Lebens gewesen und niemand hatte seither noch einmal eine gegessen.

»Hast du jemals Orangen gegessen?«, fragten sie mich und nur ungern gab ich es zu. Orangen waren zu Haus vor dem Krieg etwas ganz Gewöhnliches gewesen und selbst letztes Jahr hatte Lydia uns noch welche gebracht. Ich hatte Orangen gegessen und Bananen und sogar – so unglaublich es auch klang – eine Ananas, aber das würde mir hier ohnehin niemand glauben, und ich erwähnte es lieber gar nicht.

An diesem Abend fragte mich Schwester Zofia im leeren Speisesaal, nachdem sie noch einmal ihrem Abscheu vor dem menschlichen Körper Ausdruck verliehen hatte, ob mein Vater vielleicht Arzt gewesen war.

»Was hat er denn sonst gemacht?«, fragte sie, als ich den Kopf schüttelte. »Erzähl mir von ihm.«

Ich zögerte. Außer zu Sophie hatte ich über meinen Vater noch zu niemandem gesprochen. Wie konnte man über seine Eltern sprechen mit jemandem, der sie nicht kannte? Wie beschrieb man die vertrautesten und natürlich auch die am meisten bewunderten und geliebten Menschen auf eine Art, dass der Zuhörende einem glaubte?

Langsam begann ich zu sprechen. Über unsere Stadt vor dem Krieg, über Mutter und Stefa, unser Haus, die Mühle, den Park ... Über meine Großeltern und Tante Helena, die sich umgebracht hatte, weil sie am Erblinden war, über Sigi, der Diabetes hatte und immer sein Judo an mir ausprobierte; über den neunmalklugen Richard, der fünf Sprachen sprach. Aber am meisten über meinen Vater.

Als ich zum Ghetto kam, begann meine Stimme zu brechen. Schwester Zofia drehte die Lichter ab, hob den Verdunklungsvorhang und öffnete das Fenster. Die Winternacht blies einen kalten Hauch in das stickige Zimmer und instinktiv rückten wir näher zusammen.

»Erzähl mir über das Ghetto«, sagte sie und lehnte den Kopf an den Fensterrahmen.

Ängstlich musterte ich ihr Gesicht. Wenn sie jetzt eine Spur von Abscheu zeigt, wenn meine Geschichte sie krank macht ... dann werde ich sie mein ganzes Leben lang hassen, dachte ich. Aber ich konnte nicht sehen, dass sich ihr Gesichtsausdruck verändert hätte, und bald wurde es auch zu finster. Ich erzählte, wie wir von einem Zimmer zum anderen zogen, ich redete von Vaters Krankheit, von seinem furchtbaren Husten, den Frostbeulen an seinen Füßen; von unserem Hunger und von den unzähligen Bettlern, die jeden Tag auf der Straße starben. Von Mutters Fehlgeburt und Rosas Baby; von der armen Rachel und dem verrückten, schreienden Elias; von Frau Kraut. Und den letzten schrecklichen Tagen im Keller. Und von meiner Flucht aus dem Ghetto vor etwas über einem Jahr und von Vaters Briefen, die letzten Herbst so mysteriös aufgehört hatten.

Die Worte flossen aus mir heraus wie Blut, stoßweise, heiß und verworren. Über den Rücken lief mir der Schweiß, meine Hände waren kalt und klamm, aber mein Kopf brannte. Als ich aufhörte, ganz benommen vor Müdigkeit, spürte ich nichts mehr als eine ungeheure Erleichterung. Der Abszess war aufgebrochen, die riesige Last von Lügen und Ängsten, die ich die ganze Zeit getragen hatte, hinweggewaschen. Ich lehnte mich zurück an die Wand, die Augen zu, und fühlte mich vor Glück ganz leicht.

Schwester Zofia blieb lange Zeit reglos stehen und starrte in die verschneite Nacht hinaus. Der Wind, der ihren Schleier aufbauschte, war noch immer scharf, aber in seinem Atem lag schon eine Ahnung von vorfrühlingshafter Milde. Irgendwo schmolz schon der Schnee, die im Eis gefangenen Flüsse sprengten ihre Fesseln, die Erde erwachte von ihrem langen Schlaf. Die Freiheit nahte. Zum ersten Mal wusste ich ohne jeden Zweifel, dass das Ende des Krieges nahe war.

»Dein Vater muss ein wunderbarer Mann sein. Ich hoffe, ihn kennen zu lernen ... und deine Mutter auch, und bald.«

»Sicher werden Sie das«, versprach ich. »Ich bringe sie beide zu Ihnen, wenn sie nicht zuerst hierherkommen, zu mir.«

»Ich werde dich daran erinnern«, sagte sie lächelnd und strich mir mit einer ungeschickten Bewegung übers Haar. Dann sah sie, verlegen über diese ungewohnte Zärtlichkeit, auf ihre Uhr und rief entsetzt: »Schon Mitternacht vorbei! Um Himmels willen! Ins Bett mit dir, schnell!«

Ich lachte und rannte hinauf und fühlte mich so leicht wie eine Feder. »Ich liebe Schwester Zofia«, sang ich lautlos und warf in dem dunklen Schlafsaal die Kleider ab. »Ich liebe sie, verehre sie, bete sie an. Wie gut hat sie ihren Namen gewählt!«

Ich lag auf dem Rücken, die Beine gerade ausgestreckt, die Hände über der Brust gekreuzt. Schwester Zofia hatte einmal bemerkt, dass wir, für den Fall, dass wir in der Nacht starben, in dieser Haltung schlafen sollten. »Ihr wollt doch nicht in einer unschönen Lage vor Gottes Thron erscheinen, oder?«

Eigentlich glaubte ich nicht, dass der liebe Gott beleidigt wäre, wenn ich auf dem Gesicht liegend vor ihm erschien, aber Schwester Zofia hätte es gern gesehen, wenn wir wie die Statuen in den alten Königsgräbern schliefen, und um ihr einen Gefallen zu tun, war ich bereit, mich in Stein zu verwandeln.

13

Anfang März wurde das ganze Haus von einer Grippeepidemie heimgesucht. Eine nach der anderen legte sich nieder, die Schwestern und die Mädchen, aber sie mussten so bald wie möglich wieder aufstehen, um die nächsten Opfer zu versorgen. Die Kleinen erwischte es am schlimmsten und wir lösten einander als Nachtwachen in ihrem Schlafsaal ab. Als ich an der Reihe war, nahm ich die Öllampe und ein Buch und schlich auf Zehenspitzen durch das schlafende Haus. In den Gitterbetten und auf den harten Holzbetten warfen sich die Kleinen mit scharlachroten, angeschwollenen Gesichtern unruhig hin und her. Wenn ich mich über sie beugte und ihr Bettzeug zurechtzog, konnte ich spüren, wie von jedem kleinen Körper eine Hitzewelle aufstieg wie von einem glühenden Ofen. Ich setzte mich auf ein leeres Bett, hörte ihrem rasselnden Atmen zu, wartete auf einen Hustenanfall bei einer der Kleinsten, deren Lungen ohnehin nicht in Ordnung waren, und hoffte, dass keines von ihnen gerade jetzt einen Erstickungsanfall bekäme oder gar sterben würde.

Franka warf sich im Fieberdelirium in ihrem Bett herum, ich setzte mich zu ihr und bemühte mich, sie festzuhalten. Ihr kupferrotes Haar, von der Krankheit unberührt, stand wie ein feuriger Heiligenschein um ihr scharlachrotes Gesicht. Plötzlich richtete sie sich auf, fixierte mich mit weiten, blicklosen Augen, sagte sehr klar und deutlich: »Mein Name ist Sarah«, sank zurück und fiel in tiefen Schlaf.

Ich schaute mich schnell um, aber sonst war niemand so weit bei Bewusstsein, um gehört zu haben, was sie gesagt hatte. Ich zog ihr die Decke bis zur Nase und klopfte sie auf den Po. »Du bist Franka, mein Kind, vergiss das ja nicht.«

Ein paar Tage später lag ich selber im Bett, zusammen mit den meisten anderen älteren Mädchen. Wir dösten vor uns hin, gelangweilt, bedrückt von unserer Untätigkeit, aber zu schwach, um aufzustehen. Plötzlich kam ein Trampeln von genagelten Stiefeln vom Stiegenhaus, ein Rat-Tat-Tat an der Tür, und Vater Cäsar brach mit Freudengeheul herein. Wir quietschten, und während die eine Hälfte von uns in den Betten aufsprang, versteckte sich die andere Hälfte unter weiterem, Verschämtheit andeutenden Quietschen unter den Bettdecken.

Vater Cäsar, ein junger Franziskaner, war ein Freund des Hauses, er kam regelmäßig zu uns auf Besuch, um uns aufzuheitern. Er sang, gab uns Rätsel auf, erzählte Geschichten, organisierte lärmende Spiele, jagte uns unter dem ohrenbetäubenden Rattern seiner Stiefel die Stiegen hinauf und hinunter, sprang sogar über unsere Pulte, bis sich die Anstalt unter uns beklagte, dass die Decke auf sie stürze. Jetzt verkündete er, er wolle einen Krankenbesuch abstatten, setzte sich auf einen Tisch, kreuzte die Beine wie ein Türke und schlug die Soutane sorgfältig rund um sich ein. Er hatte einen großen Strauß Feldblumen, den er sich ungeschickt zwischen die Knie steckte.

»Tut mir leid, dass ich euch nichts Interessanteres mitgebracht habe. Die habe ich heute Morgen selbst gepflückt. Ihr bekommt jede eine Blume, aber dazu müsst ihr unter diesen Decken herauskommen«, lockte er und schaute auf ein paar zappelnde Deckenhaufen. »Kommt, kommt«, drängte er. »Zeigt nur eure Gesichter. Ihr wisst, ich hab sie schon öfter gesehen, und es hat mir nicht allzu sehr geschadet. Einmal werde ich den Anblick schon noch überstehen.«

Die Häufchen krümmten sich und ächzten vor Entsetzen.

»Bitte, bitte, nur die Gesichter«, bettelte Vater Cäsar, kam von seinem Tisch herunter und schritt zum nächsten Bett. »Komm, Martha, ich weiß, dass du da bist, ich habe dich gesehen. Mädchenhafte Scheu ist was Schönes, aber man muss ja nicht gleich daran ersticken.«

Damit nahm er einen Zipfel der Decke und zog daran. Marthas scharlachrotes Gesicht tauchte kurz auf, in geheucheltem Schreck laut quietschend, und sie kämpfte, um sich wieder zu verstecken. Vater Cäsar steckte ihr lachend ein Gänseblümchen ins Haar, als plötzlich die Tür aufflog und Schwester Blanche hereinmarschierte.

Im Nu war unser Gelächter erstorben. Vater Cäsar drehte sich um, sein Gesicht wurde nüchtern. Auf einmal sah er aus wie ein Schuljunge, den sein Direktor im Kino erwischt hat.

»Vater Cäsar!« Die Empörung in der Stimme der Schwester ließ uns alle erzittern und schweigend glitten wir unter unsere Decken und versteckten unsere Gesichter. Mit gesenktem Kopf verließ Vater Cäsar den Raum. Mit einem gezischten »Schämt euch!!« in unsere Richtung fegte Schwester Blanche hinter ihm hinaus.

»Wir werden ihn nie wieder sehen«, sagte eine traurige

Stimme. Und wir sahen ihn auch nicht mehr, jedenfalls nicht, solange wir noch in Warschau blieben.

Gereizt fragte ich mich, warum wir ihn denn eigentlich »Vater« nennen mussten, wenn er sich nicht wie ein Vater benehmen durfte. Und warum wir in unseren zeltartigen Nachthemden »unanständig« waren, in unseren knappen Kleidchen aber nicht.

Schwester Blanche, die Schwester Adele in der Krankenabteilung ablöste, war als Einzige von den Schwestern schon als Kind im Kloster gewesen, bevor sie den Schleier genommen hatte. Sie jagte mir genauso viel Angst ein wie allen anderen auch. Es hieß, sie konnte einem sogar wehtun, wenn sie nur die Temperatur maß, und die Mädchen litten lieber schweigend und warteten, bis Schwester Adele zurück war, bevor sie Schwester Blanche um Hilfe baten bei ihren Schiefern und ihren Abszessen. »Sie ist hart wie Stein«, lautete die allgemeine Meinung und ich hoffte, ich würde nie etwas mit ihr zu tun haben.

Die Mutter Oberin brachte mir von Erich ein Esspaket, was meine Rekonvaleszenz verschönerte, und einen Brief, in dem stand, dass »zu Hause« alles in Ordnung sei. Seit meiner Ankunft hier hatte die Mutter Oberin Erich regelmäßig einmal im Monat besucht, meine Briefe an ihn abgeliefert und mir zurückgebracht, was ich brauchte. Er fragte sie nie, woher sie kam.

In dieser Zeit fand ich auch heraus, warum das Essen in meinem ersten Kloster so gräulich gewesen war. Die Deutschen hatten verlangt, dass die ältesten Mädchen als Zwangsarbeiterinnen nach Deutschland gingen. Die Schwester Oberin weigerte sich, sie herzugeben. Darauf drohten die Deutschen mit dem Entzug sämtlicher Lebensmittelkarten. Die Schwester Oberin blieb fest und die Karten wurden eingezogen. Von da an war das Kloster buchstäblich auf sich selbst gestellt, verkaufte die meisten eigenen Erzeugnisse, um die notwendigen Grundnahrungsmittel dafür einzuhandeln, und gegessen wurde nur, was zum Verkaufen zu schlecht war. Aber die Alte Garde war in Sicherheit.

14

Der Frühling kam. Eine Woche vor Ostern ging ich mit Schwester Zofia zu einem Kinderheim irgendwo am anderen Ende von Warschau, wo ein ungeheuer alter und zittriger Priester mich taufte. Schwester Zofia, meine Taufpatin, hängte mir ein silbernes Medaillon um den Hals und drückte mich unerwartet an sich. Nachher, während sie draußen im Korridor wartete, kniete ich nieder und beichtete alle Sünden, die meine Taufe gerade von mir abgewaschen hatte.

»Das ist nur eine Vorsichtsmaßnahme«, hatte Schwester Zofia vorher erklärt. »Auf diese Weise brauchst du unserem Kaplan nächste Woche nicht sagen, dass du zum ersten Mal beichtest. Wir wollen ihn nicht überflüssigerweise neugierig machen.« Ich stimmte ihr zu. Ich fand unseren Kaplan so unausstehlich, wie ich das bei einem Gottesmann gerade noch wagte. Er hatte eine rundliche Figur, einen hochroten Kopf mit blitzblanken, hellblauen Augen, die ihm unter farblosen Brauen leicht vorstanden. Er war erst in Warschau zum Kaplan des Klosters ernannt worden und nicht mit in den Bergen gewesen. Daher behandelte man ihn auch wie einen Fremden. Sein Benehmen machte die Sache unglücklicherweise nicht besser. Es war offenkundig, dass er sich bei Kindern nicht wohl fühlte und dass er – mit einigem Grund – überzeugt war, der Weg zu unseren Herzen ginge nur durch unsere Mägen. Deshalb zog er, wenn wir einander zufällig begegneten, automatisch eine Hand voll Bonbons aus der Tasche und verteilte sie irgendwie und eilte dann hinweg mit dem zufriedenen Gesichtsausdruck eines Menschen, der soeben seine tägliche gute Tat vollbracht hat. Die Bonbons waren immer schon halb geschmolzen und mit Bröseln und Tabak verklebt. Und obwohl wir so hungrig waren, gaben wir sie immer den Kleinen, die alles verschlangen, was nur irgend essbar war.

Sogar in der Kirche dachte unser Kaplan ans Essen. In seinen Predigten, die er in einem monotonen Geleier vortrug, mit automatischen, abgerundeten Bewegungen seiner pummeligen Hände, kam immer etwas über Essen und Nahrung vor.

»So wie das Essen nötig ist für euren Leib, genauso ist die geistliche Nahrung nötig für eure Seele.«

Wie oft hatte ich diese Worte aus dem fetten, rosa Mund babbeln gehört, wie kleine Seifenblasen aus einem Strohhalm. Zur Begleitung unserer knurrenden Mägen ließ er sich des Langen und Breiten über dieses appetitanregende Thema aus und bemerkte weder unsere steinernen Gesichter noch das kannibalische Glimmen in den Augen der Kleinen. Sabbernd starrten sie ihn an, als wäre er eine große Puppe aus rosa Marzipan. Ich war sicher, dass sie leidenschaftlich gern ein bisschen an ihm geknabbert hätten, nur um zu sehen, ob er süß schmeckte.

Nein, es war sicher klüger, ihm nichts zu sagen. An Schwester Zofias Hand marschierte ich durch die belebten Straßen von Warschau und sog die scharfe Frühlingsluft ein. In den Parks öffneten sich die Fliederknospen. Das frische Gras spross, der Himmel war unendlich hoch, blass und rein, mit kleinen Federwölkchen, die einander jagten wie kleine Lämmer. Jetzt konnte mir niemand wehtun. Ich war getauft und hatte die Absolution empfangen. Wenn ich jetzt starb, dann würde ich zum Himmel auffahren wie eine Rakete. Nie wieder konnte ich einen solchen Zustand von Gnade und Reinheit erreichen. Meine Seele war weiß und fleckenlos. Ich hatte natürlich den festen Vorsatz, nie eine Todsünde zu begehen, aber selbst eine lässliche Sünde würde einen kleinen Fleck auf meiner frisch geputzten Seele hinterlassen und ich wollte sie gern so lang als irgend möglich weiß lassen. Vielleicht für immer, wenn ich wirklich aufpasste ... Zugegeben, sogar ein Heiliger beging Sünden – waren es siebenundsiebzig pro Tag? –, aber ich konnte doch sicher versuchen, meine auf ein Minimum zu beschränken.

Schließlich hatte ich wirklich besonderes Glück. Die meisten Leute wurden getauft lange, bevor sie verstanden, was das hieß, während ich im Stande war, das Sakrament in seiner vollen Bedeutung zu erfassen, und versuchen konnte, die Forderungen, die dadurch an den Menschen gestellt wurden, zu erfüllen. Mein Kopf schwamm. Ich fühlte mich trunken von der Frühlingsluft, von der plötzlichen Freiheit der Bewegung, der Freiheit von Angst und der überwältigenden Freude darüber, dass ich endlich zur christlichen Kirche gehörte.

Vor einem großen, grauen Gebäude blieb Schwester Zofia stehen. »Gehen wir Schwester Blanche besuchen. Sie hat letzte Woche eine schwere Operation gehabt, sie wird sich über unseren Besuch freuen. Und dann hast du auch eine Ausrede für die Mädchen zu Hause. Wenn sie dich fragen, wo du warst, kannst du sagen, wir haben Schwester Blanche besucht. Dann brauchst du nicht gleich nach deiner Beichte lügen.«

Wir fanden Schwester Blanche mitten in einem langen Krankensaal, wo die Betten einander beinahe berührten. Sogar im Mittelgang war noch eine zusätzliche Reihe von Betten aufgestellt. Die Frühlingssonne, die durch die hohen Fenster hereinströmte, verlor ihre ganze Fröhlichkeit in diesem schwer lastenden Krankengeruch. Ich starrte herum, hatte Angst, dass ich mich übergeben müsste, und noch mehr Angst, dass ich vielleicht im nächsten Bett ganz plötzlich etwas so Grässliches sehen würde, dass ich zu schreien anfing. Aber es gab gar nichts zu sehen. Die Patienten lagen, bis zur Brust fest zugedeckt, ruhig da, lasen, schliefen oder tratschten mit ihren Nachbarinnen.

Als Schwester Zofia an ein Bett trat, sah ich seine Insassin verblüfft an. Ohne ihre Haube und ihren Schleier hätte ich Schwester Blanche nie erkannt. Ihr Gesicht sah größer und kräftiger aus, die hohen Wangenknochen und das eckige Kinn wirkten beinahe männlich. Aber am meisten überraschte mich der dicke graue Zopf, der auf der Decke lag und fast bis zu ihren Knien reichte. Ich hatte immer gedacht, dass ihr Kopf geschoren war. Aber vielleicht schoren sie einem das Haar nur am Anfang und dann durfte man es wieder wachsen lassen.

Schwester Zofia schien unter der allgemeinen Atmosphäre genauso zu leiden wie ich. Sie konzentrierte sich auf Schwester Blanche mit der Verzweiflung eines Menschen, der tief atmet, um sich nicht übergeben zu müssen. Schwester Blanche beschrieb uns haarklein, was sie durchgemacht hatte, und fügte eine lange Liste von Beschwerden hinzu, ohne zu merken, dass wir beide blasser und blasser wurden.

Sie war wegen einer »Wanderniere« operiert worden, und obwohl sie selber die Wunde nicht sehen konnte, hatte sie doch das Gefühl, man hätte ihren Rücken von ganz unten bis hinauf zu den Schulterblättern aufgeschnitten. »Diagonal«, flüsterte sie. »Wo haben sie denn die Niere gesucht, das würde ich gern wissen. Sie kann doch nicht bis zur Brust gewandert sein? Und jetzt muss ich immer auf dem Rücken liegen, auf dieser furchtbar schmerzenden Stelle. Wenn ich auf dem Bauch liege, ersticke ich. Und die Schwestern sind so grob.« In diesem Augenblick kamen zwei junge Krankenschwestern näher und sie winkte sie ungeduldig zu sich. »Ich rutsche, würden Sie mich bitte wieder hinaufheben.«

Sie beugten sich über sie, verschränkten ihre Hände hinter ihrem Rücken und hoben sie langsam auf die Kissen hinauf. Schwester Blanche stöhnte und grub ihnen die Nägel in die Arme, aber die beiden lächelten und sagten »Sch!« zu ihr wie zu einem Kind.

Als sie fort waren, schaute Schwester Blanche triumphierend zu uns auf. »Habt ihr das gesehen? Kein Herz, kein Mitleid, nicht die geringste Rücksicht auf den Patienten. Ich bin nichts als ein weiterer Klumpen im Bett.«

Schwester Zofia war kreidebleich geworden, atmete schnell, auf ihrer Stirn standen Schweißperlen. Die alte Frau im Nebenbett streckte plötzlich einen Fuß unter den Decken hervor. Die große Zehe war schwarz. Ich starrte sie an.

»Gangrän«, flüsterte sie und hielt uns das Ekel erregende Ding zur Inspektion hin.

Schwester Zofia packte mich an der Hand. »Wir müssen gehen«, brachte sie durch zusammengebissene Zähne heraus, zog mich hinter sich her und verließ im Laufschritt das Zimmer.

Draußen lehnte sie sich an eine Wand, die Augen geschlossen, atmete tief und presste die Hände auf den Bauch. »Gott erbarme sich unser«, stammelte sie endlich.

»Ich könnte nie in einem Krankenhaus arbeiten. Und du?«, fragte sie, während langsam wieder etwas Farbe in ihr Gesicht kam. »Wie steht's mit deinen Zukunftsplänen?«

»Ich werde mich sicher daran gewöhnen«, murmelte ich. »Und wenn ich Ärztin bin, dann werde ich Ihren Hals gesund machen.«

Schwester Zofia sah mich verwundert an, dann lachte sie mit ihrer schrecklich heiseren Stimme. »Danka, ich hoffe, nicht alle deine Pläne sind so unerfüllbar wie dieser. Ich danke dir, das Angebot ist sehr lieb, aber bei meiner Stimme ist wirklich nichts mehr zu machen.«

Tief enttäuscht sah ich sie an. In meiner heutigen Stimmung war mir nichts unmöglich. Ich hätte Wunder wirken können.

»Was ist denn eigentlich los damit?«, fragte ich, sowohl meine gute Kinderstube als auch meinen ungeheuren Respekt vor Schwester Zofia vergessend, die mir beide hätten verbieten sollen, eine derart persönliche Frage zu stellen.

Stirnrunzelnd sah sie mich an, dann nahm sie meine Hand und wir machten uns auf einen raschen Marsch durch die belebte Straße. »Ich habe mir die Stimmbänder gebrochen, schon vor Jahren«, sagte sie plötzlich und ihre Stimme, die normalerweise überhaupt kein Timbre hatte, klang jetzt viel tiefer vor unterdrücktem Gefühl. »Ich hatte eine gute Stimme, Gott vergebe mir meine Eitelkeit, ich habe oft mit einem großen Chor in Kirchen gesungen, oft als Solistin. Ich sang aus ganzem Herzen und aus ganzer Seele; das ist lang her, als ich noch jung war. Ich strengte meine Stimme zu sehr an und eines Tages brach sie. Und jetzt krächze ich nur noch, sobald ich den Mund aufmache, und mir graut vor meiner eigenen Stimme. Aber das ist ein Teil meines Körpers, das ist nur meine physische Stimme, das ist nichts Wichtiges. Wenn ich mit ihr nicht den Herrn preisen kann, dann kann ich es auf andere Arten.«

Ich war nicht überzeugt. »Aber die Ärzte ... hätten sie denn nichts tun können? Kann man wirklich nichts mehr machen?«

»Die Ärzte rieten mir eine lange Kur in einem warmen Klima. Sie verschrieben mir eine Reise nach Italien oder Südfrankreich.« Sie zuckte die Achseln und lächelte ironisch.

»Ja und, warum sind Sie nicht gefahren? War das denn nicht wichtig? Sehr wichtig?«

Sie lachte. »Wirklich, Danka, du musst diese Dinge mit etwas mehr Verstand ansehen. Du kannst doch nicht wirklich glauben, dass mein armer Orden dafür Geld ausgeben würde, dass ich – oder irgendeine andere Nonne – meinen Hals in Südfrankreich ausheilen kann, oder in Italien? Wir sind nicht reich, das weißt du doch. Es wäre eine Sünde gewesen, das bisschen, was wir haben, auf diese frivole Art zu verschwenden. Wenn sie es mir angeboten hätten, hätte ich es nicht angenommen. Aber davon war ohnehin keine Rede. Und es war jedenfalls der Wille Gottes. Vielleicht hatte ich mir auf meinen Gesang zu viel eingebildet, deshalb hat Er in Seiner Weisheit mir die Stimme genommen, um mich nicht weiter in Versuchung zu führen? Wer weiß? Es steht uns nicht zu, Sein Wirken in Frage zu stellen.«

Darüber zerbrach ich mir den Kopf, bis wir zu Hause waren. Trotz Schwester Zofias offensichtlicher Aufrichtigkeit lehnte ich mich auf, ich konnte es nicht schlucken, wie sie ihren Verlust so ohne weiteres akzeptierte. Was war mit dem Gleichnis von den Talenten? Wenn Gott dir ein Talent geschenkt hat – ich setzte die Münze mit der Begabung gleich, der Unterschied in der Bedeutung fiel mir nicht auf –, wenn du mit einem Talent auf die Welt gekommen bist, ganz egal, welchem, war es dann nicht deine Pflicht, es zu hüten und zu entwickeln und dann zum Ruhme Gottes zu benutzen? War es denn nicht falsch, die Gabe Gottes zu vernachlässigen, zu verschleudern oder durch Nachlässigkeit verkommen zu lassen? Ich dachte an meine eigenen Eltern, die so besorgt gewesen waren, um mir Gesundheit und Leben zu erhalten, und das bisschen Begabung, das ich hatte, zu entwickeln. Taten denn katholische Eltern für ihre Kinder nicht dasselbe?

15

Am Ostersonntag war die Atmosphäre in unserem Haus engelhaft. Seit Tagen hatten wir uns auf das große Fest vorbereitet. Jedes Mädchen hatte heimlich jede Nonne aufgesucht, die sie im letzten Jahr vielleicht gekränkt hatte, und sie um Verzeihung gebeten. Alte Differenzen wurden beigelegt, Feinde schüttelten einander die Hände und schworen sich ewige Freundschaft. Wir versuchten, einander an Güte und Hilfsbereitschaft zu übertrumpfen. Am Sonntag grüßten wir einander mit »Christ ist erstanden«, anstatt des sonst üblichen »Gelobt sei Jesus Christus«, und liefen hinunter zu den Kleinen, um ihnen beim Anziehen zu helfen. Teresa und ich trugen knöchellange Kleider aus schwerem weißen Leinen, an Schultern und Hüften gesmokt. Mit wenig Grazie hingen sie an unseren dünnen Figuren. Schleier hatten wir keine, nur ein Kränzchen aus Asparagus und weißen Nelken im Haar.

Die Mutter Oberin gab mir ein wunderschönes Gebetbuch mit einem glänzenden weißen Einband. Schwester Margareta schickte einen weißen Rosenkranz. Einige Mädchen schenkten mir Heiligenbilder mit frommen Widmungen auf der Rückseite. Schnell sammelte ich alle die Schätze eines katholischen Kindes und jedes Geschenk machte mich noch ein bisschen glücklicher.

Die kleine Kapelle war angefüllt mit weißen Blumen und hohen Kerzen. Vor uns die Gruppe der kleinen Erstkommunikanten in ihren weißen Kleidern und Schleiern, mit kleinen Frühlingsblumensträußchen in der Hand, sah ganz verwandelt aus. Ich sah forschend in ihre Gesichter und war überrascht, wie ernst sie alle waren. Mit den großen Schleifen auf ihren Köpfen, gekrönt von weißen Blumen, verschleiert und schweigend, sahen sie wie eine ganz unbekannte Gruppe von Kindern aus. Schwester Adelaida zündete ihre Kerzen an und ermahnte sie noch einmal, sehr vorsichtig zu sein und die Flammen nicht an ihre Schleier zu bringen. Die Messe begann.

Im Gedränge in der kleinen Kapelle bemühte ich mich sehr, mich auf den Gottesdienst und auf meine Gebete zu konzentrieren, aber meine Aufmerksamkeit schweifte ab. Ich wusste, dass ich viel aufgeregter und glücklicher hätte sein sollen, da ich jetzt endlich zur Kommunion ging, aber plötzlich war ich mir meiner Gefühle nicht mehr so sicher. Wenn nur jemand aus meinem anderen – meinem wirklichen Leben hier sein könnte, dachte ich. Erich oder die Buben oder Sophie oder am liebsten natürlich, obwohl dazu ein Wunder hätte geschehen müssen, meine Eltern. Aber es gab keine Wunder.

Wenn ich in den vorhergegangenen Wochen doch nur meine Vorfreude mit den anderen hätte teilen dürfen, mit den anderen Mädchen darüber hätte sprechen können, dann hätte ich jetzt vielleicht mehr empfunden. Aber nach dem erzwungenen Schweigen und dem Heimlichtun wegen meiner Taufe und den halb geheimen Vorbereitungen für die heutige Feier hatte ich das Gefühl, dass mir etwas Wesentliches entgangen war.

Das alles war eine Privatangelegenheit zwischen mir und Gott und ich hoffte, Er würde mir ein Zeichen geben,

Er würde mich auf irgendeine Weise seine Gegenwart spüren lassen, bevor die Messe aus war, um mir zu zeigen, dass ich nicht ganz allein war.

An der Altarbank gab es kein Zeichen. Kein blendender Lichtstrahl, keine plötzliche Musik in meiner Seele. Die Stimme des Kaplans ratterte dahin wie üblich, seine pummeligen Hände führten den Leib des Herrn an meinen Mund und ich ging damit in meine Ecke zurück, unfähig, hinunterzuschlucken. Ich vergrub das Gesicht in meinen Händen und betete aus ganzer Seele darum, dass irgendetwas geschähe. Als ich nach langen Minuten meine Augen wieder öffnete, fiel mein Blick als Erstes auf eine leuchtend gelbe Flamme, die senkrecht vom Kopf der kleinen Alice aufstieg. Die Satinschleife in ihrem Haar hatte Feuer gefangen und loderte jetzt auf, unbemerkt von all den gesenkten Köpfen um sie. Ich starrte sie an wie gelähmt. Sollte ich aufspringen, mich durch die Menge drängen? Ein Teil von mir drängte mich, zu handeln, der andere Teil hatte Angst, die anderen zu stören. Mein Zögern dauerte nur eine Sekunde. Aber bevor ich mich entscheiden konnte, stürzte schon Schwester Adele nach vorn und erstickte die Flamme in ihren Händen. Die anderen Kinder rührten sich kaum. Die meisten von ihnen, darunter auch Alice, hatten gar nicht bemerkt, was passiert war.

Als die Messe zu Ende war, blieb ich noch und betete inbrünstig. Ich betete für meine Eltern, tat zahlreiche Gelübde, weihte mein Leben und alle meine zukünftige Arbeit als Gegenleistung, wenn sie nur überlebten. Ich war zu jedem Opfer bereit. Wenn ich sterben müsste, dann war ich auch damit einverstanden, wenn ich sie nur einmal vor meinem Tod noch sehen durfte. Ich flehte, handelte, überredete, schmeichelte und stand endlich auf, um zu gehen, ohne mich sicherer zu fühlen als zuvor.

Als ich mich an der Tür zu einer letzten Kniebeuge umwandte, sah ich in der entferntesten Ecke des Raumes noch einen anderen Menschen im Gebet vertieft und ich wusste, dass Schwester Zofia mit mir gebetet hatte. Und dieses Wissen füllte mich plötzlich mit Frieden und dem Vertrauen, das ich in meinen eigenen Gebeten vergeblich gesucht hatte. Ruhig und glücklich ging ich in den Aufenthaltsraum, genauso, wie man sich – meiner Vorstellung nach – nach der Erstkommunion zu fühlen hatte.

16

Der Sommer kam sehr schnell und brachte drückende Hitze in die Stadt. Der kleine Platz hinter unserem Hof wurde in einen Gemüsegarten umgewandelt und wir durften dort spielen. Ich bekam einen großen Strohhut, ein flappendes Wagenrad, das mein Gesicht vor zufälligen Blicken von Leuten aus den Nachbarhäusern verbarg. Ich muss wie ein Pilz auf zwei Beinen ausgesehen haben, wenn ich zwischen den Beeten herumging oder auf einer Decke lag und heimlich die Fenster rundherum beobachtete. Neugier verzehrte mich. Was ging hinter diesen weißen Rüschenvorhängen vor? Wer lebte dort, was taten sie? Ich sehnte mich nach einem Blick ins gewöhnliche Leben, auf eine Familie, auf Frieden und Sicherheit in einer Welt, in der man nicht um seinen Platz kämpfen musste.

Aber mittlerweile näherte sich uns ein Kampf von anderer Art. Die Ostfront rückte immer weiter nach Warschau vor. Die Deutschen waren auf dem Rückzug. Wir trauten unseren Augen nicht, wenn wir sie auf Bauernleiterwagen, auf denen sich ihre Bündel stapelten, westwärts ziehen sahen. Zugladungen voll verwundeter Soldaten waren ständig auf der Reise von Osten nach Westen. Jeden Tag aufs Neue starrte die Bevölkerung verständnislos auf die Hinrichtungen an den Straßen, auf die Verhaftungen und Deportationen, die von Tag zu Tag blutrünstiger wurden. Aber das Blut war auf dem Pflaster noch nicht trocken, da erschienen schon, den deutschen Wachen zum Trotz, frische Blumen, um die Stelle zu bezeichnen, wo ein Märtyrer sein Leben gelassen hatte, und unsichtbare Pinsel malten an die Wände, dass jedes Opfer gerächt und jeder Tote gezählt würde und der Tag der Vergeltung nahe sei.

Fast jede Nacht kamen die Bomber und warfen ihre Last über der wartenden Stadt ab. An Schlaf war nicht mehr zu denken. Voll angekleidet, lagen wir wartend auf unseren Betten und flüsterten nervös miteinander. Manchmal fielen die Bomben schon, bevor die Sirenen heulten, dann rasten wir wie verrückt in den Schlafsaal der Kleinen, wo jeder von uns seinen Schützling hatte. Wir weckten sie auf, wickelten sie in ihre Decken und zerrten die schreienden und strampelnden Kinder über die endlosen steinernen Stufen hinunter in den Keller.

In dieser Zeit wurde mir Franka so verhasst wie ich ihr wohl auch. Sie war jetzt ein großes, kräftig gebautes Kind, dem die Bomben überhaupt nichts machten, und trotz des Höllenlärms wollte sie um keinen Preis aufwachen. Aber sie war viel zu schwer, als dass ich sie hätte tragen können, und so kämpften wir jede Nacht in dem finsteren Raum einen verzweifelten Kampf miteinander, während draußen die Bomben pfiffen und explodierten, die Flugzeuge im Tiefflug dahinschossen und das trockene Tocktock der Flak unsere Fenster erschütterte.

Immer wenn es mir gelungen war, sie aufzurichten und in die Decke einzuwickeln, sank sie wieder aufs Bett zurück und wollte sich nicht vom Fleck rühren. Vor Wut schon fast schluchzend, zog ich sie durchs schwarze Stiegenhaus, wo ein paar Stöße gegen das Geländer sie plötzlich weckten. Dann rannte sie schreiend bis hinunter und zog mich hinter sich her. Unten im Keller kroch sie sofort in eine Ecke und schlief wieder ein und ich nahm ein anderes Kind auf meinen Schoss und tröstete es bis zur Entwarnung.

Manchmal gelang es Ela, Vera und mir, nach dem Lichtabdrehen oben zu bleiben, in einem der vorderen Zimmer. Wir öffneten die Verandatüren und krochen auf den winzigen Balkon, von dem man auf die Straße blicken konnte. Dort blieben wir auf dem Bauch liegen und unterhielten uns flüsternd über die bevorstehende Schlacht. Manchmal konnten wir das Artilleriefeuer vom anderen Ufer der Weichsel hören, das tiefe Dröhnen und die gedämpften Explosionen, und wir fragten uns, ob die Russen nicht vielleicht heute Nacht den Fluss überqueren würden. Um keinen Preis der Welt wollten wir das versäumen, also blieben wir oben, bis ein weiterer Luftangriff uns die Stiegen hinunterscheuchte.

Einmal allerdings war es mir gelungen, auf dem Balkon zu bleiben. Der Luftangriff hatte so plötzlich begonnen, dass ich mich nicht fortwagte. Trauben von phosphoreszierenden Lichtern, blendend weiß, schwebten in unsere Straße hinunter und verwandelten die Nacht in strahlenden Tag. Die Bomben kamen, nachdem die Lichter und Feuersträuße über den dunklen Umrissen der Gebäude aufgeschossen waren. Hoch oben auf dem schwarzen Himmel wurde plötzlich ein winziges Silberflugzeug von den Scheinwerfern aufgespießt. Einen kurzen Augenblick lang hing es so, von einem Dutzend gekrümmter Lichtbogen festgehalten, wie ein silberner Stern oben auf einem gotischen Bogen in einer riesigen Kathedrale. Dann verschwand es, die Bogen fielen in sich zusammen, überkreuzten sich, streiften den Himmel ab und suchten nach einem anderen Stern, der sie wieder aufrichten würde.

Ich betete für das Leben des Piloten, und dann, als die

Bomben immer näher fielen, auch für unser eigenes. Es wäre schrecklich, jetzt, wo das Ende so nahe war, noch getötet zu werden.

Tagsüber verfolgte ich neugierig die merkwürdigen Vorgänge in dem leeren Flügel unseres Hauses. Junge Mädchen waren hier aufgetaucht, die die leeren Böden schrubbten und fegten, die Wände weiß anstrichen und putzten, was an Fenstern noch übrig war. Vergeblich bestürmten wir unsere Schwestern mit Fragen; sie waren anscheinend genauso neugierig wie wir.

»Vielleicht zieht eine neue Anstalt hier ein«, sagte die Mutter Oberin eines Tages. »Wahrscheinlich sind sie bald da.«

Ela, Vera und Tamara schienen nicht überzeugt. Vera hatte vor kurzem Verwandte besucht und war ganz außer sich vor Aufregung wieder zurückgekommen. Sie tanzte durchs ganze Haus in wilder, strahlender Freude, wollte ihr Geheimnis aber absolut nicht mit uns teilen.

»Ihr werdet es bald erfahren, sehr bald«, versprach sie jeden Tag.

Eine merkwürdige Unruhe durchströmte das Kloster. Mädchen redeten von Flucht. Fünf, die zu Jahresanfang in ein Sanatorium geschickt worden waren, kamen unangekündigt wieder zurück, sie waren fast den ganzen Weg zu Fuß gegangen. Beim letzten Bombenangriff waren die Brücken über den Fluss getroffen worden. Ein Bahnhof war beschädigt. Die Stadt fieberte vor Erregung. Deutsche »Siedler« treckten in immer größeren Zahlen nach Westen und die immer frechen Zeitungsjungen redeten die Gendarmen mit »Herr Temporär« an.

Einer dieser Gassenjungen hielt Vera auf ihrem Heimweg einmal auf und flüsterte ihr geheimnisvoll zu: »Fräulein, ich weiß ein Geheimnis, Fräulein ...«

»Was denn?«

»Hitler ist schwanger, bald gibt es ein kleines Deutschland!«, brüllte er und verschwand um die Ecke.

Die sengenden Julitage gingen ihrem Ende zu. Am letzten Sonntag verschwanden zwei Mädchen aus dem Haus, Renia, der Albino, und die furchtbar dünne Martha. Beide waren von frühester Kindheit an im Kloster gewesen und niemand hatte je etwas von ihrer Familie gehört. Renia mit ihrem weißen Haar, den rot geränderten blauen Augen und dem grässlichen Geruch aus ihrer flachen Nase war nie ein beliebtes Kind gewesen. Sie sah sehr schlecht, ihre Augen tanzten ständig von einer Seite zur anderen. Sie lebte in dauernder Angst, ihre Brille zu zerbrechen, und wir konnten alle nicht verstehen, wie sie es überhaupt gewagt hatte, auf die Straße zu gehen.

Martha dagegen war dumm genug, um alles zu wagen. Sie war meine Hauptquälerin und ich war froh, dass sie weg war. Sie war groß und dünn, hatte gerades blondes Haar, schräge grüne Augen und die höchste und weißeste »Alabasterstirn«, die ich je gesehen hatte. Sie war geistig zurückgeblieben, aber ihre Bosheit schien manchmal geradezu überirdisch. Bald nachdem ich das Opfer eines ihrer Angriffe geworden war, beschloss ich – wenn auch widerwillig –, meine alte, kindliche Gleichsetzung von Schönheit = Güte = Weisheit, und Hässlichkeit = Schlechtigkeit = Dummheit einer Revision zu unterziehen.

Stefa, meine Vorkriegs-Kinderfrau, schien fest an diese Gleichung zu glauben. »Du bist ein hässliches Kind«, sagte sie, wenn ich schlimm war. »Rühr das nicht an, das ist schmutzig, hässlich, böse ...« Und wenn ich einmal besonders brav war: »Na, du bist aber ein schönes Mädchen.« Aber jedesmal, wenn ich schlimm war, wurde ich etwas weniger schön.

Auch wenn sie ursprünglich vielleicht geistige Schönheit oder Hässlichkeit gemeint hatte, verstand ich darunter jedenfalls etwas rein Körperliches. Ein verkrüppelter Bettler vor der Kirche war so geworden, weil er schlimm gewesen war. Ein Kind mit einem von Kinderlähmung verkrüppelten Arm war gestraft worden, weil es die Hand gegen seine Eltern erhoben hatte. Eine niedrige Stirn bedeutete unweigerlich niedrige Intelligenz, eine hohe Stirn Weisheit. Die romantischen Heldinnen von Stefas Groschenromanen hatten unweigerlich eine hohe Alabasterstirn, einen schlanken weißen Hals und sehr lange, schmale Finger. Martha vereinte alle diese Gaben in sich, war aber ein Idiot, das stand außer Zweifel.

Andererseits hätte wohl niemand Schwester Zofia schön nennen können, aber sie war die Weisheit selbst und ich hatte mich gegen meinen Willen in sie verliebt. Ihr Aussehen schockierte mich immer wieder von neuem; ihre Stimme tat mir in den Ohren weh; ich fürchtete mich vor ihrer spitzen Zunge und ich wäre lieber gestorben, als sie meine Gefühle für sie erraten zu lassen. Aber ich machte komplizierte Pläne, wie ich ein paar Minuten länger in ihrem Zimmer verbringen könnte, und kämmte meine Bücher nach unbekannten Wörtern oder unklaren Wendungen durch und durchwühlte mein Gedächtnis nach alten, unbeantworteten Fragen, nur damit ich einen legitimen Grund hatte, um an ihre Tür zu klopfen.

Dabei riskierte ich es, mich mit den anderen Mädchen zu verfeinden. Sie waren alle wahnsinnig eifersüchtig und lauerten auf das geringste Zeichen von Bevorzugung. Käme so eine Bevorzugung einmal heraus, dann würde mein Leben zur Qual. Merkwürdigerweise gab es um die Mutter Oberin keine Eifersüchteleien. Sie war gütig und freundlich, man konnte ihr leicht nahe kommen, sie war immer mit Rat und Trost zur Hand und jeden Sonntagnachmittag gingen wir zu ihr, um ein paar Minuten mit ihr zu tratschen. Andere Schwestern hatten ihre Lieblinge unter den Mädchen, genauso wie einige Mädchen einzelne Schwestern besonders verehrten. Das akzeptierte jeder mit ein bisschen gutmütigem Spott und ganz ohne Neid. Aber mit Schwester Zofia war das anders. Wenn man von ihr aus irgendeinem Grund bevorzugt behandelt wurde, dann setzte man sich der sofortigen Rache der ganzen Gruppe aus und musste schleunigst büßen, indem man irgendetwas anstellte, wodurch Schwester Zofia gezwungen wurde, ihre gute Meinung über einen zu ändern.

Ich hatte den Eindruck, dass diese Lage sie manchmal verwirrte. Sie wurde ständig enttäuscht, ja entmutigt, da sie so oft ein Mädchen, kaum dass sie es einmal gelobt hatte, sofort für irgendeinen absichtlichen Verstoß bestrafen musste. Es überraschte mich, dass sie das nicht durchschaute, dass sie nie die Methode in unserem unerklärlichen Benehmen herausgefunden hatte. Eines Tages, wenn ich fortgehe, werde ich es ihr sagen, beschloss ich. Ich konnte mir nicht vorstellen, wie ich ohne sie leben sollte.

Am Dienstag, dem ersten August, ging die Mutter Oberin wie gewöhnlich zu Erich, um Geld und verschiedene andere Dinge für mich abzuholen. Mein Zahnfleisch machte mir noch immer zu schaffen und ich brauchte eine dauernde Zufuhr von Vitaminpillen. An diesem Tag kam die Mutter Oberin allerdings mit leeren Händen zurück. Sie erklärte, dass Erich nicht zu Hause war, ihr aber die Nachricht hinterlassen hätte, sie möge am nächsten Tag noch einmal kommen. Er habe ihr etwas Wichtiges mitzuteilen.

Ich verlor mich in Gedanken, überlegte, was das bedeuten könnte, als plötzlich auf der Straße ein Auflauf entstand. Schüsse fielen vor dem Haus und junge Männer tauchten über unserer Hofmauer auf. Sie stürzten durch den Garten, dass Schwestern und Kinder auseinander stoben, sprangen über die Mauer zum Ghetto und verschwanden. Draußen auf der Straße ging das Schießen und das Laufen weiter.

Wir rannten hinauf, wo Vera wie verrückt auf dem Treppenabsatz tanzte. »Es hat begonnen! Es ist wirklich wahr!«, rief sie.

»Was?«, fragten wir und hielten ihre fliegenden Arme fest.

»Der Aufstand! Warschau erhebt sich, wir kämpfen gegen die Deutschen, endlich kämpfen wir!«

Am ersten Tag des Aufstands wurde unsere Straße von den Aufständischen eingenommen. Die Deutschen hielten das Ghetto und unser Garten mit seiner Grenzmauer war in der vordersten Kampflinie. Junge Männer in einer Vielfalt von Uniformen und mit rot-weißen Armbinden lagen mit ihren Gewehren in unseren Gemüsebeeten. Alle unsere Fenster zersplitterten noch in der ersten Stunde.

Jetzt begriffen wir auch, wer die jungen Frauen waren, die den leer stehenden Flügel unseres Hauses zu reinigen begonnen hatten. Das war keine neue Anstalt, die hier einzog. Sie waren alle Mitglieder der Untergrundbewegung und sie bereiteten ein Feldlazarett vor.

Das Wetter war immer noch herrlich und tagsüber nahmen die jungen Frauen auf den Tragbahren Sonnenbäder, so knapp bekleidet wie gerade noch möglich und unbeeindruckt von den verirrten Kugeln, die ab und zu von den Mauern abprallten. Unsere Schwestern schnalzten zuerst missbilligend mit der Zunge, aber als die Kämpfe immer heftiger wurden und immer mehr Männer sich in unserem Garten vergruben, fingen sie an, den Mädchen zuzulächeln und sie ins Haus einzuladen. Das Lazarett im Erdgeschoss war bald voll. Auf einem Küchentisch aus hellem Holz direkt am Eingang operierten zwei Chirurgen, solange das Tageslicht reichte. Schwester Adele als ausgebildete Krankenschwester ging wieder ihrer Pflicht nach, arbeitete den ganzen Tag und die ganze Nacht hindurch, konnte aber dennoch nicht allen Anforderungen gerecht werden.

Wir wurden gebeten, an der nächsten Straßenecke, wo ein tiefer Graben die deutschen Panzer aufhalten sollte, eine Barrikade bauen zu helfen. Ich beobachtete unsere Nachbarn von gegenüber, wie sie Sofas, Stühle, Schränke, sogar ein Klavier aus den Fenstern auf die Straße warfen, während andere diese kaputten Möbel zur Barrikade schleppten und mit der Meldung zurückkamen, dass sie zufrieden stellend in die Höhe wuchs.

In die Mauern der angrenzenden Häuser wurden Löcher gebohrt, damit die Aufständischen von einem Haus zum anderen gelangen konnten, ohne von draußen gesehen zu werden. Meine Begeisterung der ersten Tage erhielt den ersten Dämpfer, als ich diese Löcher sah. Auf diese Art und Weise hatte sich auch das Ghetto verteidigt. Wir hatten dieselben Löcher gehabt, um von Haus zu Haus und von Block zu Block zu schlüpfen, ohne gesehen zu werden. Die Ähnlichkeit unserer Lage machte mir plötzlich Angst, ich fühlte mich schwach vor Panik. War es denkbar, dass Warschau das gleiche Schicksal erwartete?

Die Kämpfe wurden heftiger. Jetzt gab es keine Zeit mehr für Sonnenbäder im Hof, die jungen Krankenschwestern nahmen ihre Gewehre in den Gemüsegarten mit und einige blieben ständig dort. Ich half Schwester Adele im Lazarett, wo die Verwundeten eng wie Sardinen auf dem gekachelten Boden nebeneinander lagen. In Abständen bekamen wir Nachrichten, dass ein Haus in der Nachbarschaft getroffen war und Menschen in den Trümmern verschüttet seien. Dann machte sich ein Suchtrupp auf, jeder mit einer Rotkreuz-Binde, eine Rotkreuz-Fahne schwenkend, bis wir erkannten, dass die Deutschen gerade auf sie besonders zielten, sogar wenn Kinder die Tragbahren trugen.

Die Chirurgen operierten ohne Betäubung. Es gab kein Wasser, keinen Strom, kein Gas. Die deutschen und die polnischen Stellungen veränderten sich stündlich, die Front näherte sich und ging wieder zurück, Panzer fuhren bis direkt vor die Barrikade, Flugzeuge stürzten im Tiefflug über uns nieder, ständige Explosionen erschütterten das Haus. Als das Gebäude neben unserem einstürzte, gingen wir in den Keller hinunter und bald gesellten sich auch die Nachbarn und die Aufständischen zu uns. Unsere Feldbetten hatten wir schon Tage vorher hergerichtet, unser sämtliches Hab und Gut in Bündel gepackt. Unser einziges Schwein, das wir liebevoll das ganze letzte Jahr gefüttert hatten, wurde geschlachtet. Die nächsten drei oder vier Tage aßen wir nichts als Schweinefleisch. Obwohl sich keiner von uns erinnerte, jemals so viel Fleisch auf einmal gesehen zu haben, mussten wir zugeben, dass wir in dieser sengenden Hitze lieber etwas anderes gegessen hätten. Und weil wir kein Wasser hatten, konnten wir unsere Teller nicht spülen, sondern mussten sie stattdessen sauber lecken und sie bis zur nächsten Mahlzeit in unserer Schlafkoje aufheben.

Bei Kerzenschein sahen wir »unseren Soldaten« zu, wie sie ihre Gewehre putzten. Sie hatten ein bunt zusammengewürfeltes Sortiment und sie brachten uns alles bei, was wir über den Mechanismus dieser Waffen wissen wollten. Es war merkwürdig, wie viel Trost es einem gab, das schwere, kalte Metall in der Hand zu fühlen: wie viel Befriedigung, ein frisches Magazin einschnappen zu hören. Das Kerzenlicht, das sich in den polierten Läufen spiegelte, gab allem ein Gefühl von Dringlichkeit und Realität, ein Bewusstsein von der Kostbarkeit jeder Sekunde, so dass meine Hände sich zu Fäusten ballten vor lauter Sehnsucht, das nächste Gewehr zu packen, aus dem Keller hinauszurennen und zu kämpfen.

Aber als ich es endlich fertig brachte, mich hinauszustehlen in die Finsternis, da konnte ich nur scheu in der Tür stehen und hinaufstarren in den herrlichen Sommerhimmel, der übersät war von Myriaden von stillen Sternen, mit einem kreisrunden Mond, der hell und rein unter ihnen schwamm. Hinter zerbrochenen Fenstern leuchtete Kerzenschein, das Geflüster von jungen Stimmen kam aus den leeren Zimmern, wo unsere Soldaten schliefen, und von irgendwoher der Klang eines schrecklich verstimmten Klaviers, auf dem jemand Nacht für Nacht und mit äußerst wenig Erfolg Chopins Revolutionsetüde zu spielen versuchte.

Dies alles dauerte nur zehn Tage, aber es schien wie ein ganzes Leben. In den letzten vierundzwanzig Stunden, als die Kämpfe sich rund um unsere Straße zusammenzogen, blieben wir alle in unseren Feldbetten, eng aneinander gedrängt, wir beteten und bemühten uns zu verhindern, dass die Kleinen in Panik ausbrachen. Die Soldaten waren fort, ihre Waffen konnten uns keinen Trost mehr bieten. Die Deutschen mussten jede Minute hier sein und dann …

Ich lag auf meinem Bett und konnte vor lauter Angst an nichts anderes denken als an das Ghetto. Genauso war es dort auch gewesen. Ich erinnerte mich noch an jeden einzelnen Moment der letzten vierundzwanzig Stunden, die ich mit Mutter in jenem Keller verbracht hatte. Nur hatte man dort wenigstens gewusst, dass es, was immer auch mit uns geschah, noch immer eine »andere Seite« gab. Es gab noch immer das übrige Warschau in relativer Sicherheit und Normalität, wenn es einem nur gelang, dorthin zu kommen. Es gab noch immer etwas Gleichgewicht in der Welt. Aber jetzt geschah das Gleiche hier, auf dieser »anderen Seite«, und es gab keinen Ausweg mehr.

Wieder fühlte ich, dass ich das Ghetto nie hätte verlassen sollen. Es war nicht richtig, sie dort zu lassen, nur um dann irgendwo allein zu sterben. Wenn nur Vater hier wäre, dachte ich. Was würde er tun? Wenn er nicht mehr kämpfen könnte und meine Angst sähe, dann würde er versuchen, mich aufzuheitern. Er würde mir eine Geschichte erzählen.

Ich setzte mich in meinem Bett auf und schaute in den von Kerzen erhellten Keller. »Wollt ihr eine Geschichte hören?« Ich begann eine von Vaters wilden Abenteuergeschichten, bei denen ich mich als kleines Kind vor Lachen auf dem Boden gewälzt hatte. Und Wunder über Wunder, nach den ersten paar Minuten kam aus einer Ecke ein Kichern, dann noch eins und noch eins. Bald schüttelte sich der ganze Keller vor Gelächter, trotz dem ominösen Poltern und Krachen draußen und trotz der Wolken von Gips, die von der Decke fielen.

Schließlich stürzte Schwester Zofia in den Keller, voll Missbilligung über ein derart frivoles Benehmen in einer Stunde, die vielleicht unsere letzte war. Auf ihren Befehl hin krochen wir alle von unseren Liegen herunter, knieten uns auf den Boden und beteten um einen leichten Tod. Sie sagte uns, dass die Aufständischen in unserem Stadtteil besiegt waren und dass die Deutschen angeordnet hatten, dass die gesamte Zivilbevölkerung die Stadt verlassen musste. Mit erhobenen Händen marschierten alle zum Bahnhof, zwischen Reihen von auf sie gerichteten deutschen Gewehren. Was am Bahnhof geschah und wohin sie alle gingen, das wusste niemand.

Schwester Zofia hatte kaum ausgeredet, als schwere Schritte die Treppe herunterkamen und die Mutter Oberin, bleich wie der Tod, mit einem deutschen Offizier erschien. »Bitte sehen Sie selbst«, sagte sie. »Hier sind nur Kinder.«

Er schaute und nickte. Im nächsten Keller, wo sich die Leute aus den Nachbarhäusern drängten, schickte er alle hinaus. Nach einer Stunde kam die Mutter Oberin zurück. Mit vor Erregung zitternder Stimme sagte sie uns, es wäre ein Wunder geschehen. Wir könnten bis morgen bleiben und dann würde uns derselbe Offizier beim Auszug helfen.

Wir fielen auf die Knie und beteten. Der Offizier war ein Katholik und die Mutter Oberin, die ihre Jugend in Deutschland verbracht hatte, sprach perfekt Deutsch. Die beiden Faktoren zusammen hatten uns offenbar zu dem Wunder verholfen.

Bei Einbruch der Nacht krochen wir aus dem Keller, um Luft zu schöpfen, wichen aber im nächsten Moment in hellem Entsetzen zurück. Das Haus war von Ukrainern umstellt. In einem Zustand, der an hilflose Panik grenzte, krochen die Mädchen unter ihre Betten und schluchzten und beteten laut. Wir begriffen nicht, worauf die Ukrainer noch warteten. Wenn sie draußen waren, dann konnte das nur eines bedeuten.

Draußen war fürchterlich viel Krach. Die deutschen Soldaten inspizierten die leeren Häuser und vernichteten sie dann systematisch mit Panzern und Granaten. Falls sich die geringste Spur von »polnischen Banditen« fand, wie sie die Aufständischen nannten, dann durften die Bewohner ihre Häuser nicht verlassen, sondern wurden in ihnen verbrannt. Wir hörten das Getöse der Explosionen rund um uns und beteten um einen raschen Tod.

Plötzlich schien das ganze Haus zu schwanken, als irgendetwas im obersten Stockwerk explodierte. Eine Minute später hörten wir wütende Stimmen und schwere Stiefel, die heruntertrampelten. Ein ukrainischer Soldat brach in den Keller, schwenkte die Arme und stürzte sich auf die Mutter Oberin! »Ich kann nichts dafür«, schrie er, noch immer gestikulierend, und rollte seine Kappe verzweifelt in den Händen. »Das war ein Irrtum, wir haben ihnen gesagt, sie sollen nichts schmeißen! Wir sind hier, um Sie vor den Truppen zu schützen, aber irgendeiner hat geglaubt, das Haus ist leer, und eine Granate aufs Dach geworfen. Das passiert nicht wieder und wir löschen sofort das Feuer. Solang wir hier sind, könnt ihr in Frieden schlafen!« Er drehte sich um und nickte uns zu: »Gute Nacht, Kinder, schlaft gut!«

Wir waren zu perplex, um etwas zu erwidern.

Am nächsten Tag gingen wir im Morgengrauen hinauf, um zu packen. Wir blinzelten in dem hellen Sonnenlicht, schlichen gebückt von Zimmer zu Zimmer, krochen auf allen vieren unter den zerbrochenen Fenstern. Es war besser, wenn wir uns nicht zeigten, wer weiß, ob nicht sonst noch einer in seinem Übereifer eine Granate in unser Haus warf. Wir packten unsere Sachen zusammen und zogen alle unsere Kleider an, Winter- wie auch Sommerkleider, damit wir nicht so viel Gepäck schleppen mussten. Ich sollte auf die Kleinen aufpassen, bis wir alle hinuntergingen. Im letzten Moment ging ich noch mit Schwester Adele hinunter zu unseren Verletzten. Sie lagen auf Stroh, schmutzig und durstig, und wir ließen ihnen die letzten paar Krüge Wasser. Sie wussten, was geschah, und bettelten uns an, sie nicht zu verlassen.

Einer von ihnen, der beide Beine verloren hatte, klammerte sich an Schwester Adeles Kutte, ließ sich von ihr auf dem Kachelboden mitschleifen und flehte sie an, ihm einen Gnadenschuss zu geben. Wir machten uns los und ich lief hinauf, um die Kleinen zu beruhigen. Sie fürchteten sich schrecklich hier oben, bei jeder Explosion rannten sie zur Tür, ich musste sie immer wieder zurückdrängen. Es hatte keinen Zweck, ihnen zu erklären, dass alles vorbei war. Sie begriffen es nicht.

Ein Flugzeug kam im Tiefflug über unsere Straße, sein Schatten verdunkelte einen Moment lang das Zimmer. Das war zu viel. Das Dröhnen des Motors trieb sie in eine blinde Panik. Sie rissen die Tür auf, trampelten mich nieder und strömten in der nächsten Sekunde die Stiegen hinunter in die Sicherheit des Kellers.

Endlich waren wir fertig. Der deutsche Offizier erschien mit weiteren Ukrainern, einer Droschke und einem Lastwagen. Darauf luden wir die schwereren Fälle, der Rest wurde unter den Schwestern und den älteren Mädchen aufgeteilt. Die mittleren, zu denen auch ich gehörte, kümmerten sich um die Kleinen. Ich trug einen schweren Rucksack, meinen Wintermantel und eine Wollhaube, alle meine Kleider, über einem Arm eine Decke, in der anderen Hand hielt ich Frankas schwitzende Rechte. Wir hatten ihre Kupferlocken unter einer Mütze versteckt, und Schwester Zofia murmelte mir im Vorbeigehen zu, ich sollte sie am besten von den Deutschen wegdrehen.

Im letzten Augenblick merkten wir, dass die »Anstalt von unten«, die am Tag zuvor mit ihren verkrüppelten und geistig zurückgebliebenen Schützlingen aufgebrochen war, einen ihrer Jungen »vergessen« hatte. Er lag in einem leeren Zimmer, groß und schwer für seine vierzehn Jahre, mit deformierten Beinen, die in einem merkwürdigen Winkel vom Körper abstanden und ihn ganz offensichtlich nicht tragen konnten.

Die Schwestern betrachteten ihn ratlos. »Gehen kann er nicht«, erklärte Schwester Adele. »Er ist syphilitisch. Was sollen wir um Gottes willen tun?« Sie baten die Soldaten, ihn auf den Lastwagen zu laden. Die Soldaten kamen näher, warfen einen Blick auf die mit Geschwüren bedeckten Füße und wichen voll Abscheu zurück.

»Das rühren wir nicht an, wir wissen, was das ist«, sagten sie und halfen uns nicht, so sehr wir ihnen auch zuredeten und versicherten, dass das nicht ansteckend war. Schließlich legten ihn die Schwestern auf eine Decke und trugen ihn selber.

Die lange Prozession machte sich auf den Weg. An der Spitze kam der Offizier, die kleine Marysia auf dem Arm, ein zweites Kind an der Hand. Hinter ihm wir, die mittleren, jede eine Kleine führend. Hinter uns die ältesten Mädchen, gebeugt unter ihren schweren Bündeln. Dann die Schwestern mit den schwersten Fällen und dem Jungen von unten. Am Ende im Schritttempo der Lastwagen, mit unseren restlichen Sachen beladen, einschließlich den zwei kostbaren Koffern mit den Tanzkostümen, eskortiert von bis an die Zähne bewaffneten Soldaten. Neben dem Lastwagen die Droschke, in der unser Kaplan auf seinen Bündeln saß.

Bei der ersten Barrikade überschlug sich die Droschke und unser Kaplan flog heraus. Er blieb unverletzt, aber das Pferd hatte sich ein Vorderbein gebrochen und musste erschossen werden. Die Bündel des Kaplans wurden auf den Lastwagen geladen und er ging jetzt mit den Schwestern am Ende des Zugs.

Wir waren kaum um die Ecke, als wir laute Explosionen hörten, uns umdrehten und eine große Rauchwolke über unserem Haus aufsteigen sahen. Ich dachte an die Verwundeten im Erdgeschoss und mein Inneres krampfte sich vor Entsetzen zusammen. Den Rest dieser alptraumhaften Wanderung schritt ich mit zusammengeballten Fäusten und Zähnen dahin, klammerte mich an den letzten Rest von Bewusstsein und kämpfte gegen den fast unwiderstehlichen Wunsch, aufzuschreien oder mich hinzulegen. Oder ins Feuer zu springen. Die Häuser, die zu beiden Seiten der Straße aufloderten, hatten eine schreckliche Faszination für mich, sehnsüchtig starrte ich dahin, entsetzt und gleichzeitig angezogen. Die Straßen, durch die wir geführt wurden, waren verlassen. Rechts und links brannten die Häuser in wild züngelndem Feuer, explodierend, unter ungeheurem Funkenregen zusammenbrechend oder vom Erdgeschoss bis zum Dach in eine glatte Flammenwand gehüllt. Einige waren schon ausgebrannt, nur die verkohlten Mauern standen noch, verschreckte Tauben flüchteten sich in die Rauchfänge, die versengten Federn zerzaust und zitternd.

Die Hitze war erdrückend. Zwischen den glühenden Öfen der Häuser schmolz der Asphalt und klebte an unseren Schuhen und ab und zu blieb eine stecken und verlor ihren Schuh. Der Himmel war hinter einer dichten Rauchwolke verborgen, die Sonne tauchte kurz hinter der Düsternis auf, wie eine polierte Kupferscheibe strahlte sie eine unnatürliche rote Glut aus, die in unseren tränenden Augen schmerzte.

Der deutsche Offizier ging langsam, hielt sich in der Mitte der Straße und deutete uns von Zeit zu Zeit, wir sollten nach rechts oder nach links schauen. Das erste Mal folgte ich ihm und starrte gehorsam in das brennende Inferno zu meiner Rechten, aber das nächste Mal schaute ich auf die andere Seite und wünschte sofort, ich hätte es nicht getan.

In einem ausgebrannten Geschäft lag in einer Ecke ein Haufen von kleinen Skeletten auf dem Boden. Ihre Knochen leuchteten weiß, ein paar Schädel waren abgefallen und in die Mitte des Fußbodens gerollt. Ich schluckte und legte meine Hand über Frankas Augen. Von da an drehte ich ihren Kopf immer in die Richtung, die der Deutsche uns angab, ich selber aber schaute in die andere. Es war richtig – wenn auch überraschend von einem Deutschen –, dass er uns die schrecklichsten Anblicke ersparen wollte, aber ich war kein Kind mehr und ich wollte sehen.

An einer großen Kreuzung in der Nähe eines ausgebrannten Krankenhauses stießen wir auf eine makabre Gruppe. Drei Kreaturen in zerrissenen, halb verbrannten Kleidern, die Köpfe mit Fetzen umwickelt, Gesichter und Arme schwarz von Ruß, zogen einen Handwagen mit einem ganzen Berg von Leichen. Als sie uns sahen, blieben sie stehen und riefen uns etwas zu, aber so sehr ich mich auch bemühte, ich konnte kein Wort verstehen. Anscheinend wollten sie, dass wir kamen und ihnen halfen. Sie winkten uns mit den Armen und deuteten nach hinten. Auf das Krankenhaus? Gab es dort noch mehr Leichen? Der Deutsche brüllte ein Kommando und automatisch drehte ich Frankas Kopf in die andere Richtung. Sie hatte die ganze Zeit kein Wort gesagt, aber ihre Augen quollen ihr in höchst beunruhigender Weise fast aus dem Kopf. Sie war wie in Trance. Der Handwagen kam näher und ich sah, dass die Leichen zerstückelt waren, offenbar schon voller Wunden, bevor sie verbrannt wurden, und die eine ganz oben auf dem Berg hatte am Rücken ein großes Loch, durch das die Eingeweide herausfielen wie blaue und grüne Bänder. Ich erinnerte mich, von den Aufständischen gehört zu haben, dass die Deutschen, wenn sie ein Krankenhaus erobert hatten, zuerst die Patienten an die Betten festbanden, dann Petroleum über sie schütteten und dann das ganze Gebäude in Brand setzten. Das, was wir jetzt sahen, war wohl das Ergebnis dieses Verfahrens. Die Ärzte und die Krankenschwestern wurden als Erste an die Wand des Krankenhauses gestellt und erschossen.

Der gespenstische Wagen überholte uns und zog weiter, die rußgeschwärzten Geister winkten und riefen uns noch immer, auf der mit Asche bedeckten Straße ließ er eine feuchte Spur zurück. Ich musste mich an Frankas Hand festhalten, um nicht ins nächste Feuer zu rennen.

Wir bogen in eine neue Straße, eine neue Perspektive von brennenden Häusern und einstürzenden Mauern, und trafen auf einen jungen deutschen Offizier auf einem Motorrad. Als er uns sah, blieb er stehen und rief unserem Führer fröhlich zu: »Was, noch immer am Leben?« Dann nahm er seinen Rucksack ab, reichte ihn einem unserer Mädchen und fuhr aufheulend davon. Der Rucksack war voll Zucker.

Endlich, unserem Gefühl nach hatte der Marsch Stunden gedauert, kamen wir zum Bahnhof. Er stand auf einem Hügel, und während wir bergauf gingen, halb blind vor Rauch und Schweiß, klarte der Himmel auf, die Sonne strahlte wie immer und der Tag erschien plötzlich wieder in seinen natürlichen Farben. Die Waggons auf den Abstellgleisen waren eingerichtet wie komfortable Häuser, auf den Grasstreifen zwischen den Gleisen nahmen Soldaten und uniformierte Frauen Sonnenbäder. Große Kessel brodelten über Feuern, Radios plärrten, ein paar Zigeunerinnen tanzten.

Wir krochen in den Schatten und brachen alle in einem

Haufen zusammen. Unser Deutscher reichte die kleine Marysia einer der Frauen. Sie ließen sie von Hand zu Hand gehen und waren entzückt, wie hübsch sie war. Sie brachten uns Schüsseln mit Suppe, Brotschnitten und gekochte Kartoffeln, bunte Gummibälle und Spielsachen, aber wir waren sogar zum Essen zu erschöpft. Warschau unter uns war versteckt von einem dicken, schwarzen Federbett aus Rauch. Das Dröhnen der Explosionen, das Knattern der Feuerwaffen, das jähe Aufschießen der Flammen erschütterte die Rauchwolke. Es schien, als würde die ganze Stadt kochen. Unsere Bündel wurden in Viehwaggons verladen, eine Lokomotive wurde angekuppelt und wir stiegen ein. In einer Ecke lag etwas Stroh, keuchend vor Hitze legten wir uns darauf.

»Sie sagen, wir können fahren, wohin wir wollen«, sagte die Mutter Oberin.

Ich sah mir die Kennzeichnungen der Wagen an. Einer war aus Italien, der andere aus Frankreich. Die winzigen Fenster hoch oben unter dem Dach waren mit Stacheldraht vergittert. Wer war darin aus diesen fernen Ländern gekommen? Juden auf ihrem Weg in die Lager? Offenbar jedenfalls irgendwelche Gefangenen, wegen des Stacheldrahts.

Mir fielen die Augen vor Müdigkeit zu. Der Zug fuhr aus der Station hinaus und das rhythmische Schlagen und Scheppern der Räder, dazu die erdrückende Hitze, ließen mich in einen unruhigen Schlaf fallen, aus dem ich hochfuhr, um Schwester Zofia auf einem Haufen Bündel stehen zu sehen, das Gesicht nahe am Stacheldraht des kleinen Fensters hoch oben unterm Dach, ängstlich die Straße absuchend.

Die Reise führte uns durch einen weiteren Bahnhof, wo für die Warschauer Flüchtlinge ein riesiges Durchgangslager errichtet worden war. Von hier fuhren die Züge nach Deutschland und in die Arbeitslager ab. Auf einem Nebengleis hielten wir kurz, nahe an einem anderen Zug mit lauter versiegelten Waggons, aus denen Rufe um Hilfe und um Wasser drangen. Wir erfuhren, dass der Zug hier, schwer bewacht, schon seit zwei Tagen stand, und die in die Viehwaggons gestopften Gefangenen starben drinnen vor Hitze und Durst. Unser Zug fuhr weiter und bald waren wir im offenen, flachen Land, mitten unter sommerlichen Feldern. Wir hielten an einer kleinen Station, die ganz leer war und jetzt, am späten Nachmittag, kühl, und der Feuerwehrmann kam und half uns beim Ausladen.

Ein Bauernwagen nahm unsere Bündel und den lahmen Jungen auf, der uns jetzt schon wie ein altes Anstaltsmitglied vorkam. Die Schwestern und die kleineren Kinder kletterten auf einen zweiten Wagen. Die übrigen beschlossen, zusammen mit Schwester Zofia zu unserem neuen Heim, einem Kloster tief drinnen im Wald, zu Fuß zu gehen.

Wir marschierten auf einer breiten, sandigen Straße, von alten Bäumen in ihrer sommerlichen Pracht überschattet. Wir hielten uns am Rand, neben seichten Gräben, wo das Wasser unter gefallenen Blättern stand. Zu beiden Seiten dehnten sich Wiesen unter dem klaren blauen Himmel, still und schläfrig in der Nachmittagshitze. Kühe und Ziegen grasten, Vögel zwitscherten in den Zweigen, Bienen summten. Es gab keinen anderen Laut. Langsam fingen wir an, uns umzusehen. Überrascht von so viel Schweigen, starrten wir mit rot geränderten Augen herum, unfähig, das Licht zu ertragen. Eine leichte Verdüsterung des Horizonts weit hinter uns deutete Warschau an.

Langsam zogen wir uns die Kleider aus, Schicht um

Schicht, endlich auch Schuhe und Strümpfe. Am Rand des Gebüsches setzten wir uns an einen Graben, wo das Wasser klar war, und badeten unsere Füße in dem kalten Bach. Seit wir aus dem Zug gestiegen waren, hatte kaum einer ein Wort gesagt.

Neben uns tauchte Schwester Zofia ihre Füße ins Wasser, schloss die Augen und lehnte sich gegen einen Baumstamm. Ihr Gesicht war von Ruß verschmiert, ihr sonst immer makellos weißer Kragen hatte schwarze Flecken. Die Stille dröhnte uns in den Ohren. Wie gern hätten wir uns ins grüne Moos unter den Bäumen gelegt, aber die Schwester scheuchte uns schon wieder hoch, eine nach der anderen, und trieb uns zur Eile an.

Die Sonne ging unter, als wir in ein Dorf kamen, wo Enten und Hühner schnatternd vor uns wegliefen und die Gartenzäune plötzlich voller entsetzter Bauerngesichter und winkender Hände waren. Schwester Zofias Protest zum Trotz trieben sie uns in ihre Häuser, riefen, die Hände ringend, Jesus, Maria und Joseph an, dass sie sich unserer erbarmten. Im Traum wandelnd, wurde ich von einem Zimmer ins andere geschoben, überall an den Mauern stand die gleiche Wachmannschaft von Malven, die großen dunklen Gesichter der Sonnenblumen waren von gelben Blütenblättern gerahmt und die Obstgärten strotzten von reifenden Früchten. Krüge mit kalter Milch, Scheiben von dunklem Bauernbrot, Honigwaben, tropfend von klebrigem Gold, reife Tomaten und saure grüne Äpfel wurden uns in die Hände gedrückt.

Bald waren wir wieder draußen, stolperten unter unseren Bündeln, die sich bogen unter den unreifen Früchten, aßen blindlings, obwohl die Schwester uns anflehte, doch vorsichtig zu sein. Spät am Abend betraten wir den Hof unseres neuen Zuhauses, wo unter den Fichten schon die

Tische gedeckt waren und große Teller mit Grütze im Abendwind kühlten. Wir bekamen im Schulhaus zwei Klassenzimmer angewiesen, wo schon frisches Stroh für uns zum Schlafen auf dem Boden ausgelegt war. Wir fielen hinein, zu müde, um uns auszuziehen, und sanken in den traumlosen Schlaf totaler Erschöpfung.

17

Es dauerte ein paar Tage, bis wir uns in unserem neuen Heim eingerichtet hatten und die Lage beurteilen konnten. Der erste Eindruck war ernüchternd. Wir waren ganz offensichtlich nicht willkommen. Das Kloster hier war groß und anscheinend reich. Es bestand aus einer Bauernwirtschaft, zwei großen Gebäuden für Knaben und Mädchen, mehreren Häusern für die Schwestern, für Gäste und Feldarbeiter, einer Krankenabteilung, einer Kirche und einem modernen Schulhaus. In der Schule bekamen wir zwei Klassenzimmer zugewiesen, die uns als Schlaf- und Aufenthaltsraum zu dienen hatten, während unsere Schwestern in kleine Zimmer am Ende des Korridors zogen. Wir aßen in der Halle im Erdgeschoss, standen rund um unsere Tische, da es im ganzen Haus keine Stühle gab, nur Pulte mit daran befestigten Bänken. Wenn wir uns waschen wollten, dann mussten wir zuerst in das Reservoir am Dachboden Wasser pumpen. Daher marschierten wir jeden Morgen in den Scheunenhof, wo zwei große Metallräder mit langen, dünnen Griffen unter einem winzigen Dach auf uns warteten. Wir packten die Griffe und drehten die Räder so schnell wir konnten, uns mit aller Kraft daran festhaltend. Wenn uns der Metallgriff aus der Hand rutschte, dann traf er uns mit furchtbarer Gewalt und erzeugte blutende Nasen, gebrochene Zähne oder schmerzhaft zerschlagene Bäuche. Das war echte Schwerarbeit, denn die Räder hatten einen Durchmesser von über einem Meter, und wir verloren oft das Gleichgewicht, flogen mit ihnen durch die Luft und landeten mit dem Kopf auf dem Steinboden.

»Jetzt geht es ja noch«, sagten wir jeden Morgen, »aber wartet nur, bis es Winter wird.« Die Pumpe war von keiner Mauer geschützt und wir konnten uns lebhaft vorstellen, wie der eisige Wind durch den Hof pfiff und wir bis zu den Hüften im Schnee stehend die Räder drehten.

Das Essen wurde fast sofort zum Problem. Als unsere Gastgeber herausfanden, dass wir kein Geld hatten und in keiner Weise für unseren Unterhalt zahlen konnten, runzelten sie bekümmert die Stirn und beschnitten unsere Rationen auf ein Minimum. Ja, wenn wir nicht ein paar zusätzliche Mädchen erfunden hätten, dann hätte nicht einmal jeder bei den Mahlzeiten eine Portion bekommen können. Wir lebten fast ausschließlich von grobem Haferbrei und einem Schleim aus dunklem, grobem Mehl und Wasser. Einmal am Tag gingen zwei von uns mit einem Korb in die Klosterbäckerei, legten unsere – geschönte – Namensliste vor und erhielten die entsprechende Anzahl von Brotschnitten. Da das Brot wie Lehm war, war der volle Korb ungewöhnlich schwer, aber die beiden Trägerinnen bekamen eine Extrastulle, daher war der Wettbewerb um diese Aufgabe ungeheuer. Leider waren aber nur die stämmigsten Mädchen diesem Gewicht gewachsen und bald entwickelte sich ein schwarzer Markt, sowohl um ihr offiziell verdientes Zusatzbrot wie auch um die paar Scheiben, die die Mädchen immer klauten, wenn ihnen die Schwester den Rücken wandte.

Jeden Nachmittag gingen wir mit Schwester Adele, die

sich in diesen Dingen auskannte, in den Wald und sammelten jede essbare Beere und jeden essbaren Pilz, die wir finden konnten. Das war ein Fest, solange die Beerenzeit dauerte, obwohl Beerensuchen mit bloßen Füßen zur Qual werden konnte. Wir durften essen, so viel wir wollten, wenn wir nur vorher unsere Krüge füllten.

Im Herbst begannen wir wieder mit dem Unterricht, wir hatten unsere eigenen Klassen und wurden wie früher von unseren eigenen Schwestern unterrichtet. Die anderen Kinder sahen wir nie und bekamen auch nie die Erlaubnis, sie zu besuchen. Unser Essen wurde als Letztes gekocht und wir bekamen nur, was die hier ansässigen Schwestern, Landarbeiter, verschiedene geflüchtete Priester und die hierher gehörigen Kinder übrig ließen.

Wir schliefen noch immer auf dem Stroh, das jetzt so voller Flöhe war, dass ich jede Nacht träumte, ich läge auf einem Ameisenhaufen. Verzweifelt versuchten wir, das Ungeziefer umzubringen, und jemand riet uns, unsere Decken auf ein Pferd zu legen. Der Geruch von Pferdeschweiß wirkt auf die Flöhe angeblich unwiderstehlich, sie wechselten daher sofort ihr Domizil. Wir legten alle unsere Decken auf die paar Pferde, die wir in der Meierei finden konnten, aber die Flöhe zeigten sich unbeeindruckt und von jetzt an hatten wir noch zusätzlich unter dem erstickenden Gestank des Pferdeschweißes zu leiden.

Weitere Flüchtlinge tauchten auf, einige durften im Schulhaus wohnen bleiben. Aus Warschau kamen grimmige Nachrichten: Die Deutschen hatten gewonnen und brannten jetzt methodisch die ganze Stadt nieder. Mehrere Priester fanden sich bei uns ein und eines Tages erschien zu unserer großen Freude auch Vater Cäsar, mit einem Rucksack auf dem Rücken und einem riesigen Grinsen auf seinem ausgezehrten Gesicht. Wir rannten zu ihm und hängten uns in Trauben an seine Schultern, bis er sich ins Gras setzte und in gespielter Verzweiflung den Kopf in den Händen versteckte. Wir brachten ihn im Triumph zu einem Zimmer im Schulgebäude, »unserem Haus«, wie wir es jetzt nannten, und bettelten, er solle bei uns bleiben. Er blieb.

Eine Gruppe von Mädchen aus einem großen Warschauer Kloster traf bei uns ein. Ihr Haus war von einem Panzer gerammt und unter großen Verlusten an Menschenleben niedergebrannt worden. Die Überlebenden hatte man in das große Auffanglager gebracht, das wir auf unserer Reise gesehen hatten, und von dort waren sie zur Zwangsarbeit nach Deutschland verschickt worden. Nur einer Hand voll war es gelungen, zu flüchten und zu uns zu stoßen. Sie bekamen einen fensterlosen kleinen Alkoven zugeteilt, wo sie am Boden schliefen, so eng gedrängt, dass die Letzte, die zu Bett ging, ihre Füße in den Korridor hinausragen lassen musste.

Uns ging es auch nicht viel besser. Wir schliefen in zwei langen Reihen an zwei Wänden, aber so eng nebeneinander, dass jedes Mal, wenn eine sich umdrehte, die ganze Reihe sich mit umdrehen musste, sonst wäre jemand erdrückt worden. Die Schlafstelle wurde vom restlichen Raum durch eine Holzplanke getrennt, die am Boden festgenagelt war, damit das Stroh nicht herausrutschte. Wir hatten uns ein paar Persenninge beschafft, die früher einmal als Lastwagendächer benutzt worden waren, auf denen schliefen wir jetzt; das hielt zwar die Flöhe in Schach, erhöhte aber keineswegs unseren Komfort.

Tagsüber machten wir unsere Hausarbeiten und hielten uns sonst so lange wie möglich im Freien auf. Aber sobald die Herbstregen kamen, würden wir nirgends mehr hingehen können.

Als Warschau fiel, gab es im Kloster einen Tag der Trauer und eine besondere Messe wurde gehalten für alle, die bei diesem Inferno umgekommen waren. Ein paar Tage später erschien eine Gruppe von deutschen Offizieren und requirierte zwei Räume im Erdgeschoss unseres Hauses. Wir waren empört und gleichzeitig zu Tode erschrocken. Mit »denen« im selben Haus leben zu müssen, das war die größte Erniedrigung, die man sich vorstellen konnte. Und um dem Ganzen die Krone aufzusetzen, nahmen wir noch immer unsere Mahlzeiten in der großen Halle unten ein, die die Deutschen durchqueren mussten, wenn sie ein und aus gingen. Wir dachten an das viele zusätzliche Pumpen, das da auf uns zukam, da diese Deutschen ja sicherlich zu jener Sorte Menschen gehörten, die sich jeden Tag wuschen, und ballten vor Zorn unsere Fäuste.

Aber das war eine erstaunliche Gruppe, still und überhaupt nicht gewalttätig. Sie waren Ingenieure, zählten nicht mehr zu den Jüngsten und beschwerten sich ganz offen über die Unannehmlichkeiten des Soldatenlebens. Sie waren hier, um Gräben und andere Anlagen im Hinblick auf die vorrückende russische Front zu entwerfen. Von Anfang an interessierten sie sich für die Kinder und bemühten sich um freundliche Beziehungen zu uns. Schwester Zofia setzte ihnen steinerne Gleichgültigkeit entgegen, weigerte sich, ihre Existenz überhaupt zur Kenntnis zu nehmen, und wir anderen folgten ihrem Beispiel. Die Deutschen schienen zuerst verblüfft, dann verletzt, dann fügten sie sich ins Unvermeidliche, ließen Schwester Zofia links liegen und konzentrierten sich auf die Kleinsten, die man natürlich am leichtesten herumkriegen konnte. Die Deutschen hatten große Vorräte an Lebensmitteln und sie schienen schockiert, als sie sahen, was wir aßen. Ihr Angebot von Eiern und Honig wurde von der Mutter Oberin höflich abgelehnt. Sie konnte sie aber nicht daran hindern, Obst oder Würfelzucker an die Kleinen zu verteilen, und die Soldaten schienen sich wirklich zu freuen, wenn ihre Gaben angenommen wurden. Wenn sie an unseren Tischen vorbeigingen, blieben sie oft stehen, hoben eine von den Kleinen hoch und trugen sie herum, bis sie ihr ein Lächeln entlockt hatten. Die Kleinen hatten bald alle Furcht vor den Uniformen verloren und sahen gekränkt drein, wenn wir sie energisch zur Ordnung riefen.

Da sie uns nicht gewinnen konnten, konzentrierten sie sich auf den Jungen. Seit unserer Ankunft schmachtete er in einem leeren Alkoven, langsam auf seinem Stroh verfaulend. Von einer Decke zugedeckt, sah er recht normal aus, nur konnte er nicht sprechen und war wahrscheinlich auch noch taub. Wenn die Decken aufgehoben wurden, dann drehte der Anblick sogar Schwester Adele den Magen um, und der Gestank war unbeschreiblich. Die Deutschen trieben ein richtiges Bett mit Betttüchern für ihn auf und brachten den Jungen in den Gang hinunter, gerade vor ihre Tür. Dort fütterten sie ihn, wechselten seine Verbände und wachten über ihn wie eine Gruppe von ältlichen Onkeln. Und als die Zeit dafür kam, holten sie einen Priester, der dem Jungen die Sterbesakramente reichte, und folgten dem kleinen Sarg zu seinem Grab.

Danach konnte es die Mutter Oberin nicht mehr gut ablehnen, als sie zu ihr kamen und sie baten, ihnen zwei Mädchen zu schicken, die ihre Zimmer in Ordnung halten sollten. Vera, Tamara, Ela und Anka bekamen den Auftrag, diese Arbeit abwechselnd auszuführen. Schwester Zofia wehrte sich, besonders wegen Ela, um sie vor Schande zu bewahren, aber Ela selber überzeugte sie davon, dass sie diese Pflicht als ein besonderes Kreuz auf sich nehmen wollte und dass sie ihre Leiden für die Erlösung einer Seele im Fegefeuer aufopfern wollte.

Die Mädchen fanden die Zimmer makellos sauber, die Betten so ordentlich gemacht wie Schachteln, frische Blumen in Tonkrügen und nur ganz wenig Staub auf den Möbeln. Zum Dank für das bisschen Kehren und Wischen wurden sie mit Essen überschüttet, das sie, verschämt und zugleich überglücklich, zu uns heraufbrachten und mit uns teilten. Wir waren klug genug, Schwester Zofia nichts davon zu sagen. Wir nahmen das Essen ohne alle Gewissensbisse; irgendwie erschien uns das Aufessen dieser Sachen sogar als eine Art von Racheakt. Dann hatten sie weniger und außerdem war es sowieso alles polnisch.

Und wie um diese ungesunde Atmosphäre zu bekämpfen, veranstaltete Schwester Zofia jeden Nachmittag eine Chorprobe. Unser Gesang war wahrscheinlich in den Augen unserer Gastgeber das Einzige, was für uns sprach, also studierten wir neue Messen und Hymnen ein, sozusagen als Entschuldigung für unsere Existenz. Gleichzeitig lernten wir auch neue patriotische Lieder, die vom Untergrund kamen. Unser Probenzimmer lag neben dem Zimmer der Deutschen, aber wir waren überzeugt, dass sie kein Wort verstanden. Wir sangen, so laut wir nur konnten, schworen Rache, riefen zu den Waffen und stellten der ganzen weiten Welt unseren Trotz entgegen. Schwester Zofia drosch auf ihr Klavier ein, es war, als führte sie uns auf ihrem Schlachtross im Galopp in die Schlacht.

18

Der Herbst in diesem Jahr war wunderschön und der dichte Wald, der gleich über der Straße hinter der Schule begann, flammte im Gold und Scharlachrot seiner Ahorne, Eichen und Buchen. Vater Cäsar führte uns auf lange Wanderungen und wir sammelten Bucheckern, Kastanien und Tannenzapfen für den Weihnachtsschmuck. Wir fingen Frösche und Raupen und betrachteten sie durchs Vergrößerungsglas des Paters, was sie in Furcht einflößende Ungeheuer verwandelte. Wir spielten Verstecken, rutschten auf den Mooskissen aus und hockten uns endlich, müde vom Spielen, rund um ihn, der sich auf einen umgefallenen Baumstamm gesetzt hatte, und hörten seinen Geschichten und Rätseln zu. Oft brachte er uns einen Sack voll Obst, wurmige Äpfel und Birnen, angefaulte Pflaumen oder sogar Runken von altem Brot. Wir schlangen alles hinunter, ohne lange zu fragen, woher er es hatte.

Nur Ela und ich wussten, dass er in den Dörfern der Umgebung betteln ging, »für seine Kinder«. Aber der Hunger nagte so ununterbrochen an unseren Eingeweiden, dass wir keine Lust hatten, unsere Nahrung vorher einer gründlichen Prüfung zu unterziehen.

In unserer Küche kämpfte Schwester Viktoria tapfer mit ihren kümmerlichen Materialien, bemühte sich, aus klarem Wasser und sonst fast gar nichts, eine Suppe herzustellen. Da erhielt sie eines Tages den Besuch des fetten Joachim, des Kochs unserer Deutschen. Der fette Joachim war der größte und dickste Mensch, den wir je gesehen hatten. Er war riesenhaft. Mit seinem runden, glänzenden, rosa Gesicht, das sich auf mehrere Kinne stützte, einer halbkugelförmigen Vorder- und einer nicht weniger wohl gepolsterten Rückenansicht, erschien neben ihm sogar unser Kaplan beinahe unterernährt. Meistens schritt er in Hemdsärmeln, aufgerollt bis über seine Ellbogen voller Grübchen, durch die Gegend, in der Hand ein riesiges, funkelndes Tranchiermesser. Die Kleinen stoben in Panik auseinander, wenn er sich näherte und auch wir anderen wurden vor Unruhe ganz steif. Er entblößte seine Zähne in einem wilden Grinsen und knurrte und schüttelte sich und wir waren nie sicher, ob er uns die Köpfe abschneiden oder vielleicht nur ein bisschen freundlich sein wollte.

Als der fette Joachim Schwester Viktoria in der Küche stellte, knurrend sein Messer schwingend, bekreuzigte sie sich, schloss die Augen und bereitete sich innerlich auf einen jähen Tod vor. Aber nichts geschah und als sie die Augen wieder öffnete, war Joachim verschwunden, dafür jedoch lagen wunderbarerweise ein großes Stück Fleisch und eine Menge Gerste in unserer Suppe. Von da an wiederholte sich diese Szene häufig. Schwester Viktoria sträubte sich jedes Mal, wenn Joachim erschien, dann schloss sie entweder die Augen im Gebet oder rannte aus der Küche, während er unsere Kessel inspizierte und den Inhalt nach eigenem Gutdünken verbesserte.

Von dieser deutschen Intervention abgesehen, war das einzige Fleisch, das wir in diesen Monaten zu Gesicht bekamen, ein Stück von einem Pferdegebiss, komplett mit ein paar schwärzlichen Zähnen, das wir einmal aus unserer Suppe fischten. Schwester Zofia, die dabei war, wurde totenblass und wollte schon Anweisung geben, die Suppe wegzuschütten, als sie nach einem Blick in die Gesichter der Kleinen ihre Meinung änderte. Mit einem Ausdruck grenzenlosen Abscheus sah sie uns beim Essen zu. Die Pferdezähne störten mich nicht im Geringsten, aber ihre Verachtung konnte ich nicht hinunterschlucken.

In diesen ruhigen Septembertagen hatte ich, wohin ich auch ging, das deutliche Gefühl, dass Vater nahe war. Das Gefühl war so stark, dass ich manchmal den Atem anhielt, weil ich jeden Augenblick damit rechnete, seine Stimme zu hören oder seine Hand auf meiner Schulter zu spüren. An den Sonntagen musterte ich die Menge in der kleinen Kirche, fest überzeugt, das nächste Gesicht würde seines sein. Ich fühlte seine Gegenwart so stark, dass ich manchmal die Augen schloss und mich zurücklehnte, in der Erwartung, dass er hinter mir stünde. Wenn ich allein im Wald ging, hörte ich seine Stimme so deutlich, als würde er hinter dem nächsten Baum stehen und rufen, und ich nahm die Gewohnheit an, mich überraschend umzudrehen, um ihn dabei zu erwischen, wie er sich mir näherte. Sogar in der Kirche war ich unruhig, spürte, wie sich seine Augen in meinen Hinterkopf bohrten, und konnte kaum das Ende des Gottesdienstes erwarten, wo ich mich durch die Menge drängte und ganz oben auf die kleine eiserne Stiege stellte, deutlich für jedermann sichtbar, in der Hoffnung, erkannt zu werden.

Schwester Zofia fiel mein merkwürdiges Benehmen auf und ich erklärte ihr, was ich fühlte. Sie war sehr verständnisvoll. Vielleicht versteckte sich Vater irgendwo im Wald, vielleicht näherte er sich uns. Sicher dachte er jedenfalls aus irgendeinem Grund sehr intensiv an mich. So etwas kam vor.

Sie erzählte mir dann von einem eigenen Erlebnis. Den ganzen Aufstand über war sie vollkommen ruhig geblieben und ging bis zum letzten Moment, als unsere Straße schon beschossen wurde, nicht in den Keller hinunter und erlaubte auch keiner von uns, dort zu bleiben. Der Grund war, dass sie um sich die Gegenwart eines Freundes spürte, eines Priesters – er war schon tot –, der in ihrem Noviziat ihr Beichtvater gewesen war. Sie hatte völliges Vertrauen in seinen Schutz und sie wusste, dass er ständig für sie und für uns alle betete. Als er noch lebte, erhielt sie oft telepathische Botschaften, die anscheinend auch mit seinem Tod nicht aufhörten. Eine ihrer größten Hoffnungen war, ihn in der nächsten Welt wieder zu sehen.

Ich brütete über dieses Geständnis, wehrte mich aber, seine Bedeutung anzuerkennen; Vater lebte noch. Er musste einfach noch leben, sonst hatte ja auch die Tatsache meines Überlebens keinen Sinn. Ich hatte eine ähnliche Vorahnung kurz vor seiner Rückkehr aus Russland im Jahr 1940 gehabt, aber das hatte damals nur achtundvierzig Stunden gedauert, so lange, wie er in Warschau nach uns suchte. Dieses Mal aber dauerte es schon Wochen. Und mit jedem Tag, der ohne ihn zu Ende ging, sank ich tiefer in meine Depression.

Schwester Zofia zeigte mir ihr Mitgefühl dadurch, dass sie mich eines Tages fragte, an wen im Besonderen ich mich denn im Gebet gewandt hätte. »Wer ist dein liebster Heiliger?«, wollte sie wissen.

Ich musste zugeben, dass ich keinen Liebling unter den Heiligen hatte. Ich betete zu Jesus und Maria.

»Das ist natürlich der beste Weg, du gehst direkt zur Quelle der göttlichen Liebe, aber es könnte nicht schaden, wenn du auch noch jemand anderen um seine Fürbitte ersuchen würdest. Hast du irgendein Skapulier?«

Ich hatte keines.

Schwester Zofia öffnete ein wenig ihre Tracht und enthüllte ein wahres Arsenal von blechernen und in Leinen gebundenen Medaillons. »Ich mache keinen Schritt ohne sie. Solang ich sie habe, solang weiß ich, dass ich sicher bin.« Nach ausführlicher Überlegung wählte sie zwei Medaillons und reichte sie mir mit dem Rat, sie mir sofort an mein Leibchen zu stecken.

Ich bemühte mich, meine Skepsis zu verbergen. Es fiel mir nur sehr schwer, zu glauben, dass so ein Stückchen Blech mit einem ungeschickt darauf gepressten Bild irgendeine Macht haben sollte. Mit Unbehagen dachte ich an heidnische Amulette und an Hexenzauber, und dann, beschämt über meinen Mangel an Glauben, versuchte ich, mir meine Zweifel hinwegzurationalisieren. Vielleicht kam es ja gar nicht auf dieses Stückchen Blech an ... aber warum sollte man es dann überhaupt tragen? Die strahlende Aura rund um Schwester Zofia trübte sich plötzlich ein kleines bisschen. Jetzt kam sie mir fast schon menschlich vor.

Unsere Spaziergänge mit Vater Cäsar gefielen mir immer besser und besser. Während die anderen Mädchen rund um uns durch den Wald rannten, gingen wir nebeneinander her und verloren uns in tiefe Diskussionen. Mit ihm fühlte ich mich viel unbefangener als mit Schwester Zofia, die mich oft so einschüchterte, dass eine freie Diskussion kaum noch möglich war. Ihre Unbeugsamkeit, ihr Bestehen auf dem höchsten Standard in allem und jedem, ihr völliges Außerachtlassen aller menschlichen Schwächen und Bedürfnisse stellte sie völlig außerhalb meiner Reichweite. Ich verehrte sie als Ideal aller Tugenden, aber um mich nicht ihrer Verachtung, mit der sie so freigebig war, auszusetzen, log ich oder unterdrückte wenigstens eine ganz natürliche Reaktion, wie zum Beispiel zu essen, wenn ich hungrig war, oder zu zittern, wenn ich fror. Bei Vater Cäsar durfte ich ich selbst sein.

Wenn er bei den Dorfleuten um Essen bettelte, dann trug er dabei in seinem Herzen keine Verachtung für unseren vulgären Appetit. Und obwohl er nie eine Mahlzeit mit uns teilte und sich sogar lachend weigerte, auch nur einen Bissen von dem zu essen, was er uns brachte, und immer behauptete, er habe Magenverstimmung oder habe sich überessen, wussten wir, dass er uns auch nicht das kleinste Krümchen wegnehmen wollte. Er war völlig unbefangen, rannte mit uns, sprang über Gräben, schleppte die Jüngsten auf dem Rücken oder versteckte sogar beim Versteckspiel ein Kleines in den Falten seiner Kutte. Schwester Zofia schreckte vor jeder Berührung zurück und verabscheute laute Spiele und was sie »Wildheit« nannte – das alles musste man um jeden Preis zu unterdrücken suchen. Aber was mir Vater Cäsar am sympathischsten machte, war seine völlig vorurteilslose Einstellung zu Wissen jeder Art. Sein Lerneifer, seine Gier, neue Bücher zu lesen und sie nachher mit jemandem zu besprechen, glich so sehr meinen Gefühlen, dass ich oft den Abgrund der Jahre, die uns trennten, sowie seine höhere Bildung völlig vergaß.

Unsere jüngste Entdeckung war, dass manche Leute bestimmte Worte in Farben sahen, und ich gab zu, dass ich das Alphabet schon immer in dieser Art gesehen hatte und auch die meisten Wörter, die mit einem Großbuchstaben begannen. Bisher hatte ich gedacht, dass es allen Leuten so ging. Ich hatte eine Liste der Buchstaben und der ihnen zugeordneten Farben für Vater Cäsar gemacht, der mich manchmal überraschend ausfragte, um zu sehen, ob sich diese Verbindungen änderten. Sie blieben immer gleich. Diese Verbindung zwischen Farben und Klängen war in meiner frühen Kindheit entstanden, sobald ich lesen gelernt hatte, und war unerschütterlich. Das passierte auch bei Vornamen und besonders bei der Kombination von zwei Namen, deren Farben sich manchmal genauso schmerzhaft schnitten wie eine musikalische Dissonanz. Dieses Thema beschäftigte uns manchmal stundenlang.

Schwester Zofia bemerkte mein neues Interesse und auch den Umstand, dass ich nicht die Einzige war, die Vater Cäsar faszinierend fand. Einige von den älteren Mädchen, mit Ausnahme von Vera, die nichts übrig hatte für unsere »Hirngespräche«, kamen jetzt immer mit Vater Cäsar auf seinen Spaziergängen mit und rangen um seine Aufmerksamkeit. Er nahm sich für jede Einzelne von uns Zeit und keine kam sich vernachlässigt vor.

An einem strahlenden Oktobernachmittag schickte Schwester Zofia den Chor nach der Probe fort, bat aber fünf von uns, noch zu bleiben.

»Mir ist bei einigen von euch eine neue Begeisterung aufgefallen«, krächzte sie und sammelte ihre Noten ein, »und ich würde euch gern warnen. Gegen jugendliche Begeisterung ist nichts einzuwenden. Es ist klar, dass ihr in eurem Alter noch öfter solche Anfälle haben werdet, aber bitte seid vorsichtig. Ihr lasst euch alle leicht führen und haltet gern jede neue Idee für ein Evangelium. Ich habe Vater Cäsar gern. Ich finde, er hat so etwas Frisches in seiner Einstellung. Eine gewisse Naivität, wenn ihr wisst, was ich damit meine. Das kommt im Wesentlichen von seiner großen Jugend und einem bestimmten Mangel an ... sagen wir, Erfahrung. Schließlich wird sich so ein Junge, der wahrscheinlich von einer Bauernfamilie stammt und als Kind kaum etwas gelernt hat, naturgemäß ganz überwältigt fühlen, wenn er in ein Seminar kommt und sieht, was es noch alles für ihn zu lernen gibt ... Wenn er einen guten

Kopf hat und Wissensdurst, dann wirft er sich darauf, etwa wie ein Verdurstender sich in einen Bach wirft, um zu trinken. Es kommt ihm dabei vielleicht gar nicht so sehr darauf an, was er da trinkt. Neben echtem Wissen wird er auch allerhand aufnehmen, was reiner Mist ist, und es wird vielleicht Jahre dauern, bis er lernt, die Dinge zu sieben, bevor er sie als Ganzes schluckt. Aber bis er das lernt, ist er ein ziemlich zweifelhafter Führer, besonders für so eine Herde von dummen Gänsen, wie ihr es seid ... Also bitte, seid vorsichtig. Haltet eure Begeisterung im Zaum. Lasst ihm Zeit, mehr an sich selber zu arbeiten als an euch.«

Leicht verstört kehrten wir in unsere Zimmer zurück und vermieden es, einander in die Augen zu schauen. Es schien unglaublich, ja unmöglich, aber trotzdem ... war es denkbar, dass Schwester Zofia eifersüchtig war?

Ein paar Tage später nahm meine Beziehung zu Vater Cäsar eine unerwartete Wendung. Bei einem seiner häufigen Besuche in unserem Zimmer bemerkte er mein Tagebuch und fragte mich, neugierig wie immer, was ich da drin schrieb. Ich versuchte, es unter meinen Schulbüchern zu verstecken, aber er langte mit einem langen Arm über meine Schulter, schnappte das Tagebuch und hielt es hoch über seinen Kopf.

»Das werde ich lesen«, verkündete er. »Endlich werde ich alle deine Geheimnisse erfahren!«

Damit tanzte er durchs Zimmer und wich meinen verzweifelten Versuchen, das Buch wiederzubekommen, geschickt aus.

Mir wurde vor Entsetzen ganz kalt. Das Tagebuch enthielt ziemlich viel von meinen »Geheimnissen«, und obwohl das meiste in einem besonderen Alphabet geschrieben war, das ich erfunden hatte, als ich zu schreiben anfing, und das ich für kindersicher hielt, war mir doch klar, dass Vater Cäsar keine Schwierigkeit haben würde, es zu entziffern. Aber ich durfte gleichzeitig auch nicht zeigen, wie viel Angst ich hatte, denn das würde seine Neugier nur noch mehr reizen und außerdem auch die anderen Mädchen aufmerksam machen.

Er rannte in den Gang, ich hinter ihm her, und stürzte in das Zimmer, das er mit den anderen Priestern teilte.

Das war natürlich für alle anderen streng verbotenes Territorium, aber mir war jetzt schon alles egal. In gespieltem Entsetzen scheuchte mich Vater Cäsar hinaus.

»Du wirst einen Fluch auf dein dummes Haupt ziehen! Hier darfst du nicht herein!«

Ich zerrte an seinem Ärmel und versuchte noch immer, das Buch zu erwischen. Meine Aufregung musste ihm schließlich doch aufgefallen sein, denn er wurde plötzlich ernst, gab mir das Tagebuch zurück, kam zu mir in den Gang heraus und entschuldigte sich für sein Benehmen.

»Ich wollte dir wirklich nicht nahe treten. Jedes Kind hat immer ›schreckliche Geheimnisse‹, die einem Erwachsenen gar nicht so schrecklich vorkommen. Ich liebe Kinder und ich möchte mein ganzes Leben lang mit ihnen arbeiten. Natürlich möchte ich sie gern gut kennen lernen. Und ein Tagebuch ist das beste Mittel, um jemanden wirklich gut kennen zu lernen. Deshalb wollte ich deins gern lesen. Ich dachte nicht, dass du mir das so übel nehmen würdest. Es tut mir schrecklich leid, dass ich dich so aufgeregt habe. Kannst du mir verzeihen?«

Ich nickte sprachlos.

Er hellte sich wieder auf. »Würdest du mich nur ein bisschen davon lesen lassen? Ein paar Seiten? Blättere einmal durch, streich die Seiten an, die ich nicht lesen soll, und ich verspreche dir, ich schaue sie nicht an. Wie wäre das?«

Ich wollte nicht kleinlich und undankbar aussehen und rundheraus ablehnen, aber ich glaubte nicht, dass er sein Versprechen halten würde. Das würde keiner.

»Ich muss es mir vorher noch durchlesen«, sagte ich unsicher.

»Großartig. Also, das ist ein Versprechen. Ich kann mich auf dich verlassen. Gib's mir in ein paar Tagen!«

Das Tagebuch an mich gepresst, kehrte ich in unser Klassenzimmer zurück. Es war gar nicht notwendig, dass ich es durchlas. Es gab keine einzige Eintragung, wo nicht von kompromittierenden Dingen die Rede war. Vater Cäsars idealistische Vorstellungen von Kindheit waren ja sehr schön. Und es war erfreulich zu wissen, dass er sich so für mein Innenleben interessierte, aber das hatte nicht das Geringste zu tun mit meinen Erinnerungen an das Ghetto, meinen Ängsten um Vaters Sicherheit oder – vom Erhabenen zum Lächerlichen ist nur ein Schritt – mit meiner Scham darüber, dass ich, wie sich herausstellte, jetzt genauso Läuse hatte wie alle anderen. Davon war doch sicher nichts notwendig oder relevant für sein Verständnis der Kinderseele?

Aber ein Versprechen durfte man nicht brechen. Ich brütete zwei Tage lang unglücklich vor mich hin und am Freitag ging ich zu ihm zur Beichte.

»Ich bin in einer sehr schwierigen Lage, Vater«, flüsterte ich in die Finsternis des Beichtstuhls. »Ich habe ein Versprechen gegeben, das ich beim besten Willen nicht halten kann.«

»Erzähl mir alles«, sagte er.

Ich sagte es ihm. Er sprach mich frei und gab mir die Absolution. Als er an diesem Abend beim Essen durch die Halle ging, blieb er stehen und sah mich eine Minute lang an. Er sah verwirrt und traurig aus, kam aber später nie wieder darauf zurück. Aber von da an war er eher noch freundlicher und besorgter um mich als früher.

Der fette Joachim fuhr auf Urlaub und sofort verschlechterte sich unser Essen. Wieder traf eine Gruppe von Mädchen bei uns ein, die aus dem Lager außerhalb von Warschau hatte flüchten können. Von ihnen hörte ich, dass in meinem ersten Kloster jetzt vierhundert Kinder waren statt der üblichen etwa hundert; und dass das gesamte weltliche Personal nach Deutschland zur Zwangsarbeit verschleppt worden war. Frau Rolska, die bei Beginn des Aufstands ihr Sanatorium verlassen hatte, musste auch darunter gewesen sein.

Mit feuriger Pracht senkte sich der Herbst auf die Wälder rund um uns, aber die Flammen waren schon am Erlöschen, vom Regen erstickt, die Blätter wurden braun und an den Büschen wurden die essbaren Beeren immer weniger. Wir durchstreiften die Wälder wie ein Rudel hungriger Tiere, beknabberten und kosteten alles und zitterten ständig davor, dass einer sich einmal eine Mahlzeit aus den Belladonna-Beeren genehmigte, die überall am Waldrand wucherten. Bei der Vorstellung, dass der Winter immer näher rückte, liefen mir kalte Schauer über den Rücken; den ganzen Tag in stinkenden, kalten Zimmern eingesperrt zu sein, unter Mädchen, die vor lauter Enge alle stachelig wurden wie Brombeerstauden, und alles noch verschärft durch ständigen Hunger. Die früh einbrechende Dämmerung war trüb und bedrohlich, die kalten, nieseligen Morgen noch hoffnungsloser als zuvor. Mein Zahnfleisch blutete wieder, aber es hatte keinen Zweck, damit zu Schwester Adele zu gehen, denn sie hatte in ihrer Erste-Hilfe-Kiste nur noch Augentropfen, sonst gar nichts.

In dieser deprimierenden Atmosphäre verliebte sich Ela bis über beide Ohren in einen Priester, der hier zu Besuch war, einen stillen, zerbrechlichen, silberhaarigen Mann, der eine hohe Stellung in seinem Orden innehatte. Da er aber weder sie noch irgendein anderes Mädchen auch nur zu bemerken schien, konnte sie nur dadurch an ihn herankommen, dass sie jeden Freitag zur Beichte ging, und wir zerbrachen uns den Kopf darüber, was um Himmels willen sie denn zu beichten hatte, da sie, wie immer, die Verkörperung aller christlichen Tugenden war. Noch dazu dauerte jede ihrer Beichten unglaublich lange und man konnte sich einfach nicht vorstellen, dass ein Mensch in einer kurzen Woche so viele Sünden angesammelt hatte.

Schließlich bemerkte Schwester Zofia, was los war, und ihre Reaktion ließ nicht auf sich warten. Ela wurde ausgelacht, ihre Liebe auf jede Art verspottet und das immer in unserer Gegenwart. Sie errötete, weinte, versuchte sich zu verteidigen, fuhr aber trotz allem mit ihren freitäglichen Seelenerforschungen fort. Die Mutter Oberin war die Einzige, die sie zu verstehen schien, ja sie sogar unterstützte.

»Es ist ihre erste Liebe«, versuchte sie uns zu erklären. »Jede von euch wird eines Tages Sterne sehen um den allergewöhnlichsten Menschen und die ganze Welt wird wie verzaubert sein. Ihr sollt Ela nicht auslachen. Ich bin sicher, dass früher oder später jede von euch die gleiche Erfahrung durchmachen wird, und es kann ganz leicht sein, dass ihr eine schlechtere Wahl trefft als sie.«

Der fette Joachim kam aus dem Urlaub zurück und trug einen fetten Arm in Gips und wir umarmten einander vor Freude. Anscheinend wurde jetzt Deutschland schwer zerbombt, seine Städte wurden in Schutt und Asche gelegt und seine Leute hockten in den Kellern, wie wir es so oft getan hatten.

»Geschieht ihnen recht«, stellten wir fest. »Endlich bekommen sie etwas ab von ihrer eigenen Medizin.« Man flüsterte sich allgemein zu, dass sich der fette Joachim seinen Arm bei einem Luftangriff gebrochen und dass er seine Familie verloren hatte. Die anderen Deutschen gingen herum und schauten drein wie Gewitterwolken, hatten offenbar große Sorgen, sie sahen finster und bedrückt aus. Ich machte weiter meine einsamen Waldspaziergänge, wann immer das Wetter es zuließ. Der Wald war der einzige Ort, wo ich Frieden fand, wo ich sicher war vor neugierigen Blicken und dauernden Störungen. Ich versuchte, wieder dieses Gefühl wachzurufen, dass Vater nahe war, aber es wurde jetzt immer schwächer, so, als würde er sich von mir entfernen. Falls er wirklich in diesen Wäldern gewesen war, musste er in eine andere Richtung gegangen sein, dachte ich unglücklich. Er hatte gar nicht bemerkt, wie nahe wir einander gewesen waren.

Als ich so ziellos von einem Baum zum anderen ging, kam ich in die Nähe einer kleinen Lichtung und blieb plötzlich stehen. Auf einem umgestürzten Baumstamm auf einem kleinen Grasflecken saß der fette Joachim. Sein gebrochener Arm lag ungeschickt auf seinen Knien, seine fassartige Brust hob und senkte sich heftig und große Tränen fielen eine nach der anderen auf die weiße Gipsschale. Ich drückte mich flach an einen Baum und starrte ihn mit offenem Mund an. Mein erster Gedanke war, dass sein Arm ihn heftig schmerzte, und eine wilde Freude stieg in mir auf, dass ich einen Deutschen über einen so läppischen Schmerz hier heulen sah. Aber sofort verjagte ein zweiter Gedanke diesen ersten. Männer weinten nicht wegen einem gebrochenen Arm. Große, stämmige deutsche Soldaten schon gar nicht.

»Es ist seine Familie, ihretwegen weint er«, dachte ich. Meine Freude verflog in nichts. Meine Eingeweide schienen sich schmerzhaft zu verknoten, genauso wie wenn ich an meine eigenen Eltern dachte. Ich wehrte mich gegen dieses Gefühl, war entsetzt darüber, schämte mich, aber es wollte nicht verschwinden.

Angesichts dieses furchtbaren Schmerzes sah ich die grüne Uniform gar nicht mehr, die für alles stand, was ich hasste und fürchtete. Ich hatte nur den einen unwiderstehlichen Wunsch: zu ihm hinzulaufen, an seiner Seite zu knien und mit ihm zusammen über alle unsere Toten zu weinen. Aber das wäre natürlich Wahnsinn, wenn nicht überhaupt Verrat gewesen.

Ich trat von dem Baum zurück und kroch lautlos in den Wald. Nach einem langen Spaziergang hatte ich mich endlich so weit gefangen, dass ich wieder heimgehen konnte. Aber ein kleiner nagender Zweifel blieb. Warum hatten mich Joachims Tränen so aufgeregt? Warum hatte ich mich nicht stattdessen darüber gefreut? Hatte ich durch diese erbärmliche Schwäche nicht meine eigene Seite verraten? Es war doch sicherlich absurd zu glauben, dass ein Jude und ein Deutscher jemals vereint sein könnten, und sei es im Schmerz? Verstört über meine Reaktion, zu beschämt, um darüber mit jemand zu sprechen, nicht einmal mit Vater Cäsar, zog ich mich noch weiter in mich selbst und in meine Bücher und meine Träume zurück.

Bald nach diesem denkwürdigen Tag kam der älteste »unserer« Deutschen zur Mutter Oberin und teilte ihr mit, dass eine Gruppe von Ukrainern in eines der Zimmer im Erdgeschoss einziehen würde.

»Von jetzt an müssen alle Mädchen oben bleiben«, warnte er sie. »Sie sollen sich nicht allzu viel im Haus zeigen und lassen Sie sie nie, unter keinen Umständen, die Zimmer dieser Männer aufräumen. Wir werden leider auch auf unsere Aufräumemädchen verzichten müssen, denn die Ukrainer werden neben uns wohnen. Diese Männer sind wie wilde Tiere, man kann nie wissen, was sie im Schilde führen.«

Blass vor Sorgen dankte ihm die Mutter Oberin für seine Warnung und er sah sie an und schüttelte traurig den Kopf. Im Gehen wandte er sich noch einmal um: »Und lassen Sie die Kinder alle diese patriotischen Lieder nicht gerade vor unserer Nase singen; wir können die Worte nämlich verstehen ...« und damit ging er schnell hinaus.

Wir schleppten unsere Esstische in den ersten Stock und lebten von diesem Tag an in ständiger Furcht vor unseren neuen Nachbarn. Sie kamen in der nächsten Nacht, betranken sich sofort und fingen zu singen an. Später in derselben Woche schossen zwei von ihnen mit Pistolen aufeinander los, rannten schießend unser Stiegenhaus hinauf und hinunter und wurden schließlich von den Deutschen entwaffnet. Wir hörten Schüsse und Schreie und die gutturalen Flüche der Deutschen und bis zum Morgen traute sich niemand zu schlafen.

Als die Kartoffelferien kamen, blieb ich zu Haus. Mein Skorbut fing wieder an, jeder Bissen schmerzte mich. Bei der geringsten körperlichen Anstrengung fiel ich in Ohnmacht oder bekam solche Atemnot, dass ich jedes Mal überzeugt war, ich müsste sterben. An meinen Händen und auf einer Fußsohle bildeten sich merkwürdig aussehende Abszesse und schließlich musste ich doch, wenn auch ungern, Schwester Blanche aufsuchen.

Sie untersuchte meine eitrige Hand und ließ sie voll Abscheu wieder fallen: »Du hast Krätze.«

»Das ist nicht wahr!«, rief ich empört.

»Doch. Du wäschst dich nicht oft genug, daher kommt es. Wir tun, was wir können, um dir Reinlichkeit beizubringen, aber wie können wir hoffen, gegen rassische Eigenheiten anzukommen? Was von einer Generation zur anderen weitervererbt wird... Dein Volk war immer dreckig und wird es immer sein ...«

Ich war sprachlos vor Empörung, unfähig, eine Antwort zu finden. Natürlich war jedermann im Kloster fest davon überzeugt, dass Juden schmutzig waren. Zahlreiche Geschichten waren darüber im Umlauf und es würde sicher niemandem je gelingen, an dieser Überzeugung zu rütteln.

»Du gehst jetzt in deine Klasse und erklärst Schwester Zofia, warum du nicht mehr zum Unterricht kommen kannst. Es geht nicht, dass du alle anderen mit Krätze ansteckst. Dann kommst du zu mir zurück und ich werde mich um das Weitere kümmern.«

Ich versuchte zu protestieren, aber meine Stimme blieb mir im Hals stecken. Schwester Zofia war der letzte Mensch auf Erden, dem ich diese Mitteilung machen wollte. Aber Schwester Blanche wusste genau, wie mir zumute war, und zwang mich zu gehen. Ich betrat die Klasse und blieb stehen, in dem schmalen Gang zwischen den Pulten schwankend. Schwester Zofia hob die Augen von ihrem Buch und runzelte die Stirn. »Steh nicht da herum, du kommst ohnehin schon zu spät. Hast du eine Entschuldigung?«

Ich machte den Mund auf und rang nach Luft. Lieber sterbe ich, bevor ich es ihr sage, dachte ich verzweifelt und hoffte, dass ich tatsächlich tot umfallen würde, bevor die schrecklichen Worte ausgesprochen wurden.

Schwester Zofia musterte mich ungeduldig. »Also? Was ist los? Wenn du nichts zu sagen hast, dann bleib nicht stehen und schnapp nicht nach Luft wie ein Fisch auf dem Trockenen. Setz dich!«

»Ich kann nicht mehr zum Unterricht kommen«, hörte ich mich krächzen, »ich habe die Krätze.«

Der Klasse entrang sich ein Laut des Entsetzens. Schwester Zofia richtete sich starr auf, wich instinktiv vor Abscheu zurück und ich schloss die Augen.

»Hinaus«, hörte ich die heisere Stimme flüstern, durch das Geräusch von steigendem Wasser und Glockenläuten hindurch, und spürte, wie die kalten Wellen über mir zusammenschlugen. »Du solltest dich schämen, mit so einer Nachricht hier aufzutauchen. Ich verstehe überhaupt nicht, warum du gekommen bist. Bist du stolz darauf?«

Die Tür fiel zu. Ich fand zu dem Korridor zurück, wo Schwester Blanche in einer weißen Schürze mich ins Badezimmer winkte. In zornigem Schweigen zog sie mich aus, stellte ein großes Becken mit heißem Wasser auf einen Hocker und beugte mich darüber.

»Ich werde dich jetzt von oben bis unten abschrubben, vielleicht wirst du davon gesund.« Damit nahm sie eine Bürste mit ganz steifen Borsten und machte sich an die Arbeit, als wäre ich ein Möbelstück. Ich dachte, die Bürste würde mir Streifen vom Rücken reißen, aber ich biss die Zähne zusammen und wartete verbittert darauf, was sie wohl mit meiner Hand tun würde. Die war mit Abszessen bedeckt, alle Gelenke waren aufgesprungen und entzündet und meine Handfläche sah aus wie eine kleine vulkanische Insel in vollem Ausbruch. Schwester Blanche packte mich energisch an den Fingern und fuhr mit der Bürste darüber, als würde sie Stiefel putzen. Ich riss mich von ihr los und flüchtete in die Ecke. Die Vulkane spuckten alle Blut auf den Kachelboden.

»Na, na, nur keine Hysterie«, ermahnte sie mich und warf mir ein Handtuch über den zitternden Körper. »Wenigstens bist du den Dreck losgeworden ...«

Sie stellte das Waschbecken auf den Boden, schob mich auf den Hocker und kniete nieder, um mir die Füße zu waschen. Wieder biss ich die Zähne zusammen und betete um Kraft. Ich hatte es nie ertragen können, wenn jemand meine Füße anrührte, aber das war jetzt nicht der Zeitpunkt, um kitzlig zu sein. Irgendwie hielt ich durch, solange sie an meinem gesunden Bein schrubbte. Am linken Fuß hatte ich zwei riesige Abszesse mitten auf der Sohle und er war weit über den Knöchel hinauf geschwollen. Schwester Blanche hob ihn aus dem Wasser und da verlor ich barmherzigerweise das Bewusstsein. Bevor sich jedoch die Dunkelheit auf mich senkte, spürte ich eine riesige Flamme des Schmerzes mein Bein emporschlagen und hörte einen durchdringenden Schrei.

Als ich einen Augenblick später zu mir kam, war das Badezimmer voller Mädchen, die mit offenen Mündern starrten. Schwester Blanche saß in einer großen Seifenwasserlache auf dem Boden und war triefnass. Ich musste, bevor ich in Ohnmacht gefallen war, das Waschbecken umgestoßen haben. Sie krabbelte hoch, wrang ihre Tracht aus, warf die Bürste auf den Boden und stelzte hinaus, vor Wut sprachlos. Ela und Tamara halfen mir auf und verbanden meinen Fuß, aus dem das Blut spritzte wie aus einem Geysir. Einen Moment später kam Schwester Blanche zurück.

»Zieh das an.« Sie reichte mir einen dünnen Kattunkittel, der von oben bis unten durchgerissen war. »Das ist alles, was du von jetzt an tragen kannst. Du kannst uns nicht zumuten, dass wir alle deine Kleider desinfizieren.« Schweigend führte sie mich die Stiegen hinauf bis fast unters Dach, wo ein Bund Stroh auf den Zementboden des Stiegenabsatzes geworfen war. Hier in der Ecke, zwischen zwei Treppen und den langen Fenstern, wo das Stiegenhaus eine Biegung machte, sollte ich bleiben, bis ich geheilt war. Ich bekam noch eine fadenscheinige Decke, dann ließen sie mich allein.

Ich kauerte mich in die Ecke, die am weitesten von den Fenstern entfernt war. Die Hälfte der Scheiben war eingeschlagen. Grau und bedrohlich sah der Novemberhimmel zu mir herein. Kurz zuvor hatte es leicht geschneit und es sah so aus, als würde bald noch mehr Schnee herunterkommen. Der Wind pfiff durch die Löcher in den Scheiben, raschelte im Stroh und blies durch meine Decke. Mein Fuß pochte. Die Abszesse schlossen sich, schwollen aber mit alarmierender Schnelligkeit wieder an. Von meinem Knöchel bis zum Knie zog sich ein breiter roter Striemen.

»Hier werde ich sterben«, dachte ich. »Ich werde vor Kälte sterben, wenn mir nicht jemand noch ein paar Decken bringt oder etwas zum Anziehen.« Mein Kattunkleid wärmte überhaupt nicht. Die normalen Hungergefühle hatten sich in einen beißenden Schmerz verwandelt, der manchmal so arg wurde, dass ich mich zusammenkrümmte. In der Dämmerung kam Schwester Blanche zu meinem Lager heraufgerauscht und trug eine Dose mit etwas drin, das aussah wie Schuhschmiere, und noch eine Bürste, diesmal war es eine Zahnbürste. Auf dem Boden kniend versuchte sie, mir die schwarze Schmiere auf die Hand zu schmieren, aber das Zeug war hart gefroren wie Stein, die Zahnbürste kratzte kleine Brocken heraus und presste sie auf meine Wunden. Ich schaute finster und wand mich und konnte sie am Ende davon überzeugen, dass ich das am besten selbst erledigte. Ich war sicher, dass es ohnehin nichts nützen würde. Die Schmiere war für Krätze, und was ich auch immer hatte, Krätze war es jedenfalls nicht.

Die Nacht, die ich auf diesem Treppenabsatz verbrachte, wird mir für immer als die finsterste und schmerzvollste aller Nächte meines Lebens im Gedächtnis bleiben. Zu der beißenden Kälte und dem Hunger und den unerklärlichen Qualen in meinem Magen kam noch der peinigende Schmerz in meinem Bein dazu, das aus der Haut zu platzen schien. Die Abszesse waren einer nach dem anderen »reif« geworden, aber die Haut war nach einem Sommer lang Barfußgehen im Wald zäh wie Leder, sie wollte nicht nachgeben. Ich suchte wie verrückt nach einem scharfen Gegenstand, um sie aufzustechen, aber ich fand nichts. Nicht einmal meine Nägel waren lang genug.

Irgendwann während dieser endlosen Stunden fiel mir plötzlich ein, dass ich doch eine große Sicherheitsnadel hatte, die sehr wohl als Skalpell dienen konnte. Als man mir die Unterkleider ausgezogen hatte, hatte ich mir die beiden Medaillons von Schwester Zofia an mein Kattunkleid gesteckt; fieberhaft machte ich jetzt die Nadel auf, schüttelte die Medaillons auf den Boden und rannte mir, ohne eine Sekunde zu zögern, die Spitze in den Fuß. Die sofortige Erleichterung trieb mir die Tränen in die Augen. Ich durchstach den anderen Abszess, heftete die Medaillons wieder an mein Kleid und kroch dann hinunter in unseren Gang. Der hatte einen Holzfußboden, der mir nach dem windgepeitschten Zementfußboden auf dem Treppenabsatz richtig warm vorkam. Noch zweimal durchstach ich mir in dieser Nacht meinen Fuß, bemerkte dabei, dass die Nadel ziemlich rostig war, fragte mich vage, was für Folgen meine chirurgischen Eingriffe haben würden, und schleppte mich im Morgengrauen wieder hinauf.

Vor Kälte zitternd und vor Fieber glühend, verkroch ich mich im Stroh. Der Zement fühlte sich wie ein Eisblock an, der Wind blies Hagel und Schnee durch die eingeschlagenen Fenster. Ich zog meine Knie bis zum Kinn hoch, schloss meine Augen vor dem tobenden Winterhimmel und sank in einen halb bewussten Traum; zurück in die verwinkelten Gassen voller Schlaglöcher, durchwogt von einer abgerissenen Menge; in den schmutzigen, hart gefrorenen Schnee, zu den erfrorenen nackten Körpern an den Wänden, zugedeckt mit Zeitungspapier, an dem der Wind zerrte. Zurück ins Ghetto.

… mit Tosia durch unsere Straße gehend, jede hängte sich an Vaters Hand und versuchte, über vereiste Stellen zu rutschen. Vater, wie er über unsere ungeschickten Bewegungen lachte. Tosia und ich, beide so warm angezogen gegen die Kälte, dass wir steif waren wie Schneemänner. Bei der Kreuzung, wo die Schlaglöcher besonders tief sind und das Katzenkopfpflaster verräterisch unter dem harten Schnee lauert, verabschieden wir uns von Tosia, die auf der gegenüberliegenden Straßenseite wohnt, in dem Eckhaus.

Wir stehen und sehen ihr zu, wie sie über die Hügel und Löcher auf der Straße klettert, steifbeinig in ihren wollenen Strümpfen, die Arme ungeschickt ausgestreckt, rutschend und kichernd, während wir ihr ermunternd zurufen. Endlich hat sie die andere Seite erreicht, jetzt klettert sie über den riesigen Berg von schmutzigem Schnee im Rinnstein. In diesem Augenblick fällt Vater aber etwas sehr Wichtiges ein und er ruft sie zurück.

Verschreckt steht sie am Straßenrand, hat große Angst davor, diesen Weg noch einmal machen zu müssen.

»Du musst zurückkommen, Tosia, es ist sehr wichtig. Es tut mir Leid, dass ich dir's nicht vorhin gesagt habe. Nein, zubrüllen kann ich dir's nicht. Es ist ein Geheimnis!«

Mit einem Stöhnen geht Tosia los, weicht den Gruben auf der vereisten Straße aus, während wir sie drängen und ermuntern und ermutigen. Keuchend kommt sie an und hängt sich an Vaters Arm, glühend vor Neugier.

»Was ist es denn?«

»Was ich dir sagen wollte, Tosia, Liebling: Du musst sehr vorsichtig sein, wenn du über die Straße gehst. Es ist furchtbar rutschig ...«

Mit Yola zwischen den Trümmern eines ausgebombten Krankenhauses herumlaufend – oder war es eine Kirche? Durch eine vom Wind gepeitschte kalte Straße voll von trockenen Blättern. Yola erspäht die leere Metallhülse eines Papierkorbs, noch immer auf seinem Pfosten. Im Nu ist sie dort und drin, ihre dünne Gestalt rutscht bis hinunter, ihr lachendes Gesicht guckt zwischen ihren Knien zu mir herauf. Zusammengefaltet sitzt sie drin, wie ein Känguru-Baby in der Bauchtasche seiner Mutter. Der Korb fällt herunter und der Aufprall treibt sie so fest hinein, dass sie nicht mehr heraus kann, und ein paar Momente lang kämpfen wir verzweifelt zwischen Angst und Gelächter, ungewiss, ob das der beste aller Witze ist oder aber ein schreckliches Unglück. Es gelingt mir, sie herauszuziehen, sie klopft ihren Mantel ab, ein paar Augenblicke lang gehen wir Seite an Seite, ernst und gesetzt, zwei wahre Mustermädchen auf einem Spaziergang, bis uns plötzlich der Herbstwind in die Röcke fährt und unser Haar zerzaust, und wir lachen und laufen und tanzen und die trockenen Blätter um uns schwirren ...

Und dann bin ich zu Haus, wirklich zu Haus, in unserer Stadt vor dem Krieg, und es muss mein Geburtstag sein und Weihnachten zusammen, was in Wirklichkeit nie passieren könnte, denn Weihnachten feiern wir nie und mein Geburtstag ist außerdem drei Monate später, aber jetzt feiern wir beides zusammen und Mutter fragt mich, wen ich gern zu meiner Geburtstagsfeier einladen möchte.

»Alle Kinder aus dem Kloster«, sage ich.

»Und was sollen wir ihnen zu essen anbieten?«

Ich überlege lange; sonst gab's immer Brötchen und Kuchen und Schokolade und Obst und alle Arten von Keksen. Nein, wenn man so hungrig ist wie wir, dann mag man keine Kuchen.

»Machen wir einen großen Topf voll Gemüsesuppe mit viel Kartoffeln drin.« Und glühend vor Vorfreude wache ich auf meiner Hand voll Stroh auf und spüre, dass die Abszesse sich wieder gefüllt haben und dass es Zeit ist, sie mit meiner rostigen Nadel aufzustechen, bevor mich der Schmerz wahnsinnig macht ...

Spät am selben Nachmittag kommt Schwester Adele von ihrer Reise zurück und besucht mich. Sie bringt die gleiche Salbendose mit, hat aber so viel Verstand, sie ein paar Minuten lang auf dem Ofen zu lassen, bis das Zeug geschmolzen ist. Jetzt muss man es nicht mit der Bürste hineinreiben, es geht auch mit dem Finger.

Während ich meine Hände mit der schwarzen, übel riechenden Schmiere einreibe, sieht sie sich meinen Fuß an und schnalzt dabei wie eine besorgte Glucke. »Du brauchst eine Injektion, das sieht sehr bös aus.« Mein Knie war geschwollen und der rote Striemen schob sich schon über meinen Schenkel. Von meinen chirurgischen Eingriffen sagte ich lieber nichts, zeigte ihr aber schüchtern meine Hände.

»Glauben Sie wirklich, dass das Krätze ist?«

Verblüfft sah sie mich an. »Krätze? Was für eine furchtbare Idee! Wer hat dir denn das in den Kopf gesetzt? Du hast nicht im geringsten Krätze, Kind. Du hast Gelbsucht, du hast in diesem Fuß hier eine böse Infektion und deine Knochen sind offen wegen der Unterernährung. Du brauchst Essen und viel Vitaminpillen und Lebertran, doch das einzige, was ich habe, ist diese schwarze Schmiere und Zinkaugentropfen!« Plötzlich klang ihre Stimme nahe den Tränen und nur wegen meiner schrecklich schmierigen Arme wagte ich es nicht, sie an mich zu drücken.

»Wir müssen dich auch von diesem Treppenabsatz herunterholen, sonst erfrierst du uns noch. Wie hast du nur die letzte Nacht durchgestanden?«

Glücklicherweise wartete sie nicht auf eine Antwort. Innerhalb einer Stunde war ich wieder unten im Gemeinschaftsraum, nachdem Schwester Adele nachdrücklichst erklärt hatte, dass ich trotz meiner offenen Wunden und meiner Gelbsucht nicht ansteckend war. Die Heizkörper waren vom Morgen her noch halbwegs warm; statt des Strohs hatten wir jetzt Matratzen, auf denen wir zu zweit schliefen. Meine Bettgenossin war Tamara, rundlich und weich, und wir schliefen wegen der Wärme eng umschlungen. Da sie nichts gegen meine Abszesse hatte, stieß ich mich erst recht nicht an ihrer Tb, obwohl sie seit dem Sommer zwei kleine Blutstürze gehabt hatte und ihre Brust auf höchst faszinierende Weise pfiff und ratterte. Es war, als würde man mit einer großen schnurrenden Katze schlafen. Verbunden und sauber fühlte ich mich jetzt ganz glücklich, obwohl ich wusste, dass ich bald sterben würde. Bis zum Frühling würde ich es keinesfalls mehr machen.

Meine Rückkehr in die Gruppe fiel zusammen mit dem Wiederauftauchen von zwei anderen unerwarteten Heimkehrern. Die erste war Alice, die zu Anfang des Sommers von einem Warschauer Flüchtlingspaar »adoptiert« worden war. Sie hatten ihre einzige Tochter bei einem Fliegerangriff verloren und der Mann dachte, dass ein anderes Kind seiner Frau vielleicht helfen würde, über den Schmerz hinwegzukommen. Die Schwestern gaben ihre Kinder gar nicht gern her und unter normalen Umständen wäre auch nichts draus geworden. Aber da wir in diesem Winter alle dem Verhungern entgegensahen, brachten sie ihre Skrupel zum Schweigen und wählten die kleine Alice.

Sie war das stillste und ordentlichste Kind in der ganzen Anstalt. Nie waren ihre Haare zerzaust, nie ein Fleck auf ihrem blassen kleinen Gesicht. Keiner hatte sie jemals weinen oder schreien gehört. Sie redete, wenn überhaupt, fast nur im Flüsterton, tat nie mit bei wilden Spielen, raufte nie mit den anderen und schien auf ihre stille Art recht glücklich zu sein.

Nach der Adoption kam sie uns ein- oder zweimal besuchen und wir trauten kaum unseren Augen. In einem wunderschönen schwarzen Kleid, das so kurz war, dass ihr Po hervorschaute, mit leuchtendem Haar und gerötetem Gesicht schnatterte sie pausenlos auf jeden ein, der bereit war, ihr zuzuhören. Und noch erstaunlicher war, dass sie, die früher jeden körperlichen Kontakt vermieden hatte, uns jetzt auf den Schoß sprang und ganz natürlich ihre Arme um uns legte. Aber was uns am meisten auffiel, war der Ausdruck ihrer Augen. Zum ersten Mal blitzten und strahlten sie. Endlich war Alice lebendig geworden.

Wir fragten sie wegen der schwarzen Kleider, die sie immer trug, und sie erklärte uns, das wäre aus Trauer um das andere kleine Mädchen, das gestorben war. Ihre neue Mami weinte sehr oft, aber mit ihrem neuen Papa war es sehr lustig. Er hatte ihr eine Puppe gekauft und einen Luftballon und das gehörte ihr ganz allein. Sie hatte ihre eigenen Kleider, Unterwäsche und Schuhe, ihr eigenes Bett mit Kissen, ihren eigenen Stuhl und Tasse und Teller. Alles gehörte ihr ganz allein und sie drückte die Puppe an ihre schwarz gekleidete Brust und zählte uns noch einmal die lange Liste ihrer Besitztümer auf. Jedenfalls war sie wirklich gut genährt und gekleidet und es war klar, dass es ihr in ihrer neuen Umgebung gut gefiel.

Aber als es anfing, richtig kalt zu werden, kam sie zurück. Das Experiment war fehlgeschlagen. Die Frau konnte nicht aufhören, um ihr verlorenes Kind zu weinen, und der Mann hatte die Geduld verloren. Alice kam mit ihren sämtlichen Besitztümern zurück und dem Versprechen, dass ihre »Eltern« sie bald besuchen würden, woraus aber nie etwas wurde. Schon am nächsten Tag saß sie wieder an ihrem alten Platz im Saal der Kleinen an der Wand, in ihrem alten Anstaltskleid – ihre schwarzen Kleider waren für den Anstaltsgeschmack zu kurz –, presste ihre Puppe an sich und starrte mit dumpfen, blicklosen Augen vor sich hin. Und so blieb sie, still und teilnahmslos, solange ich mich an sie erinnern kann.

Die zweite Heimkehrerin war Martha, die dünne Martha mit der Alabasterstirn, die kurz vor dem Aufstand aus unserem Haus verschwunden war. Sie erschien eines Abends, größer und dicker und sonnengebräunt und blieb schüchtern auf ihrem Bündel sitzen, während wir mit der Nachricht zur Mutter Oberin liefen.

Sie wollte uns nicht erzählen, was passiert war, nur dass sie den Aufstand in Warschau miterlebt hatte, in einem Keller versteckt, dass sie zusammen mit Renia, dem Albino, evakuiert worden war und dass sie beide nach Deutschland zum Arbeiten geschickt werden sollten, als Martha, Renia zurücklassend, aus dem Zug gesprungen war. Sie war von ein paar Bauern gerettet worden, die sie bei sich aufgenommen hatten und bei denen sie bis zum Herbst gearbeitet hatte. Dann hatte sie gehört, wo wir waren, war davongelaufen und hatte uns gefunden.

»Du hast es dir jedenfalls sehr gut gehen lassen«, bemerkte Vera. »Du hast sehr zugenommen. Schau dir nur deinen Bauch an!« Wir sahen alle auf ihren großen, vorstehenden Bauch, den sie vergeblich vor unseren Blicken zu verbergen trachtete. Ein verlegenes Schweigen senkte sich auf die Gruppe. Martha senkte den Kopf und begann leise zu weinen. Vera schnaubte vor Verachtung und drehte sich auf den Fersen um. Ein paar Augenblicke später wurde Martha zur Mutter Oberin geholt. Sie verließ uns noch am selben Abend, ganz heimlich, ohne sich von irgendjemandem zu verabschieden.

19

Der November näherte sich seinem nieselnden Ende. Ich konnte wieder gehen, mein Fuß war schließlich doch noch ganz von selbst geheilt. Aber für jede richtige Arbeit war ich zu schwach, und obwohl ich mich jeden Morgen pflichtgemäß zum Wasserpumpen meldete, rang ich schon nach ein oder zwei Radumdrehungen nach Luft und war kaum noch im Stande, mich in unseren Saal zurückzuschleppen. Die Mädchen hofften immer auf Vater Cäsar oder einen der anderen jungen Priester, die uns oft helfen kamen und die das Reservoir in der halben Zeit, die wir dafür brauchten, vollpumpten. Einmal lud Vater Cäsar auch unsern Kaplan ein, um zu »helfen«, und wir dachten schon, den armen Mann würde der Schlag treffen. Mit purpurrotem Gesicht keuchte er auf seiner Seite des Rades, der Schweiß lief ihm ins Genick, mit voller Kraft hängte er sich dran, während Vater Cäsar auf der anderen Seite sich wie eine verrückte Windmühle drehte und von einem Ohr zum anderen grinste. Als sie fertig waren, stolperte der Kaplan zu einem der Stützpfosten, ließ sich schwer dagegen fallen und wischte sich mit zittrigen Händen das Gesicht ab. Vater Cäsar streckte seine langen Arme zum Dach hinauf, sog tief Luft ein und lachte laut.

»Brrr! Man kann direkt spüren, wie gut einem das tut.

Wir haben hier wirklich nicht genug Bewegung. Ich hoffe, Sie werden jetzt öfter kommen, Hochwürden. Die Mädchen haben sicher nichts dagegen, wenn wir ihnen bei ihrer Arbeit helfen.«

Die Mädchen waren begeistert und schauten sich von jetzt an immer die Augen aus, aber obwohl Vater Cäsar kam, wann immer er konnte, sahen wir unseren Kaplan nie wieder auf dieser Seite des Gutshofs.

Da ich von der schweren Arbeit jetzt entschuldigt war, hatte ich meistens die Aufgabe, mich um die Kleinen zu kümmern, und meine Abneigung gegen sie wurde von Tag zu Tag größer. Es schien unmöglich, noch an sie heranzukommen. Sie saßen an der Wand, starrten blicklos vor sich hin, kauten an großen Bissen von Kerzentalg und wiegten sich hin und her. Diese sinnlose automatische Bewegung, die von den zurückgebliebensten Kindern, einem Zwillingspaar, begonnen worden war, schien ansteckend zu sein. Wenn ich sie nicht aus ihrer Starre wecken konnte, dann hatte ich vor mir eine Reihe Kinder, die sich vorwärts und rückwärts wiegten, die Köpfe an der Wand anschlagend, mit verglasten Augen und mit Mündern, die unaufhörlich auf diesem üblen Zeug kauten.

Meistens kam gerade dann Schwester Zofia dazu, steckte ihren Kopf zur Tür herein und explodierte vor Zorn: Ich war ein Parasit, unfähig zur allerleichtesten Arbeit, unfähig, meine Nahrung zu verdienen. Schämte ich mich denn nicht, zu essen?

Ihre Stimme weckte die kleinen Monster, die mit einem boshaften Leuchten in ihren Augen zugehört hatten und jetzt brav und folgsam aufstanden und bei irgendeinem läppischen Spiel mitmachten, solange die Schwester dabei war. Nichts schien einfacher, als sie zu unterhalten, sie wollten doch brav sein, man musste sich nur ein bisschen für sie interessieren ... Schwester Zofia ging hinaus und sofort ließen sich meine Schützlinge, wo sie gerade waren, zu Boden fallen, und alle meine Bitten und Drohungen stießen auf taube Ohren. Ich hatte ein Gefühl, als könnte ich sie alle umbringen.

Eine merkwürdige Unruhe breitete sich im Haus aus. In unsere zwei Säle eingesperrt, stritten wir, weinten, rauften oder saßen an den Fensterbrettern, taub gegen den Lärm rund um uns, und starrten auf die schwarze Wand des Waldes jenseits der Straße. Bei Sonnenuntergang schien der Himmel darüber wie in Blut gebadet und uns allen zog sich das Herz zusammen, wir spürten, dass irgendetwas Furchtbares dort lauerte, bereit, auf uns loszuspringen, wenn wir nicht hinschauten. Abgeschnitten von jedem Kontakt mit der Außenwelt, bis auf die wilden Gerüchte der Bauern, die am Sonntag in unsere Kirche kamen, wussten wir, dass eine große Gefahr immer näher kam, und fragten uns, ob wir auch dieses Mal verschont bleiben würden. Wie um uns aus diesem Brüten zu reißen, organisierte Schwester Zofia fast jeden zweiten Tag Konzerte und Tänze. Die Kostüme wurden dauernd geputzt und geflickt, jeden Nachmittag wurden vergessene Stücke geprobt und die kleine, zusammenfaltbare Bühne blieb jetzt immer aufgeklappt stehen. Die Ukrainer waren glücklicherweise an den meisten Abenden nicht da, aber die Deutschen kamen immer pünktlich, obwohl sie nicht eingeladen waren. Sie standen ganz hinten, nickten, stampften und klatschten und riefen häufig nach einer Zugabe. Ihr Beifall gefiel Schwester Zofia und brachte sie gleichzeitig auf. Sie schaute finster drein, hämmerte die Begleitung ins Klavier und war offensichtlich nicht im Stande, mit ihren gemischten Gefühlen fertig zu werden.

Am Tag des hl. Andreas gossen wir Wachs in Wasser

und prophezeiten daraus unsere Zukunft. Meine drei Voraussagen sagten zweimal, dass ich jung sterben würde, und einmal, dass ich ins Kloster gehen würde. Die leichte Angst, die das in allen von uns hervorrief, löste sich allerdings in nichts auf, als der einzigen verheirateten Frau unter uns – einer pensionierten Lehrerin – vorausgesagt wurde, sie würde als alte Jungfer sterben.

Wir fingen an, Weihnachtslieder einzustudieren. Tamara hatte wegen ihrer Brust den Chor verlassen und weinte sich jede Nacht die Augen darüber aus. Wir hatten alle geschworen, der Mutter Oberin nichts über ihre Blutstürze zu sagen. Sie würde sich nur schreckliche Sorgen machen, aber tun konnte ohnehin niemand etwas. Für ein Sanatorium war kein Geld vorhanden, und selbst wenn es welches gegeben hätte, so wollte Tamara jetzt ohnehin nicht von uns fortgehen, wo Tag und Nacht diese Bedrohung über uns hing. Vera, die jetzt die einzige Starsolistin war, wurde noch schwieriger und als sie eines Tages den Anweisungen der Schwester partout nicht gehorchen wollte, brach der Sturm los. Schwester Zofia schmetterte den Klavierdeckel zu und stand auf, scharlachrot vor Zorn: »Wenn du nicht tust, was ich dir sage, kannst du selber den Chor leiten. Ich habe genug von deinen Wutanfällen!«

Sie verließ den Raum und schlug die Tür zu und sofort stürzten wir uns alle auf Vera. Wir trieben sie in eine Ecke und schrien hysterisch und schüttelten unsere Fäuste unter ihrer Nase. Wir beschuldigten sie jeder Sünde im Katechismus, beleidigten sie auf jede erdenkliche Art und sagten ihr endlich, sie solle verschwinden. Sie wurde ganz blass und lief hinaus. Aber wir waren noch nicht besänftigt. Wir beschlossen, ihr nach guter alter Klostertradition eine Tracht Prügel zu verpassen. Mit einer dicken Decke hinter unseren Rücken versteckt, schlichen wir zum Saal der Kleinen, wohin sie sich geflüchtet hatte, und eine von uns rief sie unter einem Vorwand heraus. Sobald die Tür aufging, sprangen wir auf und wickelten ihren Kopf in die Decke. Dann schleiften wir sie in unseren Saal, warfen sie auf den Boden und droschen mit allem, was uns in die Hände fiel, auf sie los. Theoretisch waren eigentlich nur weiche Gegenstände wie Gürtel oder Handtücher gestattet, aber am Ende wurden in dem Tumult ein paar Schuhe eingesetzt. Wir droschen auf sie ein, bis uns die Arme schmerzten, dann erst ließen wir sie gehen.

Sie hastete fort, noch immer in ihre Decke gehüllt, und wir rechneten damit, dass wir sie tagelang nicht zu sehen bekämen. Zu unserer Überraschung erschien sie jedoch früh am nächsten Morgen und wartete vor einem Beichtstuhl. Am nächsten Tag ging sie zur Kommunion und zu unserer grenzenlosen Verblüffung ging sie von da ab jeden Tag zur Kommunion. Früher hatte sie sorgfältig darauf geachtet, dass sie ja nicht öfter als zwei- oder dreimal in ebenso vielen Monaten zur Kommunion ging, und hatte uns »religiöse Fanatiker« genannt. Irgendwann, wahrscheinlich mitten in der Nacht, hatte sie sich auch mit Schwester Zofia ausgesöhnt und die ließ sie wieder zum Chor kommen. Wir waren blamiert, offensichtlich im Unrecht – wer würde schon ein Mädchen der Heuchelei bezichtigen, das jeden Tag zur Kommunion ging – und kochten vor unterdrückter Wut. Aber Vera hatte sich anscheinend wirklich geändert. Zu meiner peinlichen Überraschung und nicht geringen Angst entwickelte sie ein Interesse an mir und war so freundlich zu mir, dass sich mein Misstrauen schließlich legte. Ich verbrachte jetzt fast den ganzen Tag am Boden, lag auf unserer Matratze, drückte mich an die lauwarmen Heizkörper und schwebte oft in einem merkwürdigen Dämmerzustand zwischen Traum und Wachen. Meine Knochen wollten nicht heilen, neue Abszesse erschienen an meinen Händen und im Genick und Schwester Adele schüttelte den Kopf und seufzte und versicherte mir jeden Tag, wir müssten beten, dass ich das richtige Medikament bekäme, bevor es zu spät war.

Vielleicht war es der neue christliche Geist, der Vera dazu trieb, lange Stunden bei mir auf der Matratze zu sitzen, zu reden, laut zu träumen oder mir zuzuhören. Meine Abszesse stanken und ich sah oft gerümpfte Nasen in meiner Nähe. Ich zerbrach mir gar nicht erst den Kopf darüber, wodurch sich Veras Einstellung zu mir geändert hatte. Wenn sie mich früher überhaupt zur Kenntnis genommen hatte, dann höchstens, um sich über mein vornehmes Benehmen lustig zu machen, über meine »feunen« Tischmanieren und die anderen Eigenheiten, an denen ich jetzt genauso starrsinnig hing, wie ich sie zu Hause abgelehnt hatte. Diese Dinge sonderten mich von den anderen Kindern ab, führten zu zahllosen Zusammenstößen, aber sie allein – zusammen mit detaillierten Zeichnungen unserer Vorkriegswohnung – waren mein Anker in diesem schwebenden Dasein. Ich starrte oft stundenlang auf meine Zeichnungen, fügte hier etwas hinzu, änderte dort eine Kleinigkeit, bis die Räume wieder lebendig wurden und vollkommen, bis zum letzten Kaktus in den Fenstern.

Zwischen der Gegenwart und der Vergangenheit schwebend, fand ich mich manchmal in dieser anderen Welt wieder, in der immer sonnigen und warmen Sommerwelt vor 1939, und sah mich wieder zu Hause. Früh am Morgen vielleicht, wenn die Glocken der Stadt zur Frühmesse riefen. Da war Stefa, wie ein Schlafwandler schreitend, während sie kehrte und wischte und putzte und dabei in atemloser Spannung meiner Mutter zuhörte, die ihr blind von einem Raum zum anderen folgte, über Besen und Bürsten stolperte, ihre Augen fest auf die jüngste Nummer von Stefas Groschenheften gerichtet. Stefa wartete manchmal schon derartig gierig auf das nächste Heft, dass sie, kaum war es erschienen, zum nächsten Zeitungsstand an der Ecke stürzte, um es zu kaufen, und sich dann sofort hineinvertiefte und die Hausarbeit nicht anrührte. Bei solchen Gelegenheiten musste Mutter ihr gut zureden, damit sie doch ihre Arbeit tat, während Mutter ihr auf dem Fuße von einem Zimmer ins andere folgte und ihr dabei laut die letzte, haarsträubende Episode aus *Entführung in der Hochzeitsnacht* oder *Wo ist Eva?* vorlas. Mein Vater versicherte natürlich allen unseren Freunden und Verwandten, dass Mutter diesen Geschichten selber verfallen war und dass sie einfach nicht im Stande war zu warten, bis Stefa sie gelesen hatte. Ich hatte oft in den Stößen von alten Nummern geblättert, die in Stefas Zimmer Staub fingen, aber da es in ihnen keine Bilder gab, stellten sie für mich keine Versuchung dar.

Der Ton der Glocken wurde drängender, ich schwebte zurück in die kalte Realität, wo die Glocken vom Kirchturm uns zur Messe riefen. Langsam rappelte ich mich hoch, mich auf die Heizkörper oder auf Veras Hand stützend. Mein Kopf schwamm, bei der geringsten Anstrengung schwirrten Schauer von schwarzen Blütenblättern und funkelnden Sternen vor meinen Augen. Ich konnte mich nicht bücken oder niederbeugen, ohne das Gleichgewicht zu verlieren, und nach den zwei Treppen zu unserem Gang hinauf keuchte ich und rang nach Luft. Unser wöchentlicher Waschtag wurde zum Alptraum. Das war das einzige Mal in der ganzen Woche, da wir uns auszogen und in warmem Wasser wuschen. Es war auch das einzige Mal in der Woche, wo uns richtig warm wurde. Jeden Samstagnachmittag schleppten wir Kübel mit heißem Wasser in unser Badezimmer, wo es nur Kaltwasserhähne gab. Aber die Kübel mussten vom Waschhaus am anderen Ende des großen Hofes durch dichten Schnee herübergetragen werden. Das Wasser war gerade noch lauwarm, wenn wir ankamen, aber in meinem Fall machte das kaum etwas aus, denn ich hatte ohnehin nur mehr ganz wenig Wasser im Kübel. Der Kübel war mir viel zu schwer, ich schleifte ihn fast den ganzen Weg hinter mir her, verschüttete Wasser im Schnee, und was noch übrig war, im Stiegenhaus. Ich konnte den Kübel nicht die Stiegen heraufschleppen, auch nicht halb voll; die Sache endete meistens damit, dass ich mich mit kaltem Leitungswasser waschen und obendrein auch noch die Stiegen aufwischen musste.

20

»Wie schreibt man ein Tagebuch?«, fragte Vera eines Tages. Ich erklärte es ihr.

»Aber ist das nicht ziemlich gefährlich? Ich meine, jeder kann es lesen.«

Ich dachte nach. Natürlich konnte es jeder lesen und mancher tat es wahrscheinlich auch, aber das durfte man sich nicht eingestehen, das war einfach zu entmutigend. »So etwas Gemeines würde niemand tun. Ein Tagebuch ist etwas Persönliches, streng Privates. Das liest man einfach nicht.«

Sie sah mich an, keineswegs überzeugt, aber es war klar, dass sie mir gern glauben wollte. Wir beide, die wir gleichermaßen enttäuscht und verbittert waren von der Erfahrung des Lebens in der Gemeinschaft, wir wollten beide plötzlich das Unmögliche glauben: dass sich selbst unter den kleinen Wilden, mit denen wir zusammenlebten, eine Spur von Eigenleben erhalten ließ.

»Du kannst es schließlich irgendwo verstecken oder es auf eine Weise schreiben, dass niemand es versteht«, murmelte ich endlich.

Ein paar Tage später brachte sie mir ihre ersten paar Seiten zum Lesen. Ich lehnte ab. Ein Tagebuch darf von niemandem gelesen werden, auch nicht von einer Freundin. Aber sie gab nicht nach, drohte mit einem ihrer beachtlichen Wutausbrüche und ich nahm das Buch. In Wirklichkeit brannte ich ja vor Neugier.

Was ich sah, überraschte und enttäuschte mich zugleich. Was sie da schrieb, war so unzusammenhängend und ihre Rechtschreibung war derart wüst, dass es auf den ersten Blick ganz unverständlich aussah. Nach dem, was sie hier geschrieben hatte, zu urteilen, war Vera kaum über das Analphabetenstadium hinaus. Aber was ich diesen wild hingekritzelten Seiten dennoch entnahm, traf mich wie ein Schock. Da stand nichts über Vera selbst, über ihr Leben oder ihre Gedanken. Auch nichts über die anderen Mädchen. Das Tagebuch war lediglich eine Aufzählung von allem, was Schwester Zofia während des Tages getan oder gesagt hatte, wie sie Vera angeschaut oder nicht angeschaut hatte. Offenbar verbrachte Vera jede wache Minute damit, der Schwester nachzuspionieren, und war offenbar überzeugt, dass alles, was sie tat oder sagte, direkt auf Vera gemünzt war. Wenn sie mit einer von uns oder mit den anderen Schwestern redete oder sie ansah, dann tat sie das nur, weil sie in diesem Moment auf Vera böse war und sie strafen wollte. Wenn sie sie aber direkt ansah, dann hatte sie ihr vergeben. Jeder ihrer Sätze wurde nach einer verborgenen Bedeutung abgesucht und spielte auf verwickelte Art auf irgendetwas an, was sich zwischen den beiden vor Wochen oder sogar Monaten abgespielt hatte. Jedes Wort, das an Vera gerichtet war, versetzte sie in den siebenten Himmel, jede »Vermeidung« stürzte sie in die tiefsten Tiefen des Hasses.

Auf jeder Seite wurde ein Mord ins Auge gefasst, Mord an jedem Mädchen, das sich ihr in den Weg stellte, das Schwester Zofias Aufmerksamkeit auch nur einen Moment auf sich zog. Es gab auch leidenschaftliche Liebe, verzweifelte Neubewertungen, Schuldbekenntnisse und die ausgefallensten Schwüre und Gelöbnisse. Und überall in diesen quälerischen Notizen bezog sie sich auf Schwester Zofia immer als M.

Wieso M? fragte ich mich. Wofür steht das?

»M für Mutter«, sagte Vera.

Ich war zu schockiert, um etwas dazu zu sagen, und bald danach zerriss Vera ihr Tagebuch, nannte es einen Blödsinn, einen dummen Zeitvertreib, nur etwas für Gänse, und unsere Freundschaft kühlte sich ab. Allerdings fing sie nicht wieder damit an, mich wie früher bei jeder passenden Gelegenheit zu quälen. Ihre Matratze lag genau hinter meiner und sie hatte mich früher immer damit rasend gemacht, dass sie ihre Füße auf meinen Kopf legte oder mich ins Gesicht trat, wofür ich mich revanchierte, indem ich sie in die Zehen zwickte. Jetzt kamen mir ihre Füße nicht mehr in die Nähe und ich konnte in Frieden schlafen und von Orangen träumen.

Aus irgendeinem Grund erschienen, kaum schloss ich die Augen, in meinen Träumen immer sofort Orangen. Ich konnte sie sehen und riechen. Ich konnte die ölige, narbige Schale berühren; ich konnte sogar die winzigen Tröpfchen des beißenden Saftes in meinem Gesicht spüren. Da lagen sie, leuchtend und duftend, auf meinem Strohkissen, nahe an meiner Wange. Aber ich brauchte nur nach ihnen zu greifen, da war der Traum aus.

Weihnachten war in diesem Jahr das armseligste, das wir bisher gehabt hatten. Nichts als ein Stück Hering und eine gekochte Kartoffel bekamen wir zum Abendessen, das früh war, damit wir alle in die Mette gehen konnten. Ich war so krank, dass die Mutter Oberin mich davon befreite, und kroch sofort nach dem Essen wieder auf meine Matratze. Die Ukrainer waren fort; da nur die

Deutschen im Haus waren, konnten die Mädchen unten auf den Beginn des Gottesdienstes warten. Sobald die Glocken zu läuten begannen, verließen alle das Haus, und ich blieb zu Hause, ausnahmsweise einmal ganz allein. Das Schweigen bedrückte mich. Ich stand auf, schwankend von der Anstrengung, ging von einem Zimmer ins andere, spähte misstrauisch herum, als erwartete ich, sie alle zu finden, wie sie hier lagen und auf mich lauerten. Wie immer sah man auch jetzt den Räumen an, dass zu viele Leute drin wohnten; Bücher, Nähzeug, Schuhe und Strümpfe lagen auf den Matratzen und auf dem Boden. Trotz der Bemühungen der Schwester war es unmöglich, hier Ordnung zu halten.

Von irgendwo tief aus meiner Erinnerung stieg ein Bild von anderen, in Eile verlassenen Räumen auf und tanzte vor meinen Augen. Die ungemachten Betten, die herausgezogenen Schubladen und offenen Kästen, das ungewaschene Geschirr der leeren Zimmer im Ghetto. Plötzlich sehnte ich mich nach dem unaufhörlichen Krach, den patzigen Stimmen, dem groben Stoßen und Drängen, das mir sonst den ganzen Tag lang auf die Nerven ging. Die Einsamkeit konnte ich nicht ertragen.

Ich stolperte in unser Zimmer zurück, zog mir sämtliche Kleider an, die ich finden konnte, und ging keuchend vor Anstrengung hinaus. Die kalte Luft stach mir mit tausend Nadeln ins Gesicht, der Atem gefror mir in der Kehle. Langsam, unter schrecklichen Mühen, bahnte ich mir einen Weg durch den kniehohen Schnee. Es musste doch einen Pfad geben, den die anderen gegangen waren, aber in der Finsternis und in meiner Panik konnte ich ihn nicht finden. Die kleine Kirche mit ihren strahlenden Lichtern, ihren bunten Glasfenstern, die trotz des Verdunklungszwangs leuchteten, mit ihren Mauern, die sich beinahe dehnen mussten, um die Menge aufzunehmen, mit ihrer Wärme und dem Gesang schien mir der einzige sichere Ort in der Finsternis, die sie umgab, und ich kämpfte mich zu ihr hin, durch Wogen von Kälte und Schwindel, und hatte das Gefühl, wenn ich sie nicht rechtzeitig erreichte, dann würde aus dem Wald hinter mir etwas Schreckliches herauskommen und die ganze Welt in die Luft fliegen.

Kaum war ich drinnen, trieben mich die Hitze, der Weihrauch und der Sauerstoffmangel beinahe wieder hinaus, aber ich schlängelte mich durch die Bauern hindurch, ging der grünen Mauer der deutschen Soldaten, die nach Bier rochen, aus dem Weg und sank endlich an meiner gewohnten Stelle zu Boden. Der Chor schien ausgezeichnet bei Stimme und es tat mir Leid, dass ich nicht dabei war. Schwester Zofia hätte mich gleich zurückgeschickt, wenn ich es gewagt hätte, mich dort zu zeigen, so blieb ich lieber in der Nähe der Tür. Nach der Kommunion wurde die stickige Hitze unerträglich. Ich wusste, ich würde in Ohnmacht fallen, wenn es mir nicht gelänge, hinauszukommen, ich kämpfte mich also wieder zur Tür durch und dort brach ich, schluchzend vor Erschöpfung, auf den schneebedeckten eisernen Stufen zusammen. Als ich wieder Luft bekam, schluckte ich ein bisschen Schnee, lehnte mich gegen das brennend kalte Eisen und sah mich um. Es war eine vollkommene Nacht mit einem klaren, unendlich weit entfernten Himmel, strahlenden eisigen Sternen, die in der Dunkelheit funkelten, und die ganze Welt schlafend unter einem weißen Federbett von frisch gefallenem Schnee. Dunkler noch als die Nacht ragte der Wald drohend über der Straße auf, die jetzt unterm Schnee verschwunden war. Langsam, aber unerbittlich schien sich der Wald uns zu nähern, jede Nacht sich sein schwarzer

Ring enger um unsere kleine Welt zu schließen, bis wir eines Tages beim Aufwachen die schwarzen Stämme direkt unter unseren Fenstern finden würden. Diese unvernünftige Angst wie auch die Kälte froren mich an die Stufen fest, unfähig mich zu rühren saß ich da, hielt den Wald mit meinem Blick in Schach, bis die Messe zu Ende war, die erste Welle von aufbrechenden Pfarrkindern mich von meinem Platz scheuchte und ich, zwischen ihren dicken Gestalten verborgen, leise zu meinem Bett schlich.

Die nächsten Tage vergingen in pausenlosen Konzerten und Tanzen und Singen. Ausnahmsweise tanzten jetzt auch einmal die Schwestern und Schwester Blanche eröffnete den Ball mit einem komplizierten Walzer mit Ela. Die Deutschen waren begeistert und fehlten kein einziges Mal. Sie gingen durchs Haus mit den Kleinen auf den Armen oder sie ließen sie auf ihren Knien reiten. Sie verteilten Brot und Honig an jeden, der es haben wollte, und versuchten sogar, mit uns mitzusingen.

Zu Neujahr gab es noch einen »Ball« und wir blieben bis Mitternacht auf, um das Jahr 1945 zu begrüßen. Das sechste Jahr des Krieges begann. Wer hätte das für möglich gehalten, sinnierte ich und betrachtete die wirbelnden bunten Röcke. Wie weit entfernt war jetzt 1939 – das letzte Jahr meiner Kindheit – und wo waren alle die, die diese Reise mit mir angetreten hatten? Und wohin ging ich? Die schneeverwehte Straße vor unserem Fenster bog um den Waldrand und entschwand den Blicken, als hätten die Bäume sie verschlungen. Die Bauern kamen von der anderen Seite her, über die Felder. Keiner kam jemals über diese Straße. Wir durften das Klostergebiet nicht verlassen. Keine Wagen, keine Pferde, kein Mensch erschien jemals auf dieser Straße, seit die letzten Warschauer Flüchtlinge über ihren gelben Sand zu uns hergestolpert waren. Und sie waren bei uns geblieben. Niemand war je auf dieser Straße weitergegangen. Vielleicht führte sie ins Nichts.

In drei Monaten bin ich fünfzehn, dachte ich am Neujahrsmorgen und starrte aus dem Fenster auf die Straße. Selbst wenn ich es erlebe, was wird aus meinem Leben? So etwas wie diese Straße hier, die einzige, die von hier fortführt, die Straße ins Nichts?

»Glückliches Neues Jahr«, sagte eine heisere Stimme neben mir, ich drehte mich erschrocken um und erblickte Schwester Zofia, die mich mit rot geränderten Augen ansah. »Mögest du ein guter Christ werden und ein wunderbarer Mensch, wie dein Vater.« Schweigend verließ sie mich, mit einem leichten Klirren ihres Rosenkranzes, und als ich mich schnell wieder zum Fenster wandte, verwischte sich die Straße und löste sich plötzlich in Tränen auf.

Am Montag, den 15. Januar, erhielten die Deutschen und die Ukrainer ihren Marschbefehl, und während sie unten herumpolterten und fluchten und ihre Ausrüstung herumwarfen, saßen wir in unseren Zimmern und wagten kaum zu atmen. Es war gar nicht ausgeschlossen, dass sie, bevor sie gingen, noch schnell das Haus niederbrannten. Die russische Front kam sehr schnell näher und jede Nacht loderte der schwarze Winterhorizont von brennenden Dörfern. Die Deutschen zogen sich in guter Ordnung zurück, arbeiteten detaillierte Pläne aus und hinterließen nichts als Schnee und verkohlte Ruinen. Gegen Abend sagte uns das reglose Schweigen, dass wir noch einmal davongekommen waren. Wir rannten hinunter, um uns zu überzeugen. Die Zimmer waren leer. Zwischen den ungemachten Betten und den umgeworfenen Tischen lagen Dutzende Eier zerbrochen am Boden. Die Deutschen hatten jede Woche Kisten voll Eier bekommen; mit Zucker geschlagen und mit ein paar Tropfen Kognak schien das ihre Hauptnahrung. Wir hofften, noch ein paar ganze Eier zu finden, aber sie waren gründlich gewesen. Keine einzige Schale war ganz geblieben.

In dieser Nacht weckte uns Schwester Zofia auf und befahl uns allen hinunterzukommen. Ich stürzte ans Fenster. Der Horizont im Osten über den offenen Feldern war eine leuchtende Linie, pulsierend, vibrierend, Flammenbüschel und leuchtende Orangen hochwerfend, als näherte sich uns eine Gruppe von Jongleuren, die im Gehen spielte. Hinter dem nackten Wald zu beiden Seiten des Hauses verkündete ein roter Schein über den nächsten Dörfern, dass die Deutschen Zeit gehabt hatten, sich wohl geordnet zurückzuziehen, und dass sie plangemäß alles hinter sich verbrannten. Eine einsame Glocke läutete Alarm, bald fiel unsere Glocke ein und aus ihren geplünderten Häusern strömten die Bauern herbei, um bei uns Zuflucht zu suchen.

Die Nacht verging mit fieberhaftem Packen und Bündel-in-den-Keller-Schleppen. Dann setzten wir uns, erschöpft und schon halb schlafend, auf die nach Osten blickenden Torstufen, sahen, während es langsam Tag wurde, dem verlöschenden Glühen zu und warteten auf das Unvermeidliche. Aber nichts geschah an diesem Morgen. Müde gingen wir wieder hinauf und warfen uns voll angezogen auf unsere Matratzen.

Spät am Nachmittag wachte ich auf und kletterte aufs Fensterbrett. Schwarz und schweigend stand der Wald da. Die Straße war leer, der Schnee unberührt. Da erblickte ich eine Gruppe von Reitern, die aus dem Nichts aufgetaucht war und auf uns zu hielt. Sie trugen Steppjacken und runde Pelzmützen, die Ohrenschützer waren unter dem Kinn zusammengebunden. Auf jeder Mütze war ein roter Stern. Sie ritten in den Stallhof und ich sah sie absteigen und mit den Knechten gestikulieren, die offenbar zu verblüfft waren, um überhaupt zu reagieren. Die Neuankömmlinge verschwanden im Stall und tauchten ein paar Minuten später wieder auf, diesmal auf Klosterpferden reitend. In scharfem Galopp zogen sie davon, ihre erschöpften Tiere hatten sie zurückgelassen, und erst als sie auf der Straße verschwunden waren, wachten die Knechte aus ihrer Erstarrung auf und rannten schreiend zu den Toren.

Die Mutter Oberin erschien in der Tür. »Kinder, die Russen sind da. Lasst uns dem Herrn danken, dass er in diesen letzten Stunden unser Leben geschont hat, und lasst uns beten, dass er weiterhin seine Hand über uns hält.«

An diesem Abend ritt eine zweite Gruppe von Russen durchs Tor herein. Diesmal wurden sie von einem Offizier geführt und die Mutter Oberin ging, um ihn zu begrüßen. Er salutierte und nahm die Mütze ab, während er sie ins Haus zurück eskortierte.

Beim Schlafengehen erschien Schwester Zofia in der Tür: »Chormitglieder aufstehen! Aber hopp, hopp!«

Schnell zogen wir uns an und stolperten hinaus.

»Der russische Offizier hat Heimweh. Irgendeiner hat erwähnt, dass wir aus dem Osten kommen, und er will ein paar Lieder hören. Ich gehe nicht mit euch, ihr müsst ohne Noten singen.«

Der Offizier saß bei der Mutter Oberin im Zimmer, vor sich ein Glas Tee, zwischen den Fingern eine scharf riechende Zigarette. Sein Gesicht hellte sich auf, als er uns sah: »Ah, Mädchen, kleine Mädchen, ich höre, ihr singt wie Lerchen ... singt für mich!«

Wir setzten uns eng nebeneinander auf den Boden, schwangen im Takt hin und her und sangen: russische Lieder, ukrainische Lieder, Balladen, Liebeslieder, Soldatenlieder, Lieder über die einsamen Nächte im Schützengraben, wenn die Kugeln im Dunkeln pfeifen, Lieder über sibirische Dörfer und kaukasische Berge; über Weizenfelder und über die endlose Steppe, wo die Lerche im Himmel hängt wie ein silbernes Glöckchen; über Apfel- und Birnbäume im Frühling und über ein Mädchen namens Katiuscha ...

Und der Mann in der fremden Uniform mit einem roten Stern und vielen Orden saß über seinem Glas mit kaltem Tee und weinte.

Wir sangen bis zum Morgengrauen. Als der Offizier sich am Morgen verabschiedete, beugte er sich über die Hand der Mutter Oberin und verkündete feierlich, dass sie einen Orden verdient habe für die Art, wie sie ihre Kinder erzogen hatte, und einen zweiten Orden für ihre harte Arbeit und die vielen Gefahren, die wir hatten durchstehen müssen. Er war voll Bewunderung und bedauerte es, dass er nicht länger bleiben konnte. Er würde diese Nacht nie vergessen.

Als wir schlaftrunken zurück in unser Zimmer wankten, sahen wir ihn an der Spitze seiner kleinen Gruppe fortreiten. Seine Soldaten ritten auf den Pferden, die ihre Kameraden am Tag zuvor hier gelassen hatten, ihre eigenen ließen sie wiederum bei uns im Stall.

Unbekümmert um die eiskalte Zugluft, hockte ich auf dem Fensterbrett, presste meine Stirn an die kalte Scheibe und versuchte mir klarzumachen, dass alles vorbei war. Der Krieg war zu Ende. Es wurde zwar noch gekämpft, der Waffenstillstand war noch nicht unterzeichnet und von unseren Eroberern drohten uns neue Gefahren, aber ich war frei. Ich brauchte meine Identität nicht länger zu verbergen. Jetzt konnte ich offen zugeben, wer ich war. Ich durfte ihnen meinen Namen sagen. Als ich das begriff, begann sich mein Kopf zu drehen. Ich war nicht länger Danka Markowska. Janie David hatte überlebt. Als wir am Abend alle tratschend auf unseren Matratzen saßen, verkündete ich, dass ich vielleicht bald fortgehen würde und dass ich jetzt bereit war, etwas in ihre Stammbücher zu schreiben. Das verursachte eine kleine Sensation. Bisher hatte ich mich nämlich standhaft geweigert, die üblichen zuckersüßen Verse in die Stammbücher der Mädchen zu schreiben, und vorgegeben, dass ich solche Sentimentalitäten verachtete. Aber in Wahrheit hatte ich es nicht über mich gebracht, mich in diesen kleinen Büchern, die von den Mädchen als höchster Schatz gehütet wurden, »für alle Ewigkeit« mit einem falschen Namen einzutragen. Ich wollte ihnen nicht als Danka in Erinnerung bleiben. Aber jetzt war das alles anders. Ich rief nach den Büchern, und als sie sie mir brachten, unterzeichnete ich jedes einzelne mit meinem vollen Namen und blickte dann mit »kühler Überlegenheit« auf, als die Mädchen überraschte Rufe ausstießen und eine Erklärung verlangten.

»Das habt ihr doch sicher gewusst ...«, sagte ich gedehnt, ihre Verwirrung genießend. »Sagt doch nicht, dass ihr das nicht erraten habt ...«

Als ich mit Schwester Zofia allein war, konnte ich meine Aufregung nicht länger beherrschen. »Ich bin sicher, dass Vater jetzt jeden Tag hier sein wird. Sicher sucht er mich, vielleicht kommt er jetzt gerade in den Hof ... ach, ich werde sterben vor Freude, wenn ich ihn sehe.«

Schwester Zofia nickte und lächelte. »Ich bin sehr gespannt auf ihn, nach allem, was du mir von ihm erzählt hast ... Das wird wirklich ein großer Tag sein, wenn er endlich kommt. Aber bemüh dich um ein bisschen Geduld, sonst verbrennst du uns vorher noch wie eine Kerze, und was soll ich ihm dann sagen?«

Mittlerweile löste sich das Kloster auf. Die Mädchen machten sich in Gruppen zum Aufbruch bereit. Die Flüchtlinge verließen uns als Erste. Als Nächste kamen unsere ältesten Mädchen an die Reihe, unter ihnen Ela, Tamara und Vera. Jetzt, wo die unmittelbare Gefahr vorüber war, wollte unser unwilliger Gastgeber uns nicht länger am Hals haben. Unser eigenes Kloster hatte nicht genügend Geld, um uns alle beisammen zu halten. Andere Häuser versprachen Hilfe, aber die Mädchen sollten unter ihnen aufgeteilt werden, ein paar wollten ins Gymnasium gehen, andere auf technische Schulen. Man redete von Hauswirtschaftslehre, von Sekretärinnenkursen, von Krankenpflegekursen.

Ela ging weinend in eine Ecke, als ihr Priester seinen Marschbefehl bekam. Vater Cäsar und unser Kaplan wollten beide in den Westen. Ich hörte ihren Plänen zu, geistesabwesend und fern, und wartete auf meinen großen Tag. Wenn bis März niemand kam, dann würde ich allein nach Westen gehen oder vielleicht zusammen mit Vater Cäsar, zurück in meine Heimatstadt, um zu sehen, wer heimgekommen war. Inzwischen hatte Schwester Adele immerhin eine neue Salbe bekommen und meine Hände wurden wieder gesund.

Am Freitag, dem 23. Februar, kam während der Abendandacht Schwester Adele in unser Zimmer und kniete neben mir nieder. »Zieh dich an, Danusia« – sie riefen mich alle noch immer mit diesem Namen –, »es ist jemand für dich gekommen.«

Das Zimmer schwamm plötzlich in Finsternis. Ich rang nach Atem, während sie mir in meine Kleider half. Zitternd lehnte ich mich an ihren Arm, während sie mit mir zum Korridor ging. Dort blieb ich stehen und zog sie am Ärmel.

»Der Mann ... der gekommen ist, ist er sehr groß und dunkel?«

Mit einem traurigen Lächeln sah sie mich an. »Also ... nein ... groß würde ich ihn nicht nennen ... aber er ist sehr dunkel.«

Schlagartig verließ mich meine Aufregung und mir wurde übel vor Enttäuschung. Das war nicht Vater ... Langsam ging ich die Stiegen hinunter, fast gleichgültig, als wäre mir alles egal. In der Halle standen die Mutter Oberin und Erich, und erst als ich in seinen Armen war, fing ich zu weinen an und mir war, als könnte ich nie wieder aufhören.

Später saß ich auf seinem Schoß, den Kopf an seine Schulter geschmiegt, und hörte ihm zu, wie er uns stotternd von seiner langen Suche von einem Dorf zum anderen berichtete, von den Dutzenden Waisenhäusern und Klöstern, die er besucht, den unzähligen Kindern, die er angesehen hatte, und seiner Enttäuschung und Angst, wenn sich wieder einmal eine Spur als falsch erwiesen hatte.

»Schließlich, Janie, hatte ich nicht einmal in Warschau gewusst, wo du warst. Aus Angst vor einer möglichen Verhaftung fragte ich die Mutter Oberin nie, woher sie kam. Und an dem Tag, als der Aufstand begann – ich wusste schon vorher davon –, wollte ich, dass du zu uns zurück kämest. Den ganzen Tag wartete ich auf die Mutter Oberin und dann wurde ich weggerufen, kurz bevor sie kam ... Während der Kämpfe zitterte ich ständig um dich, und als alles vorbei war, befand ich mich mit den Jungen in Tschenstochau und hatte überhaupt keine Ahnung, was mit dir passiert war oder wo ich mit dem Suchen anfangen sollte.

Vielleicht war es übrigens gar nicht so schlecht, dass du

damals nicht zu uns zurückgekommen bist. Unser Haus wurde von einer Bombe zerstört und wir waren alle im Keller verschüttet. Wir drei hatten Glück, wir wurden unverletzt herausgeschaufelt, aber viele Leute fanden dort den Tod. Und dann in Tschenstochau hatten wir überhaupt keinen Groschen mehr. Die Buben verkauften Streichhölzer und Schuhbänder auf der Straße, während ich mich bemühte, Arbeit zu finden. Jetzt sind sie bei Verwandten in der Stadt, in unserer Heimatstadt, Janie, und morgen fahren wir dorthin zurück!«

»Und Lydia?«

Er seufzte. »... Ich weiß nicht, was mit ihr passiert ist ... Habe überhaupt nichts gehört. Bei uns ist sie jedenfalls nicht.«

»Und Sophie?«

»Sophie ist leider in Deutschland. Sie wurde zur Zwangsarbeit verschleppt. Wir können nur hoffen, dass sie wieder zurückkommt ... Sie ist zwar alt, aber sie ist zäh, vielleicht kommt sie durch ...«

In meinem Kopf drehte sich alles, mir fiel nichts mehr ein, was ich sagen konnte.

Früh am nächsten Morgen, nach vielen Verabschiedungen, machten wir uns auf den Weg zu dem gleichen kleinen Bahnhof, von dem wir im Sommer gekommen waren. Die Mutter Oberin küsste mich und ich musste ihr feierlich versprechen, dass ich das Kloster nie vergessen und dass ich nie meinen Glauben verleugnen würde. Das versprach ich gern. Ich zweifelte keinen Augenblick daran, dass ich in der katholischen Kirche bleiben würde. Schwester Adele, Schwester Viktoria, Schwester Helena und sogar Schwester Blanche kamen, um mir Auf Wiedersehen zu sagen. Sie umarmten mich alle und jede nahm mir auf verschiedene Arten das gleiche Versprechen ab. Vater Cäsar schrieb sich meine Adresse auf und versprach, mich zu besuchen, sobald er konnte. Wir tauschten alle Adressen aus, gegenwärtige und zukünftige, und endlich ging ich, meinen alten Rucksack auf dem Rücken, Schwester Zofias Hand in der meinen. Sie wollte uns den halben Weg bis zum Bahnhof begleiten.

Es war ein kalter Morgen, der beißende Wind hinderte uns am Sprechen. Bevor sie ging, ließ Schwester Zofia noch ihre Fotografie in meine Tasche gleiten, nachdem ich es schon aufgegeben hatte, sie darum zu bitten. Wir alle wussten, dass Schwester Zofia nur ein paar Exemplare eines alten Fotos besaß, das noch aus ihrer Jugend stammte, und dass sie nur ihren Lieblingen eines gab. Jetzt hatte nur Ela eines, die anderen hatte sie die Jahre über unter den ganz besonders vom Schicksal begünstigten älteren Mädchen verteilt. Bis zu diesem Moment hätte ich nie geglaubt, dass ich ihr mehr bedeutete als irgendein anderes Mädchen im Haus. Sie schrieb ihren Namen und eine kurze Widmung auf die Rückseite, in der künstlichen Zierschrift, die sie sich vor Jahren zugelegt hatte, »damit niemand meinen Charakter aus meiner Schrift ablesen kann«.

Wir erkämpften uns unseren Weg gegen den Wind, über die Straße ins Nichts, die sich plötzlich vor mir aufgetan hatte. Nach einer Stunde blieb Schwester Zofia stehen und deutete über die schneebedeckten Felder: »Hier ist der Weg, geht einfach geradeaus, dann kommt ihr in einer Stunde zum Bahnhof.«

Ich hielt ihre Hand fest, unfähig, sie loszulassen. Sanft machte sie sich frei, zog mein vereistes Gesicht in ihre schwarz behandschuhten Hände und küsste mich auf die Stirn. Dann schob sie mich zu Erich und machte das Zeichen des Kreuzes über mir.

»Geh in Gottes Namen. Und vergiss nicht.«

Erich zog mich fort, ich stolperte hinter ihm drein durch die vereisten Furchen und drehte mich alle paar Schritte um. Die einsame schwarze Gestalt in der Weite der weißen Felder stand still, einen Arm erhoben, winkte mit wehendem Schleier, die weiten Röcke vom Wind gebauscht, bis eine Biegung der Straße sie meinen Blicken entzog.

Am Bahnhof wogte eine erregte Menschenmenge und stürzte sich kämpfend auf jeden Zug. Männer, Frauen und Kinder mit Rucksäcken und unordentlichen Bündeln kletterten durch die Fenster und übers Dach, klammerten sich an die Lokomotive, hockten auf den Puffern und hingen wie Blutegel an den Trittbrettern.

Es gelang uns nicht, in den Zug zu kommen, aber Erich brachte es noch im letzten Moment fertig, auf den leiterähnlichen metallenen Stufen Fuß zu fassen und mich zu sich hinaufzuziehen. Wir klammerten uns an eiserne Griffe und spürten, wie unsere Handschuhe sofort daran festfroren. Der Zug fuhr schneller, ich schloss meine Augen und drückte mich ganz flach gegen den Waggon und konzentrierte meine ganze Kraft darauf, mich festzuhalten. Erichs Arm hinter meinem Rücken presste mich an die ratternde Wand des Waggons, während ich betete, dass wir noch einmal davonkämen. In den Kurven drückte mich die Zentrifugalkraft entweder noch platter gegen den Zug oder aber sie drohte, mich fortzureißen. Jedes Mal, wenn wir uns einer niedrigen Brücke oder einem Tunnel näherten, warnte ein Pfiff die Leute auf dem Dach und sie legten sich ganz flach hin und hielten sich an den Ventilatoren fest. Wenn die Gefahr vorbei war, stieß die Lokomotive zweimal ein kurzes Fauchen aus und überall hoben sich Köpfe und den ganzen Zug entlang wurden erleichterte Seufzer, Flüche und Witze ausgestoßen. In einem kritischen Augenblick, als ich schon meinte, meine Finger würden loslassen, fuhr aus dem Fenster über mir eine Hand heraus, packte meinen Kopf und presste ihn an die Waggonwand. Bei der nächsten Station zog mich dieselbe Hand in den Zug und Erich folgte mir. Wir standen noch mehrere Haltestellen atemlos zwischen den anderen Passagieren eingekeilt und wehrten uns bei jeder Station gegen die Massenbewegungen in und aus dem Waggon.

Wir mussten mehrere Male umsteigen, da die Züge noch keineswegs fahrplanmäßig verkehrten und manchmal stunden-, wenn nicht sogar tagelang mitten auf offenem Feld stehen blieben. Am zweiten Tag unserer Reise fanden wir uns sogar vorübergehend in der Lokomotive selber, neben dem Fahrer und dem Heizer, und mir wurde vor Angst jedes Mal schlecht, wenn die Tür zum Kessel aufging und das flammende Inferno enthüllte, das uns die Gesichter versengte. Die beiden Männer, die für die Maschine zuständig waren, lachten und sangen und versicherten uns, dass »das alte Mädchen« überhitzt sei und jeden Augenblick in die Luft fliegen würde. Das war das einzige Mal auf unserer dreitägigen Reise, dass wir nicht froren, aber ich war trotzdem froh, als wir endlich von der Lokomotive herunterkamen.

Den letzten Teil der Reise verbrachten wir relativ behaglich, in einem richtigen Abteil und ohne dass jemand auf unseren Zehen stand. Erich hatte endlich einen Sitzplatz gefunden und döste erschöpft vor sich hin, ich saß auf seinem Schoß. Neben uns hockte ein schrecklich verdreckter, verbrauchter Mann und bemühte sich um meine Aufmerksamkeit. Ich ignorierte sein Lächeln und seine schüchtern ausgestreckte Hand. Ich war zu müde zum

Schlafen; den Kopf auf Erichs Schulter, starrte ich durchs Fenster auf die rasch heller werdende Landschaft.

Wir näherten uns der Westgrenze der Vorkriegszeit, aber wo wir jetzt waren, da war im Krieg deutsches Gebiet gewesen. Der Frühling war schon überall sichtbar. Der schmelzende Schnee enthüllte Flecken von Grün, von den Dächern und Hügeln rauschten und tropften kleine silbrige Bächlein. Bald sind wir zu Hause ...

Endlich gelang es dem Mann, Erich zu wecken, und jetzt bemühte er sich, ein Gespräch in Gang zu bringen. »Sie fahren auch nach Haus ...?«, sagte er auf gut Glück und dabei kamen mitten in seinem mehrere Tage alten Stoppelbart ein paar gelbliche Zahnstumpen zum Vorschein.

Erich gab zu, dass wir nach Haus fuhren.

»Ihre Tochter?« Der Mann lächelte mich an und ich bemerkte plötzlich, dass sein Gesicht zu einer Grimasse verzogen war und dass seine Augen vor Verzweiflung leuchteten.

Erich nickte wieder.

»Ah ...«, der Atem des Mannes krächzte in seiner Kehle.

»Ihre Tochter. Sie haben eine Tochter ... Sie sind ein glücklicher Mann ... was für ein Glück, so eine Tochter zu haben. Wie alt ist sie? Zehn?«

Ich wollte protestieren, aber Erich drückte mir warnend die Hand. Der Mann starrte mich an und Hunger und Verzweiflung malten sich jetzt ganz deutlich auf seinem verwüsteten Gesicht.

Wie alt war er, fragte ich mich. Dreißig? Fünfzig? Unmöglich zu sagen.

»Ich hatte auch eine Tochter«, flüsterte er mühsam. »Und einen Sohn. Eine Tochter und einen Sohn. Ich war glücklich ... Der glücklichste Mann der Welt. Haben Sie noch mehr Kinder?«, wandte er sich mit plötzlich erwachtem Misstrauen an Erich.

Erich schüttelte den Kopf. »Nein, nur sie.«

»Achten Sie gut auf sie, wenn sie das Einzige ist, das Sie haben. Sie ist ein Schatz.«

Er streckte die Hand aus und zog mich am Ärmel. »Sie müssen doch müde sein, lassen Sie sie ein bisschen auf meinem Schoß sitzen, ruhen Sie sich aus. Komm, kleines Mädchen, schlaf an meiner Schulter.«

Ich hielt mich an Erichs Ärmel fest, aber er schob mich sanft zu dem Mann hin.

»Das ist sehr freundlich von Ihnen. Sie ist ein bisschen schwer. Wenn Sie wirklich nichts dagegen haben ...«

Der Mann legte mir einen schäbigen Arm um die Schultern und drückte mein Gesicht in seinen Kragen. Ich hielt vor Abscheu den Atem an. Der Mann war entsetzlich schmutzig. Er stank. Er drückte mich eng an sich, wiegte sich im Rhythmus des Zuges und redete mir zu, ich sollte schlafen, als wäre ich ein Baby.

»Eine Tochter ... eine Tochter«, murmelte er von Zeit zu Zeit. »So ein wunderbarer Schatz ...«

Der Waggon füllte sich wieder und ich stand von seinem Schoß auf und stellte mich ans Fenster. Wir fuhren durch eine offene Landschaft, wo bis vor kurzem noch heftig gekämpft worden war. Riesige Krater klafften in den Feldern, nasse Erdklumpen, Baumstümpfe und Steine waren wirr übereinander gehäuft und hier und dort lagen grün gekleidete Männer, wie Marionetten mit gerissenen Fäden, in merkwürdig sorglosen Stellungen, achtlos zum Abfall geworfen. Schweigend, mit starren Gesichtern schauten die Passagiere hinaus.

Das ist das Letzte, was ich von ihnen sehe, dachte ich

und plötzlich fiel mir ein, wie neugierig ich im Herbst 1939 noch auf sie gewesen war, als ich mir von unserem Bauernwagen aus den Hals verrenkt hatte, um nur ja die Deutschen noch einmal zu sehen, bevor der Krieg vorbei war. Das war in Warschau gewesen. Und jetzt gab es kein Warschau mehr und ich war auf dem Weg nach Hause.

Erich versicherte mir, dass unsere Stadt unzerstört geblieben war, und als wir näher kamen, suchte ich den Horizont ängstlich nach der mir so wohl vertrauten Silhouette ab. Es war noch alles da, genauso wie ich es im Gedächtnis hatte. Die Kirchtürme, die Rauchfänge, die Hügel, die dunkelgrünen Flecken des Parks, der Fluss ...

... Kalisch ... Meine Beine zitterten, als wir in der Abenddämmerung durch die vertrauten Straßen gingen. Es war alles noch da. Unser Haus, mit dunklen, leeren Fenstern: das Haus meiner Großeltern, die Farbe bröckelte von den Mauern ab und wieder dunkle Fenster. Morgen schon kommen vielleicht die alten Bewohner wieder zurück und das Leben wird zurückschnappen zu dem Augenblick im Jahr 1939, da wir die Stadt verlassen hatten. Ich wollte stehen bleiben, alles ansehen, die Wände berühren ... aber Erich zog mich weiter, er wollte seine Jungen wieder sehen.

»Morgen kommen wir her und sehen, wer da ist; morgen beginnt endlich wieder das Leben.«

In einer kleinen Wohnung, die Erichs Tante gehörte, stürzten sich Paul und Tomek auf uns und eine Weile war alles nur Konfusion, Tränen und Küsse und Bibi kläffte und umsprang uns. Beide waren hoch aufgeschossen und furchtbar dünn und blass.

»Als ich euch das letzte Mal sah, war ich die Größte und jetzt schaut euch an! Zwei Bohnenstangen!«, lachte ich und hielt sie an den Armen fest. Wie Türme ragten sie über mir auf, größer als Erich, Paul mit sommersprossigem, rundem Gesicht, Tomek fesch und blond, keine Spur mehr von babyhafter Weichheit, während ich noch immer so groß war wie damals, als wir uns zum letzten Mal gesehen hatten. Ich trug tatsächlich noch immer einen Pullover aus dem Winter von 1938. Er war jetzt zwar überall gestopft und reichte mir nur knapp bis zum Handgelenk, aber sonst passte er mir durchaus noch. Und ich war fast fünfzehn Jahre alt!

Wir schliefen auf dem Boden, alle drei zusammen auf einer Matratze, klammerten uns im Schlaf aneinander fest. Am nächsten Morgen beim Frühstück nahm Erich meine Hände.

»Janie, versprich mir etwas ...«

»Ich verspreche ...«

»Versprich mir, dass du, falls deine Eltern nicht zurückkommen ..., dass du dann bei uns bleibst. Ich möchte dich adoptieren.«

Ich holte tief Luft. »Ich verspreche, bei euch zu bleiben, bis meine Eltern zurückkommen.«

Wir machten uns auf den Weg in die Stadt. In unserem Haus hob mich Stanislaw mitten in unserem kleinen Hof hoch und lachte laut auf vor Glück, Tränen strömten über seinen hängenden Schnurrbart.

»Du hast dich überhaupt nicht verändert! Und wo ist Papa? Und Mama? Sind sie auch zurück?«

Ich erklärte, dass ich allein war.

»Ach, dann kommen sie jetzt jeden Tag zurück. Alle werden bald zurück sein. Und wenn Papa da ist, dann habe ich etwas für ihn. Schau ...« Er drängte uns in sein kleines Haus im Hof und holte aus einer Ecke eine dicke Schnur. »Erinnerst du dich an Herrn Junge, den Feldscher? Das ist der Strick, an dem er sich erhängt hat. Oben auf dem Dachboden. Ich habe ihn selbst abgeschnitten. Ich hab ihn mir aufgehoben, als Glücksbringer, aber wenn dein Vater kommt, dann geb ich ihm den Strick. Euer Haus hat dem alten Schurken, der deine Mami vor die Tür gesetzt hat, kein Glück gebracht. An dem Tag, als die Deutschen abzogen, hat er sich erhängt ...«

Im Haus meiner Großeltern stürzte mir ein ältliches Ehepaar entgegen. »Janie! Dass du noch lebst! Wo sind die anderen?«

Ich starrte in die kaum bekannten Gesichter. »Wir sind deine Cousins! Erkennst du uns denn nicht?«

Überrascht schaute ich sie an. Das waren keine Cousins. Die Frau hatte früher einmal in einem Geschäft im Haus meiner Großeltern gearbeitet, der Mann war ihr Ehemann. Cousins ...?

Sie pressten mich an sich, küssten mich, streichelten mich und schnalzten wie zwei alte Hennen. »Nein, so ein Glück, dich hier zu sehen, wo wohnst du jetzt? Wann bist du zurückgekommen? Macht nichts, jetzt ziehst du zu uns. Und bleibst bei uns, bis der Rest deiner Familie zurückkommt.«

Ich versuchte zu protestieren, aber sie erdrückten mich wieder mit Küssen, und Erich, der nur verwirrt stammelte, wurde von ihnen buchstäblich angefallen. Ich versuchte, ihm zu erklären, dass das keineswegs Verwandte von mir waren, dass ich nicht bei ihnen bleiben wollte, dass ich es doch ihm versprochen hatte, aber Erich gab ihrem Drängen schon langsam nach. Die Familie, natürlich, gesetzliche Ansprüche ... praktisch *in loco parentis* ... Vormundschaft über Minderjährige ... natürlich, natürlich, entschuldigen Sie bitte ... hoffentlich wirst du uns schreiben ...

Die tränenverschmierten Gesichter der Jungen, mein Rucksack, meine Kleider ... die leeren Häuser und die verlassenen Straßen wichen zurück, als wir zum Bahnhof zurückrasten, die beiden fremden Leute neben mir pausenlos drängend, auf mich einredend, meine Arme in ihrem entschlossenen Griff.

Wieder ein übervoller Zug und die lange Reise zurück nach Osten, in dieselbe Stadt, dieselbe Straße, dasselbe Haus, wo Mutter und ich auf den Ausbruch des Krieges gewartet hatten ...

»Das ist jetzt unser Haus. Wir haben unseren Namen auf euren Namen umschreiben lassen, um die rechtliche Seite zu vereinfachen. Das Erbe, verstehst du ... Es gibt doch so vieles zu retten. Alle eure Häuser, die Mühle, der Wald, die Gärten, eine Unmenge von Arbeit. Adam hat sich die Füße ausgerissen, um mit allem fertig zu werden. Wir können es doch nicht an den Staat fallen lassen, weißt du. Wenn nicht sofort jemand seine Ansprüche geltend macht, dann wird alles verstaatlicht. Wir mussten es tun, verstehst du?«

Und später am Abend im Bad setzte Irena mir zu: »Es ist doch wahr, oder nicht, dass dieser Erich dich zu seiner Geliebten machen wollte?«

Ich explodierte, empört und verletzt, aber sie winkte ab, großmütig, vergebend. »Schon gut, schon gut, sprechen wir nicht mehr darüber. Was vorbei ist, ist vorbei. Du brauchst ihn nie wieder zu sehen.«

Sie bemerkte das Silbermedaillon, das mir Schwester Zofia zur Taufe geschenkt hatte.

»Das kannst du jetzt abnehmen. Jetzt ist der Hokuspokus überflüssig. Der Krieg ist vorbei.«

»Aber ich will es haben, es gehört mir. Ich glaube daran. Ich bin Katholikin!«

Sie lachten und schüttelten ihre Köpfe. »Armes Kind, noch immer zu Tode erschreckt. Was haben sie mit dir gemacht, diese Schwestern? Was haben sie dir eingetrichtert? Komm, komm, jetzt bist du zu Hause, erzähl uns alles über das Kloster ...«

Beharrlich hielt ich meinen Mund geschlossen und starrte die beiden an, zwei widerwärtige Fremde, lüstern nach Aufregung, nach Geld, nach Erbschaft. Sie brachten kein Wort aus mir heraus und im Bett betete ich stundenlang um eine schleunige Rückkehr meiner Eltern, damit ich dieses Haus verlassen konnte.

Am Morgen war mein Medaillon verschwunden. Samt der Kette war es verschwunden, während ich schlief. Verständnislos schauten Adam und Irena mich an, während ich trotzig weinte und bettelte. »Wir haben es nicht gesehen. Wir würden so etwas nie anrühren. Du musst das alles geträumt haben.«

Am Sonntag wollte ich noch vor dem Frühstück zur Kirche, aber sie versperrten die Tür. »Nicht aus diesem Haus. Es ist Zeit, dass du aus deinem Traum erwachst. Das hier ist kein Kloster. Wir wollen uns nicht zum Gespött des ganzen Hauses machen. Jeder weiß, wer du bist, jeder kennt deine Eltern und Großeltern. Du täuschst keinen. Schluss damit.«

Am nächsten Tag lief ich davon.

21

Der Bahnhof war überfüllt, aber ich konnte mich in ein Abteil hineinzwängen, das voller Frauen war. Sie machten Platz für mich, und als der Zug langsam durch die offene Landschaft ratterte, wurde die Atmosphäre immer freundlicher. Sie hatten Lebensmittel bei sich, um sie in anderen Städten zu verkaufen. Sie waren begierig zu wissen, was ich verkaufte, und wollten es mir nicht glauben, dass ich selber mein einziges Schmuggelgut war. Sie lachten gutmütig, als ich ihnen gestand, dass ich davonlief. Sie teilten ihr Essen mit mir und heiterten mich mit ihren anzüglichen Geschichten auf.

An einem kleinen Bahnhof tauchte vor unserem Fenster ein Mann auf und wollte herein. Die Frauen versperrten ihm den Weg. »Das Abteil ist voll. Kein Platz!« Sie drängten sich alle ans Fenster, um zu zeigen, dass es auch keine Stehplätze mehr gab. Er gab nicht nach und die dickste und entschlossenste der Frauen drängte ihn schroff weg.

»Hier kannst du nicht herein. Eine Frau liegt da drin in den Wehen!«

Er versuchte, einen Blick über ihre Schultern zu werfen, misstrauisch und nicht überzeugt. Neben mir stieß jemand ein durch Mark und Bein gehendes Stöhnen aus, da sprang der Mann hastig wieder hinunter.

»Ihr macht doch keine Witze …?«

»Natürlich nicht! So was ist doch kein Witz! Habt ihr das gehört, Mädchen? Eine Frau in den Wehen – und Witze machen! Typisch Mann! Und jetzt weg mit dir!«

Noch ein Stöhnen und der Mann fuhr sichtlich zusammen.

»Kann ich euch vielleicht helfen? Ein Arzt? Soll ich euch einen Arzt finden? Vielleicht ist einer im Zug.«

»Wir brauchen keinen Arzt. Wir werden schon allein damit fertig. Fort mit dir!«

Er sank zurück, während der Zug aus dem Bahnhof fuhr, und wir bogen uns alle vor Lachen. »Ihr hättet sein Gesicht sehen sollen, als er dieses Stöhnen gehört hat! Ich hab schon geglaubt, er wird ohnmächtig.«

Bei der nächsten Haltestelle war er wieder da und spähte ins Abteil herein. »Also, was ist es? Ein Junge? Wo ist die glückliche Mutter?«

Voll Empörung schoben sie ihn wieder weg. »So einfach ist das nicht, Babys kommen nicht in einer Stunde auf die Welt …«

Misstrauen zeigte sich wieder auf seinem Gesicht, aber er verschwand, versprach, uns am nächsten Bahnhof wieder zu besuchen, aber dort wollte ich aussteigen.

Diesmal sahen die Straßen weniger verlassen aus. In den paar Tagen, wo ich fortgewesen war, waren mehr Leute zurückgekommen. Scharf sah ich ihnen allen ins Gesicht, während ich mich auf den Weg zu dem ärmeren Viertel am Fluss machte, wo Erich und die Jungen lebten. Aber als ich zu der kleinen Wohnung kam, war nur die alte Frau da.

»Sie sind fort«, teilte sie mir lakonisch mit, ihr Gesicht eine Maske aus altem, verfältetem Leder. »Erich wurde letzte Woche verhaftet. Frag mich nicht, warum. Ich weiß nicht, was er während der Besatzungszeit getan hat, und ich will es auch nicht wissen.« Die Jungen waren anscheinend von einem Onkel nach Kattowitz genommen worden. Damit schlug sie mir die Tür vor der Nase zu.

Ich ging zurück ins Stadtzentrum, versuchte, meine Gedanken zu ordnen und mir darüber klar zu werden, was ich jetzt tun sollte. Ich hatte kein Geld und kein Dach über dem Kopf. Bis jetzt hatte ich noch keinen Bekannten getroffen, aber das war nur eine Frage der Zeit, bis meine Eltern oder irgendwelche anderen Familienmitglieder zurückkehrten. Das konnte Tage dauern, Wochen, vielleicht sogar Monate. Oder vielleicht waren sie auch schon da und suchten mich ... Ich hob den Kopf und rannte durch die breite Straße, die rund um den Park führte. An der Brücke, die in seine vom Frühlingsregen getränkte feuchte Wildnis führte, warf ich sehnsüchtige Blicke dorthin. Richtig zu Hause werde ich mich erst fühlen, wenn ich wieder im Park bin ... aber das musste noch warten.

Im Haus meiner Großmutter stieß ich auf einen dünnen, dunkelhaarigen Mann in der Uniform eines amerikanischen Leutnants. Wir starrten einander an, dann umarmten wir uns, noch immer unseren Augen kaum trauend. Das also war mein Onkel? Ganz anders als der fesche Offizier der letzten Tage vor dem Krieg, nichts mehr von dem bärtigen Soldaten, der uns in den Kellern von Warschau Mut zugesprochen hatte. Aus den seltenen Briefen, die er uns aus seinem Oflag irgendwo in Deutschland geschickt hatte; aus diesen merkwürdigen Formularbriefen auf satiniertem Papier, mit Bleistift geschrieben, die wir ausradieren mussten, um dann auf demselben Papier zu antworten; aus diesen vorsichtigen, immer zuversichtlichen Nachrichten und den letzten beiden Erscheinungen hatte ich mir eine Art Puzzle-Bild meines Onkels zusammengebastelt. Das strahlende Vorkriegsbild am Lenkrad seines silbergrauen Sportwagens und der raue Krieger der ersten Kriegsmonate, beide waren jäh verschwunden, als er eines Tages nicht mehr erschien, bald nachdem die Deutschen Warschau genommen hatten und wir damit rechneten, dass er gefangen worden war.

Die ganzen Kriegsjahre hatten wir uns um ihn Sorgen gemacht, auf seine Briefe gewartet, Pakete geschickt, Informationen über unsere Lage zu ihm zu schmuggeln versucht und dann, in den letzten chaotischen Monaten, hatte Erich das übernommen, hatte treu und verlässlich die Korrespondenz mit ihm, einem unbekannten Soldaten, weitergeführt.

Nach den ersten Augenblicken der Verwirrung erzählte ich ihm, wie ich hierherkam, im festen Glauben, dass ich, da er ja jetzt zurück war, bei ihm bleiben konnte. Aber er runzelte unsicher und besorgt die Stirn.

»Janie, ich glaube, vorläufig ist es am besten, wenn du wieder zu Adam und Irena zurückgehst. Ich kampiere nur in dieser Wohnung, schlafe auf dem Boden und das ganze Haus ist mit Ratten und Mäusen verseucht. Das ist kein Ort für ein kleines Mädchen.«

»Aber ich bin kein kleines Mädchen! Ich bin fast fünfzehn. Ich könnte dir den Haushalt machen und Ratten stören mich überhaupt nicht! Und Boden schrubben kann ich sehr gut!«

»Du, fünfzehn?« Er sah sehr erstaunt drein und ich musste mein ganzes Leben vor ihm abspulen lassen, bis er mir mein Alter glaubte.

»Ich kann nichts dafür, dass ich in den letzten paar Jahren nicht gewachsen bin. Ich hatte nicht genug zu essen. Aber vielleicht hole ich noch auf. Und jedenfalls will ich bei dir bleiben. Ich hasse Irena!«

Er schüttelte den Kopf und fing an, sich seinen Mantel

anzuziehen. »Ich bringe dich zum Zug. Adam und Irena werden sich jetzt, wo ich zurück bin, anders benehmen. Sie werden fürchterlich enttäuscht sein darüber, dass ich überlebt habe. Das passt ihnen sicher überhaupt nicht in ihre Pläne, aber sie werden es jedenfalls nicht wagen, dich hinauszuwerfen. Du wirst schon sehen.«

Bevor wir den Bahnhof erreichten, gelang es mir, Onkel das Versprechen abzunehmen, dass er mir, falls meine Eltern bis zum Sommer nicht zurück wären, in Kalisch ein Zimmer finden würde, wo ich allein leben konnte. Bald würde die Schule wieder beginnen und darauf freute ich mich schon.

Wieder im Zug, eingekeilt zwischen zwei asthmatischen alten Herrn, die nach Bier und Tabak stanken, brütete ich über die letzten Stunden nach. Wenigstens war es nicht umsonst gewesen. Ich hatte Onkel gefunden, hatte sein Versprechen einer Rückkehr nach Kalisch, wo ich allein leben durfte, um auf die Rückkehr der Familie zu warten. Der Zug hielt auf einem Feld. In der Finsternis draußen hörte man Stimmen, fluchend, protestierend. Anscheinend fuhren wir nicht weiter. Züge aus dem Westen, von der deutschen Front, wurden in Kürze erwartet und die hatten Vorfahrt. Wir verließen die stickigen Abteile und verstreuten uns über die Gleise. Andere Züge standen neben unserem, die langen Waggonlinien schwarz und schweigend, die Lokomotiven heftig atmend, weiße Rauchfedern ausstoßend, Dampf zischte zwischen den riesigen Rädern hervor ...

»Steigen wir am besten in diese anderen Züge«, riet jemand im Dunklen. »Die fahren vielleicht vor uns ab.«

Der Zug auf dem nächsten Gleis schien leer. Ich näherte mich einem Viehwaggon, dessen Tür einen Spalt offen stand, drückte dagegen, fand zu meiner Überraschung kaum Widerstand und schwang mich über die Schwelle. Mein Kopf schwirrte mir vor Anstrengung, funkelnde Sterne tanzten vor meinen Augen. Eine Weile blieb ich am Boden sitzen und bemühte mich, wieder zu Atem zu kommen. Als sich die Finsternis endlich lichtete und meine Augen wieder klar sahen, bemerkte ich, vor mir auf dem Boden hockend, mit vor Erstaunen aufgerissenem Mund, einen russischen Soldaten, halb bekleidet, einen Arm in Gips.

Es folgte noch einmal ein langes Schweigen, während wir einander anstarrten. Als ich wieder zu mir kam, erfasste mich Panik. Es war für ein weibliches Wesen, ganz gleich welchen Alters, höchst unratsam, sich im selben Waggon aufzuhalten wie ein russischer Soldat. Nach den Geschichten, die das Land überfluteten, zu schließen, reichte ein gebrochener Arm keineswegs, um ihre befreierische Glut zu dämpfen.

Ich ging rückwärts zur Tür, aber er war schneller als ich und verriegelte sie mit einem dumpfen Poltern. Gleichzeitig merkte ich, dass der Zug jetzt fuhr. Der Russe drehte die an einem Haken hängende Öllampe höher und das Innere des Waggons schälte sich aus dem Schatten heraus. Hölzerne Feldbetten an den Wänden, mit schlafenden Männern belegt, Schienen und verbundene Gliedmaßen, die in unnatürlichen Winkeln abstanden, der dicke, Ekel erregende Gestank von Blut, Medikamenten und schmutzigen Verbänden … ein Spitalszug, auf der Durchfahrt von der Front zu einem Krankenhaus irgendwo in Polen oder Russland.

In der Mitte des Raumes stand ein großer Eisenofen, rot glühend, darauf ein singender Kessel. Es gab einen Holztisch und zwei klapprige Sessel, die auf- und abhüpften, wenn der Zug über die Schwellen fuhr. Mein Gastgeber setzte sich auf den einen Stuhl und lud mich mit großartiger Gebärde ein, auf dem anderen Platz zu nehmen. Ich setzte mich. Er nickte, befriedigt, lächelte ermutigend. Von einigen Betten wandten sich neugierige Gesichter zu mir. Ich versuchte, die nur halb verstandenen Fragen in einem Gemisch aus Polnisch und Russisch zu beantworten, mit viel Winken der Hände und Nicken der Köpfe, und endlich konnten wir uns einigermaßen miteinander verständigen. Sie fuhren durch die große Stadt, wo ich aussteigen wollte, und bis dahin konnte ich bei ihnen bleiben. Sie schätzten mein Alter auf etwa zehn Jahre und ich ließ sie dabei. Es war sicherer, fünf Jahre jünger zu sein.

Der Anführer nahm einen großen Laib Brot und eine Speckseite aus einer Dose unter dem Tisch, stützte sich auf seinen vergipsten Arm und begann, mit einem Taschenmesser auf das Essen loszugehen. Ich trug die dicken Brote zu den Betten, stieg auf die unteren Betten, um die oberen zu erreichen, oft packte mich eine hilfreiche Hand am Knöchel, während die erstaunten Gesichter in den Kissen eindeutig erkennen ließen, dass von den plötzlich erwachten Soldaten einige dachten, sie würden träumen. Auf die Brote folgten zinnerne Becher mit kaltem Wasser. Das heiße Wasser war anscheinend nicht zum Trinken da und als ich meine Verwunderung darüber ausdrückte, erfuhr ich, dass für Kranke kaltes Wasser am besten war.

Die Zeit verging mit stockenden Ansätzen zu einer Unterhaltung, aber bald gingen uns die Vokabeln völlig aus. Keiner machte Anstalten, mich zu vergewaltigen, ich verlor meine Angst, genoss die Wärme des Ofens und kaute an meinem dicken Brot. Der Speck hatte einen Stich und das Brot war hart wie Stein, aber ich war hungrig genug, um alles zu essen. Der Zug ratterte durch mehrere Stationen, ohne anzuhalten, bis er mein Ziel erreichte, wo er glücklicherweise stehen blieb, und nach einer hastigen Verabschiedung half man mir schnell hinunter.

22

Die letzten vierundzwanzig Stunden hatten anscheinend meine Energie völlig erschöpft, die folgenden Wochen lösten sich in Nebel auf. Es war mir klar, dass ich im Bett lag und dass Adam und Irena und manchmal auch Onkel durch die Wolken rund um mich herein- und hinausschwammen. Ein stechender Schmerz bohrte in meiner Brust und meine Lungen wurden bei jedem Atemzug in Stücke gerissen. Kaum öffnete ich die Augen, stand immer Essen vor mir, zuerst auf gehäuften Tellern, später auf gehäuften Löffeln, und müde dachte ich, dass jetzt mein Traum endlich wahr geworden war – ich war zu Haus, lag im Bett und wurde mit Essen voll gestopft –, aber ich hatte nichts davon. Das einfachste Essen war für meinen geschrumpften Magen zu schwer und ich heulte vor Enttäuschung und Zorn, dass ich nichts bei mir behalten konnte.

Als ich endlich aufstehen durfte, war der Frühling zum Sommer erblüht und drückende Hitze lastete über der alten Stadt. Der Krieg war offiziell zu Ende. Irena redete angeregt von Urlaub; Onkel sollte uns beide in irgendeinen schönen Bergkurort schicken – auf seine Kosten, aber ich weigerte mich, irgendwo anders hinzuziehen als nach Kalisch. Ich hatte noch immer nicht gehört, dass jemand zurückgekommen wäre, jemand von meiner Familie; sonst strömten jede Woche Hunderte Menschen zurück in den Westen. Es konnte sich nur mehr um Tage handeln. Ich musste dort sein.

Endlich gaben sie nach. Ein winziges Zimmer wurde im Stadtzentrum gefunden, gerade an der Ecke des Hauptplatzes, wo das Rathaus stand, grau und gedrungen, mit seinem dünnen Turm in den Sommerhimmel zeigend. Die Straße, in der mein neues Heim war, lief steil und winkelig wie ein tiefer, dunkler Bach zwischen den alten Häusern, umrundete den Vorhof einer alten Kirche und ergoss sich auf den Marktplatz. Es war nicht weit von meiner neuen Schule, vom Park und von unseren alten Wohnungen. Onkel lebte noch immer in der gleichen Wohnung, die jetzt voll gepfropft war mit den Möbeln der Familie, die er irgendwie hatte retten können und die er für »sie« aufbewahrte. Die Ratten und Mäuse waren noch immer da, aber er hatte jetzt einen Job, bei dem er manchmal wochenlang abwesend war, und außerdem war es ihm ohnehin egal, wie er lebte.

Wir lebten beide – ohne dass wir jemals darüber gesprochen hätten – »provisorisch«, nachlässig, ungeduldig, auf den Tag wartend, an dem die Familie zurückkehren, an dem das wirkliche Leben beginnen würde.

Ich war froh, endlich allein zu sein, weg von Adam und Irena, mit ihrem ständigen Genörgel über Geld, ihrer Art, Onkel nachzuspionieren, und ihrer dauernden Angst, nicht genug vom »Erbe« zu bekommen. Es war geradezu komisch, wie enttäuscht sie jedes Mal waren, wenn ein entfernter Verwandter von irgendwo aus Europa schrieb, um uns wissen zu lassen, dass auch er überlebt hatte. Mehrere Cousins fanden sich im Ausland, nachdem sie von verschiedenen ausländischen oder von der polnischen

Armee demobilisiert worden waren. Und wenn sie Stalingrad, Sibirien, die Lager in Persien, Monte Cassino, Libyen und den französischen Maquis überlebt hatten, dann mussten doch sicher auch die paar Zivilisten, um deren Leben ich betete, verschont worden sein?

Durch die dunklen, feuchten Alleen des Parks wandernd, nach den Spuren meiner kindlichen Spiele suchend, zwang ich mich zu dem Glauben, dass noch alles so werden könnte, wie ich es während des Krieges erträumt hatte. Wie sehr hatte ich mich immer nach dem Park gesehnt, überzeugt, dass ich nur wieder hineingehen musste, damit auch alles andere automatisch normal würde. Hier war der Park und der Fluss und das weiße Theatergebäude, das sich im ruhigen Wasser spiegelte. Hier war der Teich, auf dem wir im Winter immer Schlittschuh liefen, nur die Schwäne fehlten. Die Russen hatten sie gegessen.

Das Glashaus der Orangerie war leer und kalt, die Dächer und die Wände hatten Risse, nur ein paar Pfauen hatten überlebt, sie sahen aber aus wie von Motten zerbissen. In diesem schmalen Gang zwischen zwei Stechpalmenhecken war ich einmal einer Zigeunerbande in die Arme gelaufen. Ich erinnerte mich noch ganz deutlich an mein Entsetzen beim Anblick dieser dunkeläugigen, bunt gekleideten Gruppe und wie ich aufheulend in Stefas Arme gelaufen war. Zigeuner stahlen Kinder, besonders dunkeläugige, dunkelhaarige Kinder wie mich. Tratschend rauschten sie vorbei, ihre langen, ausgefransten Röcke schwangen um braune Knöchel, Perlen und Armreifen und hängende Ohrringe klirrten und läuteten bei jedem Schritt. Sie hatten lange Zöpfe, grelle Tücher und schnell herumschießende Augen.

Und jetzt waren auch sie verschwunden, nicht nur aus dem Park, sondern vom Angesicht der Erde ... Tod war überall, jede kindliche Erinnerung schien in der Gaskammer zu enden. In meinem alten Haus zeigten mir Stanislaw und seine Frau einen offiziell aussehenden Brief mit einer ausländischen Marke: »Hier steht, also, unser Sohn Joseph, der als Pilot nach England gegangen ist, der ist von einem Feindflug nicht zurückgekommen. Was glaubst du, was heißt das?«

Vor meinen Augen erschien ein Bild des großen, rußverschmierten Schmiedelehrlings in einer Lederschürze. Also so hat er geendet ... Ich dachte an den Silberstern, den die Scheinwerfer über Warschau festgenagelt hatten. War das vielleicht Joseph gewesen? Ist es damals passiert?

»Was sollen wir jetzt tun?«, fragte Stanislaw, sein Hängeschnauzbart ritt auf und ab, wie immer, wenn er über einem Problem brütete. »Das ist die einzige Adresse, die wir hatten. Wo können wir uns jetzt nach ihm erkundigen? Sie sagen, er ist vermisst oder so etwas. Dumm, was? Aber wie diese Flugzeuge sich zurechtfinden, verstehe ich sowieso nicht. Wahrscheinlich sitzt er irgendwo im Ausland und denkt nach, wie er heimkommen kann. Glaubst du, wenn wir dem Roten Kreuz schreiben, dass die ihn finden?«

Ich sagte, ich wüsste das nicht. Das Ausland war weit, da konnte einer leicht verloren gehen. Vielleicht würde Joseph wieder zurückkommen, sobald sich alles beruhigt hatte.

»Ja, das haben wir uns auch gedacht«, stimmten sie mir erleichtert zu. »Diese Ausländer in England verstehen nicht, wie das mit uns ist. Wir warten, dass Joseph nach Haus kommt, und dann wird er uns schon alles erklären.«

23

Am Ende dieses Sommers begann die Schule und ich stellte mich meinem ersten »richtigen« Unterricht in einem Zustand der Panik. Diesmal gab es keine Anstaltskinder. Hier waren alle »privat«. Schon die ersten paar Tage zeigten mir, dass ich auch hier wieder anders war als die anderen. Nicht nur, dass ich die Kleinste und beinahe auch die Jüngste war, ich war auch die Einzige, die allein lebte. Wenn man die allgemeine Lage des Landes betrachtete, dann konnte man es nur als einen bemerkenswerten Zufall bezeichnen, dass alle anderen in ihrem eigenen Heim lebten, mit zumindest einem Elternteil. Sie sahen alle wie normale Halbwüchsige aus: Sie hatten hübsche Kleider, anmutige Figuren, ausgetüftelte Frisuren und von den älteren (wir waren eine sehr gemischte Gruppe) trugen ein paar in der Stadt sogar Lippenstift. Angesichts von so viel knospender Weiblichkeit war mir nach einem tiefen Blick in den Spiegel klar, dass ich da nie dazugehören konnte. Ganz plötzlich und zum ersten Mal hatte ich das Gefühl, dass mein Platz in einer Anstalt war.

Wir waren im Vorkriegs-Mädchengymnasium untergebracht, in das auch meine Mutter gegangen war, aber bald gesellte sich auch, wegen eines verzweifelten Mangels an Lehrern sowie an sämtlichen Lehrmitteln, das Knabengymnasium zu uns. Unsere Physik- und Chemielabors wurden von den Schülern selbst gebaut und unsere Ausrüstung bestand anfangs nur aus einem Dutzend Brennern und ein paar leeren Konservendosen und Marmeladegläsern. Wir benutzten einen bunt zusammengewürfelten Haufen von Büchern, einige waren völlig veraltet, in anderen Gegenständen hatten wir wieder nur ein oder zwei Exemplare für die ganze Klasse.

Es gab keine Altersgrenze. Viele Schüler hatten in den letzten sechs Jahren überhaupt nichts gelernt, das Ziel war daher, so viel wie möglich so schnell wie möglich in ihre Köpfe zu stopfen, bevor sie alle die Schule verließen, um zu arbeiten oder zu heiraten. Der Unterricht wurde in drei Schichten abgehalten und die Begeisterung der Schüler schien sie über jedes Hindernis hinwegzutragen. Gleichzeitig hatten ihre Erfahrungen im Krieg sie überaus kritisch gemacht gegenüber einem Buchwissen, das für die Vorkriegsjugend bestimmt gewesen war.

Ich bemühte mich, das Unbehagen darüber, dass ich mich in einer Gesellschaft weltkluger Mitschüler befand, durch Konzentration auf meine Aufgaben zu überspielen. Ich zweifelte nicht daran, dass ich die Klassenbeste werden oder jedenfalls ganz an der Spitze sein könnte, wenn ich mich darum bemühte. Aber überraschenderweise stellte sich heraus, dass ich mich einfach nicht konzentrieren konnte, dass mein Verstand seinen Dienst versagte. Tag für Tag saß ich den Unterricht ab, nahm kaum wahr, was rund um mich vorging, schämte mich überhaupt nicht, wenn ich eine Frage nicht beantworten konnte, sondern empfand nichts als Gleichgültigkeit und Langeweile. Zu Anfang jeder Stunde gab es immer eine kurze Panik, wenn mir klar wurde, dass ich schon wieder nicht vorbereitet war, dann lehnte ich mich zurück und erwartete geradezu trotzig eine weitere Niederlage. Wenn mein Name aufgerufen wurde, stand ich auf und ließ mir entweder eine improvisierte Antwort einfallen, was manchmal gelang, oder wenn das nicht ging, dann zuckte ich einfach die Achseln, was die Lehrer zur Weißglut brachte und meinen ein oder zwei Freunden die Röte der Verlegenheit in die Wangen trieb. In gewisser Weise genoss ich diese Konfrontationen sogar.

Einige Lehrer erinnerten sich an meine Eltern und sie zogen häufig Vergleiche. »Deine Mutter hätte nie eine so miserable Arbeit abgeliefert.«

»Dein Vater konnte es sich leisten, manchmal den Narren zu spielen, aber keiner konnte ihm das Wasser reichen, wenn er sich einmal zur Arbeit entschloss; er war wirklich genial, der beste Mathematiker, den ich je hatte.«

»Sie war meine begabteste Schülerin, du hättest ihre Aufsätze sehen sollen; sie würde sich deiner schämen.«

Und einmal, von einer besonders geistesabwesenden Dame: »Wo ist deine Mutter? Warum kommt sie nicht zu mir? Ich möchte über deine Arbeiten mit ihr sprechen.«

»Können Sie leider nicht«, antwortete ich kurz und ging ohne weitere Erklärungen aus der Klasse.

Das war alles nicht wichtig. Das war eine Übergangszeit, ein Wartespiel, das sie mit mir spielten. Wenn sie zurückkamen und das Leben ernsthaft begann, dann würde ich es ihnen allen zeigen ... in zwei Wochen wäre ich an der Spitze, aber im Moment hatte ich an Wichtigeres zu denken als an Latein und Mathematik!

Ich betrachtete die zornigen und verzweifelten Gesichter meiner Lehrer mit einer Art von schmerzlicher Befriedigung. Geschieht ihnen recht, ist ohnehin alles ihre Schuld. Sehen sie denn nicht, dass ich in Ruhe gelassen werden will? Die werden aber schauen, wenn ich plötzlich aufwache und zu arbeiten anfange!

Das Schuljahr schritt immer weiter und in mir regte sich der Verdacht, dass ich vielleicht doch jetzt schon zu arbeiten anfangen sollte, falls ich in die nächste Klasse aufsteigen wollte, aber noch immer verweigerte mein Verstand den Dienst. Ich war jetzt schon so weit hinter den anderen zurück, dass ich sie nur durch eine wirklich konzentrierte und systematische Anstrengung noch einholen konnte. In meinem winzigen Zimmer – so winzig, dass ich, in der Mitte sitzend, sämtliche Möbel an der Wand mit den Fingern berühren konnte – saß ich Abend für Abend, starrte die Bücher vor mir an, manchmal überflog ich sogar den Text oder blätterte die Seiten um, aber ich war unfähig, nur einen einzigen Satz zu behalten. Irgendetwas in meinem Geist, eine Angel, eine Schraube – ich versuchte mir vorzustellen, wie sie aussah – war ausgefallen und die ganze Maschinerie wollte sich nicht mehr drehen.

Mit einem Teller belegter Brote auf meinem Tisch – ich hatte meine Unfähigkeit, etwas zu essen, überwunden und war ins andere Extrem gefallen – saß ich und mampfte fleißig, bis tief in die Nacht hinein, und empfand nichts als eine leichte Angst und eine lähmende Resignation bei dem Gedanken, morgen einen neuen Schultag durchstehen zu müssen.

Kaum war die Schule aus, ließ ich meine Freunde stehen und rannte hinaus, so schnell ich konnte. Ich hetzte die Stiegen hinauf, stürzte ins Vorzimmer und spähte in jeden Raum. Dann zog ich enttäuscht meinen Mantel aus und setzte mich zum Warten ans Fenster. Vielleicht kommen sie heute Nachmittag ...

Manchmal wachte ich am Morgen auf und spürte, dass es heute geschehen würde. Oder morgen. Auf jeden Fall noch diesen Monat! Ich sprang aus dem Bett, packte meine Bücher, lief den ganzen Weg zur Schule, platzend vor Glück und gutem Willen, lächelte dem Himmel zu und jedem Menschen, der mir begegnete. In den Pausen gelang es mir, wenigstens einen Teil meiner Hausübungen zu erledigen, den Rest schrieb ich von den beiden treuen Freundinnen ab, die ich irgendwie erworben hatte, und dann überraschte ich die Lehrer mit unerwarteten Antworten.

Und im Unterricht verschlang ich gierig jedes Wort, voller Begeisterung darüber, dass alles so leicht war, so einfach, so logisch und schön. Wie hatte ich das jemals schwierig oder uninteressant finden können! Die Welt war eine faszinierende Schatzhöhle und ich war erst fünfzehn! Was ich alles noch leisten konnte, hatte einfach keine Grenzen ... Am Nachmittag überredete ich dann meine beiden Freundinnen zu einem Spaziergang, oder falls ich Geld hatte, lud ich sie zu einem Festschmaus in unsere Lieblingskonditorei ein. Dort schlugen wir uns mit matschigen Cremekuchen voll, die wir mit Kübeln von Zitronentee hinunterspülten, und erzählten uns dabei die gräulichsten und Ekel erregendsten Geschichten, die wir uns ausdenken konnten. Wem es dabei gelang, den anderen ihre Kuchen zu vergraulen, dem gehörte das restliche Essen. Aber meistens verließen nur die Kunden an den nächsten Tischen das Lokal, mit empörten Blicken zu uns herüber, manchmal auch mit Beschwerden bei der Geschäftsführung. Wir lachten nur.

Aber langsam verflog meine Hochstimmung und am nächsten Tag wachte ich auf und sah die Welt als sinnlosen, bedrohlichen Dschungel, als Puzzle, das ich nicht zusammensetzen konnte. Angesichts der verschiedenen Aufgaben, die auf mich warteten, sobald ich aufgestanden war, befiel mich ein heilloser Schrecken und ich versteckte mein Gesicht in den Decken und stöhnte vor Verzweiflung.

Da war es doch besser, die erste Stunde zu versäumen oder lieber gleich gar nicht in die Schule zu gehen. Ich war in den letzten Monaten so oft krank gewesen und hatte so viele ärztliche Zeugnisse zum Beweis dafür, dass einmal mehr Fehlen kaum auffallen würde. Wenn ich mich überhaupt aus dem Bett herausschleppte, dann nur, um in den Park zu gehen, wo ich mich auf eine nasse Bank hockte, oft im nieselnden Herbstregen, und mich vollkommen meiner Depression überließ.

Das Leben war unmöglich. Es war zu schwierig. Ich verstand nicht zu leben. Und es gab niemanden, der es mir zeigte, der mir sagte, was ich tun sollte, wie ich es tun sollte und am wichtigsten: warum ich es tun sollte.

In meinen Jahren im Kloster hatte ich mich immer nach Alleinsein gesehnt, nach einem eigenen Zimmer, das ich absperren konnte, wenn mir danach zumute war. Aber wie so viele von meinen früheren Träumen war auch dieser, kaum hatte ich ihn erreicht, zu Staub zerfallen. Jetzt hatte ich ein eigenes Zimmer. Ich lebte allein. Und ich hasste es.

Vielleicht war ich einfach nicht richtig lebensfähig. Ein eckiger Pfropfen in einem runden Loch. Ich werde nie passen, nie dazugehören, zu nichts und niemandem, dachte ich. Das Leben war einfach zu schmerzhaft, alles kostete zu viel Anstrengung. Ich wünschte, ich könnte sterben.

Ich saß im tropfenden Gebüsch und starrte auf den schnell dahinfließenden Strom, in dem sich der graue Himmel spiegelte. Der Strom war breit und tief, voller Wirbel, verräterisch. Viele waren hier ertrunken. Vater war einmal voll bekleidet hineingesprungen, um einen Jungen zu retten. Und sobald er ihn herausgezogen und sich überzeugt hatte, dass ihm weiter nichts fehlte, schlug er ihn so fest ins Gesicht, dass der junge Mann beinahe noch einmal hineingefallen wäre.

»Das ist dafür, dass du so verdammt dämlich warst und dein Leben und meines aufs Spiel gesetzt hast! Warum gehst du hinein, wenn du nicht schwimmen kannst?«

Der Junge stammelte, dass er geglaubt hatte, er wäre ein guter Schwimmer.

»Wir werden sehen«, sagte Vater. »Komm morgen zum Bootshaus und zeig mir, was du kannst.«

Von diesem Tag an trainierte Vater den ganzen Sommer mit dem Jungen, bis dieser am Ende wirklich ein hervorragender Schwimmer war. Ich hatte ihn vor ein paar Wochen getroffen und er hatte mir die Geschichte erzählt. Bis dahin hatte ich mich an den Zwischenfall nur als an den Tag erinnert, als Vater tropfnass in einer Kutsche nach Haus kam, und an Mutters Zorn darüber, wie achtlos er mit seinen Kleidern umging.

Der junge Mann, jetzt Mitte zwanzig, sprach von Vater mit Ehrfurcht und Enthusiasmus. Auch er war sicher, dass Vater bald zurückkäme ...

»Ich warte noch etwas länger, bis zum Jahresende, dann werden wir weitersehen.«

Ich ging heim, zog mich um und setzte mich mit meinen Schulbüchern an den Tisch. Um Mitternacht saß ich noch immer dort, starrte die erste Seite an, sah nichts. Manchmal, viel zu selten, bekam ich einen Brief von Schwester Zofia oder von Ela. Ungeduldig verschlang ich sie, küsste ihre Unterschriften, dann gab ich mich sehnsüchtigen Erinnerungen hin.

Das Kloster, im wesentlichen noch intakt, war jetzt in einer kleinen Stadt untergebracht. Sie hatten ein Haus und einen Garten. Schwester Zofia schickte mir ein Foto. Die ältesten Mädchen waren weg. Tamara sollte bald an ihrer noch übrigen »guten« Lunge operiert werden. Vera besuchte eine Hauswirtschaftsschule, tat sich dort sehr schwer und schrieb »merkwürdige« Briefe an Schwester Zofia. Ela und Teresa, das Mädchen, das ihre Erstkommunion zusammen mit mir gemacht hatte und die ich vage im Verdacht hatte, jüdisch zu sein, lebten zusammen in einem Zimmer in derselben Stadt und besuchten das Gymnasium.

»Teresa hat sich wirklich als ein tapferes Mädchen entpuppt«, schrieb Schwester Zofia. »Wie du weißt, war sie von der gleichen Abstammung wie du.«

»Ich hab's gewusst!«, rief ich und zum ersten Mal wurde mir klar, dass Schwester Zofia es einfach nicht über sich brachte, das Wort »Jude« zu sagen oder zu schreiben. Äußerstenfalls, wenn es wirklich nicht anders ging, sagte sie »Israelit«, was irgendwie biblisch klang und viel weniger »unhöflich«.

»Bald nachdem du weggingst, fand unsere kleine Teresa ihre Eltern wieder. Sie kamen und holten sie und in der nächsten Woche rannte sie wieder zu uns. Sie erlaubten ihr nicht, zur Kirche zu gehen, und wollten nicht begreifen, dass sie jetzt Katholikin war, also verließ sie sie. Sie kamen hinter ihr her. Wir hatten ein paar laute und unschöne Szenen. Sie drohten uns mit der Polizei, aber am Ende gewann Teresa oder vielmehr der Glauben. Sie lehnte sogar jedes Geld von ihnen ab. Sie boten ihr finanzielle Unterstützung an, solang sie noch zur Schule geht, aber sie lebt lieber von dem bisschen, das wir ihr geben können, und von den Einkünften aus den Privatstunden, die sie am Abend gibt. Sie hat ein sehr anstrengendes Leben, ist aber sehr glücklich dabei. Wir brauchen uns keine Sorgen um sie machen. Und wie steht's mit dir?«

Wie stand es denn mit mir? Unglücklich starrte ich auf die Zierschrift. Ich wusste selbst die Antwort nicht mehr. Solang ich bei Adam und Irena war, war das Leben einfach. Ich war in jeder Weise gegen sie, sie brauchten nur »weiß« zu sagen und schon antwortete ich »schwarz«. Ich glaubte von ganzem Herzen an alles, was ich im Kloster gelernt hatte, und kam meinen religiösen Pflichten gewissenhaft nach. Als sie mir verboten, an Sonntagen das Haus ohne Frühstück zu verlassen, ließ ich mich am Samstagabend von unserem alten Hausmeister oder von Großmutters Schneiderin im Nebenhaus einladen, unter dem Vorwand, dass wir gern beisammen wären und von alten Zeiten redeten. Dann blieb ich die Nacht über dort und erregte am nächsten Morgen tränenreiche Verblüffung durch meine Ankündigung, dass ich jetzt zur Kirche gehen wollte.

Adam und Irena hassten sowohl den Hausmeister mit seiner Familie wie auch die Schneiderin, aber sie hatten zu viel Angst vor ihnen, um etwas einzuwenden. In diesen merkwürdigen Zeiten wusste man nie, wann die Macht plötzlich auf die »Massen« überging. Vielleicht wandten die sich dann gegen einen, stifteten irgendwelchen Schaden ... Ich meinerseits hatte das Gefühl, dass dieses raffgierige Pärchen Angst davor hatte, irgendjemand könnte ihre Geldbeschaffungsmethoden unter die Lupe nehmen, und genoss ihren hilflosen Zorn.

Es gab endlose wütende Diskussionen oder vielmehr Monologe, da ich mich normalerweise gar nicht erst in solche Gespräche verwickeln ließ.

»Wie kannst du nur so dumm sein, so dickschädlig und so blind?«, fing Irena immer wieder an. »Wie kannst du nur an irgendetwas glauben und erst recht an einen Gott der Liebe? Wo zum Teufel siehst du Liebe? Zeig's mir. Ich möchte das auch gern sehen. Geh, zeig's mir! Ich kann nichts sehen außer Elend und Schmerz. Und Konzentrationslager und Gaskammern. Das sehe ich. Du siehst Liebe.

Weißt du, wie viele Millionen umgekommen sind im letzten Krieg? Und Gott hat keinen Finger gerührt, um sie zu retten. Warum? Was haben sie getan, um einen solchen Tod zu verdienen? Was haben sie getan, dass sie sterben mussten?

... deiner Meinung nach dürfen wir also den göttlichen Plan nicht anzweifeln? Er weiß schon, was Er tut, und Er hat immer Recht. Also hat Er Recht gehabt damit, dass er Millionen umkommen ließ, ja? Sie haben es also nicht anders verdient? Meine Eltern und deine Eltern und alle Eltern, sie waren so schlecht, dass sie das Konzentrationslager verdient haben? Und das wagst du zu sagen?

... Na schön, sie haben es also verdient, sie waren die ärgsten Verbrecher auf der Welt und sie haben es verdient, dass sie so sterben. Um ihrer schrecklichen Sünden willen. Gut und schön. Und was ist mit den Kindern? Was ist mit den Babys? Für welche Sünden mussten sie denn sterben?

Wenn es einen Gott gibt und Er solche Dinge zulässt, dann will ich überhaupt nichts von Ihm wissen. Es ist nicht wahr, dass Er für uns sorgt oder für irgendjemand anderen, genauso wenig wie es stimmt, dass irgendwo in diesem Universum Gerechtigkeit existiert. Die Bösen werden nicht bestraft und die Guten nicht belohnt. Und für uns Menschen gilt: Es gibt keinen Gott!«

Ich konnte die richtige Antwort nicht finden und bald fiel mir überhaupt nichts mehr dazu ein. Was ich sagte, klang immer unglaublich glatt und naiv, obwohl ich das gar nicht wollte. Aber wie konnte man über göttliche Liebe und Gerechtigkeit reden, über Gott, den liebenden Vater, wenn es ein Auschwitz gab?

Ich suchte und betete in den dunklen alten Kirchen um eine Antwort, aber es kam keine. Die Plattitüden, die ich in den Beichtstühlen zu hören bekam, verstärkten nur meine

Unsicherheit. Zum ersten Mal seit mehreren Jahren spürte ich, wie der Boden unter meinen Füßen nachgab, ich suchte verzweifelt nach etwas Festem, wo ich mich anhalten konnte, aber was ich auch berührte, zerfiel mir unter den Händen.

Ich wich einer direkten Antwort auf Schwester Zofias Brief aus, versicherte ihr nur, dass ich regelmäßig in die Kirche ging und nie meine Gebete vergaß. Ich sagte ihr nicht, wie hohl sie jetzt in meinen Ohren klangen. In einem meiner Briefe wagte ich es endlich, von meiner hoffnungslosen Liebe für sie zu sprechen und ihr zu sagen, was sie mir in diesen düsteren Tagen bedeutet hatte. Ihre Antwort kam sofort, voller Überraschung und Bedauern.

»Ich wäre nicht einen Augenblick lang auf den Gedanken gekommen, dass du solche Gefühle für mich hattest, und ich kann dir nicht sagen, wie Leid es mir tut ... Hätte ich das gewusst, dann hätte ich versucht, dir viel mehr Zeit zu widmen und so viel Liebe zu schenken wie ich kann, die Liebe, ohne die kein junges Menschenkind glücklich wird ..., aber ich hielt dich immer für so selbstständig und unabhangig ... Jetzt verstehe ich, was hinter deinen häufigen Besuchen in meinem Zimmer stand, und ich schäme mich sehr, dass ich das nicht früher begriff. Ich dachte wirklich, dein einziges Motiv wäre ein unlöschbarer Wissensdurst und sonst nichts, es schmeichelte meiner Eitelkeit, dich hier zu haben, diese trockenen, abstrakten Sachen zu besprechen, endlich jemanden zu haben, der verstand, worüber ich redete ... und dabei wolltest du die ganze Zeit etwas anderes haben. Ich schäme mich so über meine Blindheit.«

24

In diesem hoffnungslosen und unendlich langen Winter von 1945/46 kam ich wieder mit Sabina zusammen, einem Mädchen, das ich früher vor dem Krieg, als wir beide noch Kinder waren, flüchtig gekannt hatte. Sabina, die ein oder zwei Jahre jünger war, hatte den Krieg zusammen mit ihrer ganzen Familie überlebt und ich konnte mich über dieses Phänomen einfach nie genug wundern. Eine ganze Familie! Mutter, Vater, Tochter und Sohn, und alle sahen sie aus wie Karikaturen aus dem Stürmer! Und sie waren auch nicht fortgegangen. Sie waren nicht in Russland. Verschiedene polnische Freunde in einer benachbarten Stadt hatten sie versteckt, ein Beweis für eine wirklich außerordentliche Tapferkeit, denn diese Gesichter hätte sogar der dümmste Deutsche auf den ersten Blick erkannt.

Als es kälter wurde und mein kümmerlich beheiztes Zimmer allzu ungemütlich, besuchte ich Sabina öfter und öfter. Sie interessierte mich nicht als Person und wir hatten einander nicht viel zu sagen, aber was mich anzog, war diese Atmosphäre von Vollständigkeit und Stabilität und noch etwas Undefinierbares, was meine vereiste Seele auftaute und was ich keineswegs erkennen wollte. Ich saß in einer Ecke ihres kleinen Speisezimmers, folgte ihnen mit den Augen, schweigend und scheinbar gleichgültig, während ich durch jede Pore meiner Haut dieses merkwürdige Etwas einsaugte, welches bewirkte, dass ich mich in diesem düsteren, schäbigen Haushalt wohler fühlte als bei meinen nicht jüdischen Freunden.

Manchmal machten Sabina und ich einen Spaziergang und da fiel mir auch ihre Obsession zum ersten Mal auf. Sabina ging mit zu Boden gesenktem Kopf, das Gesicht im Mantelkragen versteckt, der immer hochgestellt war, auch wenn die Sonne schien. Ihre dunklen, leicht vorstehenden Augen schossen rasche, verschreckte Blicke auf die Passanten. Manchmal drehte sie sich ganz plötzlich zu einer Auslage und blieb stehen, offenbar fasziniert von dem, was sie da sah, dann ging sie vorsichtig und mit noch ängstlicheren Blicken weiter. Manchmal zog sie mich in einen Hauseingang und stand bleich und keuchend eine Weile lang dort drinnen, bevor sie sich wieder hinauswagte.

Als ich sie wegen dieses merkwürdigen Benehmens befragte, schien sie erstaunt über meine Unwissenheit.

»Aber siehst du es denn nicht? Sie schauen uns an!«

»Wer?«

»Alle!«

Verständnislos starrte ich sie an. »Natürlich schauen sie … warum denn nicht?« Und dann, als mir ein Licht aufging: »Aber Sabina, jetzt hast du doch keine Angst mehr? Der Krieg ist vorbei! Jetzt können sie uns nichts mehr tun. Lass sie schauen!«

Sie verbarg das Gesicht in den Händen. »Ich halte es nicht aus, wenn mich jemand anschaut. Ich weiß, was sie denken … sie hassen uns … sie fragen sich, wie wir wohl überlebt haben, und wünschen, wir hätten es nicht geschafft. Wenn sie nur eine Gelegenheit hätten, uns umzubringen, dann würden sie es tun!«

»Aber Saba, nein wirklich, reiß dich zusammen! Die Deutschen sind fort, niemand wird jetzt noch Juden umbringen!«

Sie sah mich an, als hätte ich den Verstand verloren. »Niemand? Also du weißt nicht mehr, was in K. passiert ist, kaum dass die Deutschen fort waren? Ein Pogrom! Ja, ein Pogrom. Genau wie in den guten alten Zeiten vor dem Krieg. Es tat ihnen Leid, dass die Deutschen ein paar Juden übrig gelassen hatten, die durften nicht entkommen. So gern haben sie uns nämlich, deine Polen!«

Hilflos stand ich vor ihr. Sie hatte Recht. Es hatte ein Pogrom gegeben. Und es gab Antisemitismus, wie es ihn immer gegeben hatte, wie es ihn immer geben würde. Und es gab Polen, die ganz offen bedauerten, dass Hitler nicht die Zeit gehabt hatte, uns alle aus dem Weg zu räumen. Erst vor ein paar Tagen war mir ein Mann auf einem Fahrrad gefolgt, nahe an mich herangefahren, um mir ins Gesicht zu sehen, dann zischte er »Jude!«, spuckte vor mir aus und fuhr fort. Und keiner war eingeschritten.

»Wie du jetzt, nach allem, was sie uns angetan haben, zu ihnen übergehen kannst, das geht über meinen Verstand«, fuhr Sabina fort. »Kommst du dir nicht komisch vor in einer Kirche? Spürst du nicht, wie sich alle diese Augen in deinen Rücken bohren, siehst du denn nicht, dass sie dich nicht dort haben wollen, dass du nicht dazugehörst? Jeder kennt dich in dieser Stadt. Jeder erinnert sich an deine Familie. Sie wissen, dass du Jüdin bist, und ganz gleich, wie oft du in die Kirche gehst, du wirst Jüdin bleiben. Und das werden sie dir eines Tages auch ins Gesicht sagen, falls sie es nicht schon getan haben. Ich würde lieber sterben als dieses Risiko auf mich nehmen. Ich will nur eines: dieses Land verlassen – und mich so weit als möglich von ihnen fern halten, solange ich noch hier bin.«

»Aber Saba«, warf ich ein, »sie können doch nicht alle schlecht sein. Schau, mich haben die Schwestern versteckt, die wussten, wer ich war, und du und deine Familie, ihr wurdet auch von Polen gerettet ...«

»Die Nonnen dachten, dass sie deine Seele hätten, und an mehr waren sie nicht interessiert. Wenn man dich erkannt und verhaftet hätte, dann wärest du ihrer Meinung nach immerhin als Katholikin gestorben und damit wäre eigentlich alles in Ordnung gewesen, obwohl man dich wegen deiner jüdischen Herkunft ermordet hätte! Und wir, wir hatten eben Glück. Ich bestreite nicht, dass es ein paar tapfere Polen gab, die große Gefahren auf sich nahmen. Und vergiss nicht, dass sie sich ja vor ihren polnischen Mitbürgern in Acht nehmen mussten, nicht vor den Deutschen, die einen Juden ohnehin kaum jemals erkannten. Aber es gab nicht viele Gute. Nicht genügend Gute. Sie hätten Sodom und Gomorrha nicht gerettet und sie haben die Ehre dieses Landes nicht gerettet.«

Allein in meinem winzigen Zimmer brütete ich über diesen bitteren Wahrheiten und fand sie unbestreitbar. Vielleicht war das nicht die ganze Wahrheit ... Vielleicht würde ich mit der Zeit noch die hellere, gesündere Seite dieser tragischen Farce entdecken ... Vielleicht ... Ich sehnte mich nach einer klaren Antwort, nach einem eindeutigen »Ja« oder »Nein«. Nach etwas, an dem ich mich festhalten, mein Leben darauf aufbauen konnte, aber unter meinen Füßen war kein Fels, sondern nur rasch verwehender Sand. Nichts war sicher oder beständig. Die alten, anerkannten Werte zerbrachen und nichts Neues trat an ihre Stelle. Immer mehr hatte ich das Gefühl, dass ich am Rand des Lebens stand, angerempelt von den vielen Passanten, aber unfähig, mich zu ihnen zu gesellen, mit ihnen zu gehen oder das Ziel zu erkennen, auf das sie alle mit solcher Geschwindigkeit zurasten. Ich war aus dem Tritt geraten mit dem Leben und mit der Wirklichkeit, mein ungeschicktes Stolpern hatte mich unerträglich erschöpft und ich wollte von dem allem langsam gar nichts mehr wissen. In den Nächten vergrub ich mich in Bücher, je romantischer und unwahrscheinlicher, desto besser, während mein ganzes Taschengeld für Kinokarten draufging.

Es gab in der Stadt nur drei Kinos und meistens zeigten zwei von ihnen denselben Film. Mein Taschengeld, mit dem ich auch meine Schulsachen, Seife, Schuhcreme oder Zahnpasta kaufen musste, reichte gerade für zwei Karten. Wenn es, wenn auch selten, doch einmal vorkam, dass drei verschiedene Filme gespielt wurden, dann geriet ich in Panik. Ich musste sie alle drei sehen, ganz gleich, wie alt, zerrissen oder läppisch sie waren. Nur in den Stunden, die ich im Kino verbrachte, hob sich die feuchte Decke von meinem Geist, nur hier konnte ich irgendetwas fühlen, lachen oder sogar ein bisschen weinen. Kaum gingen die Lichter aus, holte ich tief Atem und spürte, wie das Leben zurückkam. Hier war ich sicher. Hier durfte ich mir alle diese Gefühle gestatten, die mir der Kontakt mit der Welt, kaum trat ich hinaus auf die Straße, automatisch wieder verschüttete.

Ich sah *Gunga Din* fünfmal und *Der große Walzer* sechsmal und glaubte jedes Mal, ich würde sterben, aber es gelang mir, keine einzige Träne zu vergießen. Ich wusste, wenn ich nur einmal zu weinen anfing, dann würde etwas Schreckliches passieren, eine Explosion mich zerstören und vielleicht die ganze Welt; oder sie würden mich in eine Zwangsjacke stecken.

Englische und russische Filme wechselten ab mit einigen sehr alten, sehr löchrigen und schlecht zusammengeklebten französischen Filmen. *Carnet de Bal* und ein Film, in dem Josephine Baker in einem Vogelkäfig sang, waren beide so verstümmelt, dass weder ich noch meine Freunde jemals die Geschichte durchschauen konnten. Die – seltenen – Disney-Cartoons erfüllten uns mit rückhaltloser Begeisterung und wir zahlten gern für eine unmöglich süße russische Geschichte voll stahläugiger Helden und hysterisch schüchterner Maiden, nur um noch einmal einen Blick auf seine flauschigen Tiere werfen zu können.

Meistens ging ich ins Kino, ohne mir vorher die Bilder genauer anzusehen. Auf diese Weise geriet ich eines Tages in einen Film aus einem Konzentrationslager. Es musste Auschwitz oder Majdanek im Augenblick der russischen Befreiung gewesen sein.

Die Haufen von nackten Leichen, die überfüllten Bunker, die mit Asche bestreuten Felder, die Gaskammern, die Öfen. Die Berge von Haar und Brillen und Zähnen und Spielzeug, und später in den weißen Zellen die Militärärzte, wie sie diese lebenden Skelette untersuchten, die mit wilden, eingesunkenen Augen in die Kamera schauten, verständnislos, fragend, eine Antwort verlangend ...

In meinen Sessel zurückgesunken, saß ich vor dem Horror. Immer wenn die Kamera zu einer Nahaufnahme zoomte und wieder ein nackter Körper untersucht wurde, blieb mein Herz vor Erregung stehen. Jetzt! Jetzt ist es einer von ihnen, jetzt in der nächsten Sekunde werde ich sie erkennen ...

Ich erkannte niemanden, aber es gab so viele von ihnen, »Millionen«, sagte jemand in der Finsternis. Warum?

Dort sind sie, dachte ich, ich muss sie sehen, und wenn ich mir eine Sekunde lang die Augen zuhielt, weil die Bilder auf der Leinwand so obszön waren, dann senkte ich meine Hände sofort wieder. Ich hatte kein Recht, mich zu verstecken. Nie wieder werde ich das Recht haben, mich zu verstecken, zu drücken, mein Gesicht vor Angst oder Abscheu abzuwenden. Wenn sie diesen Tod gestorben sein konnten, dann werde ich das Bild dieses Todes mit mir herumtragen müssen, solange ich lebe.

Das Publikum im Kino weinte, fiel in Ohnmacht, betete laut. Mit zusammengepressten Zähnen trat ich hinaus in die kalte Winternacht, Mord im Herzen. Mein letzter Kindertraum war tot: Es gab keinen Gott.

25

Das große Vorderzimmer mit einem Balkon auf den Hauptplatz hinaus wurde zu Jahresanfang von einem jungen Offizier gemietet, der sich von einer Wunde am Bein erholte. Die Wunde war an der linken Ferse und so war es unvermeidlich, dass wir ihn Achilles nannten.

Er war groß, schlank, breitschultrig und hatte die Taille einer Sanduhr. Er hatte ein schmales Gesicht, dunkles, lockiges Haar und ein Paar große Augen, so hellgrau, dass bei einer gewissen Beleuchtung die Farbe vollkommen verschwand und er noch mehr wie eine Statue aussah.

Trotz seiner Uniform und seines guten Aussehens wurde er sehr leicht verlegen und das männerverschlingende Glimmen in den Augen unserer Vermieterin sandte ihn Hals über Kopf entweder in sein Zimmer oder in meines, wo wir hysterisch zu kichern anfingen, makabre Gedichte eigener Fabrikation rezitierten, Karten spielten oder uns einfach Beleidigungen an den Kopf schleuderten, bis einem von uns nichts mehr einfiel.

Ich war glücklich in seiner Gesellschaft, so glücklich, wie ich sein konnte angesichts der Lähmung, die meine Seele ergriffen hatte, oder was es war, mit dem man fühlte. In meiner Verwirrung war ich gar nicht mehr sicher, ob Seelen überhaupt existierten, und wenn ja, wozu.

Da ohnehin schon alles egal war, konnte ich auch meine Rolle einer im Kloster erzogenen jungen Dame vergessen und Achilles' Witze mit Obszönitäten parieren, dass er rot wurde und mich ungläubig anstarrte. Immerhin, das war mein erster Erfolg bei einem erwachsenen Mann und ich lachte darüber und betrachtete mich voll Bitterkeit im Spiegel. Keiner würde mich jemals auch nur im Entferntesten für hübsch halten. Außerdem sah ich noch immer wie eine Zwölfjährige aus und das war mir auch ganz recht. Eine erwachsene, »verantwortungsbewusste« Person zu werden, das erschien mir als das erschreckendste aller Schicksale. Verantwortlich wofür? Für das, was geschehen war? Solange ich ein Kind war, konnte man mich wenigstens *dafür* nicht verantwortlich machen.

Und so behandelte ich Achilles weiterhin als einen Freund, erzählte ihm Witze, rauchte seine Zigaretten und versteckte zum Zeichen meiner Wertschätzung tote Mäuse und lebende Frösche in seinen hohen Stiefeln.

Irgendwie näherte sich der Winter seinem Ende. Ich ging zu keinem der »Karneval«-Tänze, die unsere Schule organisierte. Als kurz vor Neujahr die erste Einladung kam, starrte ich den hübschen Jungen, unseren Klassensprecher, der in Erwartung meiner huldvollen Annahme seines freundlichen Angebots vor mir stand, verständnislos an.

»Idiot«, zischte ich durch zusammengepresste Zähne, wandte mich auf dem Absatz um und rannte aus der Klasse, aber nicht, ohne noch zu sehen, wie er einen Schritt zurücktrat, als hätte ich ihn geschlagen, sein Gesicht gerötet vor Zorn und Verblüffung.

Ich lief hinaus aus dem Gebäude und bis hinunter zum Park. Narren, Kretins, Idioten: »Möchtest du mit mir zum Tanz kommen?« Ich? Zum Tanz? Wie können sie es wagen ... Ich stampfte auf und trat in den tiefen Schnee, und dass mir die Tränen übers Gesicht liefen, bemerkte ich erst, als sie in der kalten Luft zu brennen begannen. Danach bekam ich keine Einladungen mehr und ich tat so, als hörte und merkte ich nichts von den aufgeregten Vorbereitungen, den neuen Kleidern, dem Getratsch und Gekicher in der Mädchentoilette. Ich wartete noch immer, nur wartete ich nach diesen endlosen Monaten nicht mehr so sehr auf ihre Rückkehr, nach der mein richtiges Leben beginnen würde, als vielmehr auf eine Bestätigung, nach der ich dann sterben durfte.

Mit den ersten warmen Frühlingstagen gab ich es auf, so zu tun, als würde ich etwas lernen, und verbrachte meine freie Zeit im Park, kopfabwärts auf der steilen Uferböschung liegend, und starrte in den Fluss. Am verwildertsten Ende des Parks gab es eine Stelle, die wie der Bug eines Schiffs in die graue Gabelung des rasch fließenden Wassers stach und wo man vergessen konnte, dass dahinter Land und eine Stadt war. Von dort, wo ich lag, war nur die weite Wasserfläche zu sehen, silbergrau oder frühlingsgrün, manchmal einen blauen Flecken Himmel widerspiegelnd oder einen blendenden Schauer von Sonnenstrahlen, die sich an der Oberfläche brachen. Die Weiden wurden grün und hüllten das Ufer in einen halb durchsichtigen Nebel. Der ganze Park erwachte aus seinem Winterschlaf und jeden Tag bemerkte ich neue Zeichen erwachenden Lebens in den schwellenden Knospen, den schimmernden jungen Blättern, dem sprießenden Gras und den leuchtenden Farben der Feldblumen vor den dunklen Baumstämmen.

Das Leben kehrte zurück. Ich beobachtete dieses Phänomen der Natur voll Misstrauen und Verbitterung. Die neuen Farben, der Vogelgesang, der frische Duft schien wie eine Verhöhnung des Lebens, wie ich es gekannt hatte. Im nassen Gras liegend, grub ich alle die verbotenen literarischen Klischees aus und wandte sie auf meine eigene Existenz an. Mein Leben – wenn ich am Leben blieb – würde eine weite, graue Wüste sein, wie dieser Fluss ... eine unerträgliche Aussicht ... kein Sonnenstrahl die Düsternis erhellend – furchtbar ... wenn es regnete, dann weinte der Himmel über all das Elend in der Welt ... und die Tage gingen einer nach dem anderen dahin, wie schwarze Rosenkranzperlen, bis diese sinnlose Existenz sich ihrem lang schon überfälligen Ende näherte ...

Toll. Ich konnte mir Schwester Zofias Reaktion auf dieses Stück kreativer Schriftstellerei bestens ausmalen. Aber das war jetzt mein wirkliches Leben und es war ein Klischee, ein höchst verschwommenes, sinnloses, abgedroschenes, nutzloses Klischee. Und ich musste es bis zum Ende durchstehen.

26

Erichs Fall kam vor Gericht, ein volles Jahr nach seiner Verhaftung. Ich war Zeuge und trug dazu bei, dass er freikam. Onkel bot ihm eine Wohnung in einem unserer Häuser an, aber er zog es vor, Kalisch zu verlassen und sein Glück in Warschau zu versuchen. Ich sah ihn nur einmal, einen grauhaarigen, graugesichtigen kleinen Mann in einem schlotternden Mantel. Er sah sehr krank aus und klagte über Atemnot. Er war für Lydias Sünden während der Besatzungszeit eingesperrt worden. Schließlich, so beschloss es der bürokratische Verstand, wenn er von Geburt Deutscher war und sie Polin und wenn in dieser Familie jemand mit der Besatzungsmacht kollaboriert hatte, dann konnte das nur er gewesen sein. Das schien logisch. Zufällig war es nicht wahr. Es dauerte ein Jahr, bis die Behörden ihren furchtbaren Fehler einsahen, und dieses eine Jahr im Gefängnis bewirkte, was sechs Jahre harten Kampfes nicht hatten erreichen können: Erich war ein gebrochener Mann, körperlich wie seelisch – von seiner Liebe zu Lydia allerdings hatte ihn auch das Gefängnis nicht kuriert. Als er kurze Zeit später starb, waren seine Taschen voll von ihren Fotos.

An einem herrlichen Frühlingstag ging ich gerade trübsinnig über eine belebte Brücke nach Haus, als ein scharfes

Klipp-Klapp von Pferdehufen mich den Kopf heben ließ. Eine kleine Kavallerieabteilung tänzelte durch die Straße auf uns zu. Die Menge teilte sich, um sie durchzulassen, und alle die müden Rücken streckten sich, die hängenden Gesichter hellten sich auf, die Augen leuchteten beim Anblick dieser wunderbar gepflegten Tiere und Männer.

Der Offizier, der den Trupp anführte, hob eine behandschuhte Hand und salutierte und die Menge reckte sich die Hälse aus, um die derart geehrte Person zu sehen, und ihre verblüfften Blicke fielen auf mich. Achilles hatte sein Versprechen wahr gemacht, mich mitten in der Stadt von seinem Pferd zu salutieren, worauf ich in eine liebliche Prinzessin verwandelt und er mich über die sieben Meere hin entführen würde. Das Pferd musste ein schneeweißer Schimmel sein, aber seines war kastanienbraun, daher wirkte der Zauber nicht. Gelähmt stand ich mitten auf der Brücke und wünschte, sie würde sich öffnen und mich in den Fluss versinken lassen. Rund um mich war ein Meer von verschwommenen Gesichtern, die ich mehr fühlte als sah, und alle lachten. Stell dir einen Kavallerieoffizier vor, einen feschen jungen Mann in Paradeuniform, und der salutierte diese ... Wer war sie überhaupt? ... Muss ein Witz sein ... Das konnte er doch nicht ernst meinen. Und überhaupt, glaubst du nicht, sie ist ... sie muss doch ...

Kopf voran, tauchte ich unter in der Menge, schob und rempelte mich wieder heraus und rannte zum Park, so schnell mich meine Füße trugen. Oh, Achilles, wie konntest du? ... Weißt du nicht, kannst du nicht sehen, dass ich es nicht ertrage, wenn mich jemand ansieht ... ? Siehst du denn nicht, wie lächerlich ich ausgesehen haben muss, wie es schmerzte, dass mich alle diese Augen durchdringend, forschend anstarrten? Wusstest du nicht, wie sehr ich mich vor den Blicken der Leute fürchte?

Ganz unvermittelt kam die Wahrheit in mir zum Durchbruch. Die gleiche Wahrheit, die ich bei Sabina verspottete und die ich in mir selber nicht erkennen wollte. Jawohl, ich hatte Angst. Seit dem Frühling des Jahres 1940 und unseren Ausflügen mit Mutter und Kusine Rosa in die Warschauer Parks hatte ich immer schon Angst gehabt, mein Gesicht zu zeigen, Angst, angestarrt zu werden, ganz gleich, von wem. Ich hatte Angst seit dem Tag, als der Straßenbahnschaffner Johnnie Yankiel nannte und diese unbekannte Frau von einem fahrenden Wagen abspringen musste. Von diesem Tag an bedeutete mein Gesicht Gefahr, eine Einladung zu Beleidigungen oder zu Schlimmerem, und jede persönliche Bemerkung über mein Aussehen, und sei sie noch so schmeichelhaft und gut gemeint, stürzte mich in Panik.

Ich erinnerte mich, wie ich unter Schwester Ludvikas Händen schwitzte, als sie meinen Kopf nach Läusen absuchte und eine Bemerkung machte über mein dichtes Haar. Wahrscheinlich eine ganz unschuldige Bemerkung, aber ich überlegte sofort krampfhaft, ob jüdisches Haar vielleicht besonders dicht war, und heimlich studierte ich die Haare der anderen Mädchen und versuchte, ihr Volumen abzuschätzen.

Und sogar in der Kirche … ja, Sabina hatte Recht … sogar in der Kirche war die Angst gegenwärtig. Ich versteckte mich immer hinter der dicksten Säule in der dunkelsten Ecke und jedes Mal, wenn ich mich der Kommunionbank näherte, rechnete ich halb und halb damit, zurückgewiesen oder um eine Bescheinigung gebeten zu werden … Sogar dort brannten die Blicke und immer, wenn zwei die Köpfe zusammensteckten, hatte ich den Verdacht, dass sie vielleicht über mich tuschelten.

Es hatte zu regnen begonnen, aber ich blieb am Ufer sitzen, in den Fluss starrend, zu erschüttert von dem kurzen Blick auf das, was ich da in mir trug, um ans Fortgehen zu denken. Der warme Frühlingsregen trommelte mir auf den Kopf, teilte rückwärts mein Haar und klebte mir das Kleid an den Rücken, bis es durchsichtig und klebrig war wie ein nasser Umschlag. Wie konnte ich auf diese Art weiterleben? Wo jeder Blick schmerzte, jedes Wort ein gegen mich abgeschossener Pfeil war, wo eine unerwartete Bewegung auf der Straße einen Angriff bedeutete und jede Nacht mir Träume brachte, so furchtbar, dass ich sie nicht ertragen konnte, dass ich aufwachte und in mein Kissen schluchzte und schrie. So konnte es nicht weitergehen. Bis jetzt hatte ich nicht den Mut gehabt, dem allen selbst ein Ende zu machen, wegen der leisen Hoffnung, dass noch jemand – morgen vielleicht – zurückkommen würde, und dann musste ich da sein, um sie zu sehen. Mir fehlte der Mut oder die Willensstärke, um dem ein für allemal ein Ende zu machen; dennoch erkannte ich jetzt ganz klar, dass ich mit dieser Angst nicht weiterleben konnte. Es schien keinen Ausweg zu geben.

Der Regen hatte mich endlich aus dem Gebüsch getrieben, und als ich in dem heftigen Guss davoneilte und mir vollkommen nackt vorkam in meinem triefnassen Kleid, schloss ich einen letzten Handel mit mir selber. Schließlich war seit Kriegsende erst ein Jahr vergangen. Noch immer kamen Leute zurück. Jede Woche brachte neue Geschichten von einem wundersamen plötzlichen Auftauchen von Menschen, die man schon lang totgeglaubt hatte. Es war nur eine Frage von Glauben und Geduld. Ich werde bis zum Ende des Sommers warten oder vielleicht bis Weihnachten und mich dann entscheiden ...

27

Der Sommer kam früh und die Hitze war erdrückend. Ich überlegte, wie ich es Onkel am besten beibrachte, dass ich keine Aussicht hatte, in die nächste Klasse versetzt zu werden. So etwas war in unserer Familie noch nie vorgekommen und ich rechnete mit einer donnernden Reaktion. Ich war in die Leihbibliothek gegangen und ertastete mir gerade meinen Weg eine dunkle Wendeltreppe hinunter, als mich ein Mann an der Schulter packte. In meiner Versunkenheit hatte ich ihn nicht auf der Treppe bemerkt und jetzt riss ich meinen Arm aus seinem Griff und starrte ihm misstrauisch ins Gesicht. Ich kannte ihn nicht, aber ich war daran gewöhnt, dass verschiedene Leute mich erkannten, Freunde meiner Eltern, an die ich mich nicht erinnerte, also war ich nicht überrascht, als er meinen Namen sagte.

»Ja, ich bin Janie David«, antwortete ich und wollte an ihm vorbei. Er hielt mich noch einmal auf.

»Ich kenne Sie nicht«, sagte er und etwas in seiner zögernden Stimme bewirkte, dass ich stehen blieb und mich ihm zuwandte. In der Dunkelheit der Treppe war sein Gesicht im Gegenlicht, das Licht fiel nur auf mich.

»Ich war nie zuvor in dieser Stadt«, fuhr er fort. »Aber ich kannte Ihren Vater … wir waren zusammen in Majdanek … im Frühling 1944. Ich und ein paar andere konnten fliehen. Wir bestürmten Ihren Vater, mit uns zu kommen. Aber er war sehr krank und hatte Angst, er wäre für uns ein Klotz am Bein oder würde uns Schwierigkeiten bringen. Wir versuchten, ihn zu überreden, aber er kam nicht mit. Er war zu schwach. Aber er sprach so viel über Sie, mit uns allen. Wir kannten Sie alle. Er rezitierte Ihre Gedichte. Er war so stolz auf Sie. Er hoffte, Sie würden überleben … Bevor wir gingen, bat er jeden von uns, nach dem Krieg nach Kalisch zu gehen und zu sehen, ob Sie hier wären … und Ihnen zu sagen, wie sehr er Sie liebte und dass er bis zum Ende an Sie gedacht hat. Ich konnte mich nicht mehr an die Adresse erinnern, aber als ich Sie sah, war ich ganz sicher, wer Sie sind. Sie sehen ihm so ähnlich …«

Ich tauchte aus einer langen Finsternis auf, auf der Stiege sitzend, meine Bücher an mich drückend. Der Fremde war verschwunden. Hatte ich alles geträumt? In plötzlicher Panik sprang ich auf und rannte hinaus und ihm nach, aber im Eingang war niemand und draußen strömte die Menge in Sommerkleidern vorbei wie immer. Und plötzlich fiel mir ein, dass ich mich nicht einmal an sein Gesicht erinnerte …

Ich ging heim, schritt langsam und vollkommen gefasst durch die Stadt. Langsam ging ich die Stiegen hinauf, öffnete die Tür, trat in mein Zimmer, drehte den Schlüssel um und ließ mich sehr vorsichtig aufs Bett gleiten. Durch das offene Fenster starrte der strahlende Himmel herein und ich starrte ohne mit der Wimper zu zucken zurück. Ich empfand nichts. Mein Kopf war innen voll Watte, mein Körper hatte aufgehört zu existieren. Ich wusste nicht, ob ich atmete und mich bewegte. Mein einziger Gedanke war, dass ich in diesem Zustand bleiben musste, dass ich ihn aufrechterhalten musste wie eine Betäubung, denn sobald er verging, würde der Schmerz, der sich irgendwo in meinem Körper versteckte, angreifen und dann würde ich schreien müssen.

Der Himmel verblasste, dämmerte, wurde endlich finster. Die Sterne kamen heraus. Reglos, empfindungslos lag ich da, fragte mich manchmal, ob man sich vielleicht nach dem Tod so fühlte, konnte aber keinen Gedanken in mir Wurzel fassen lassen, denn ein Gedanke würde zum anderen führen ...

Als der Himmel von neuem bleich wurde und die Dächer im Sonnenaufgang erröteten, stand ich auf, steif, mit ungeschickten Bewegungen, als wären meine Glieder gebrochen, packte ein paar Sachen zusammen, schob sie in einen Rucksack, schrieb ein paar Zeilen an meine Vermieterin und verließ leise das Haus.

Sobald die Straßen mit ihrem Katzenkopfpflaster hinter mir lagen, zog ich Schuhe und Socken aus und das Gefühl des warmen, rauen Sandes war die erste körperliche Empfindung, die ich mir seit gestern bewusst aufzunehmen erlaubte. Ich ging langsam, nach einer Weile fiel ich in den leichten Marschschritt der Klostertage, wenn wir über die Feldwege gewandert waren.

Die Sonne stand hoch und brannte, als mich ein Bauernwagen überholte und der Kutscher nach hinten nickte. Ich sprang auf die Bretter zwischen den Hinterrädern und kauerte dort auf einem Bündel Stroh, bis wir zu einer großen Kreuzung kamen. Ich brauchte nicht nach der Richtung zu fragen. Die Karte des ganzen Weges war in mein Gedächtnis eingegraben und ich war sicher, dass ich den Weg instinktiv finden konnte.

Mit einem schweigenden Nicken glitt ich vom Wagen und wandte mich einer Sandstraße zwischen zwei dunklen Wänden von Föhren zu. Der vertraute kühle Geruch des Harzes, das tiefe Flüstern der Äste, der gelbe Sand. Eine riesige Welle stieg in mir auf, drohte mich zu verschlingen, und ich kämpfte mit zusammengepressten Zähnen, um sie niederzuhalten. Dafür war hier weder Zeit noch Ort. Aber den werde ich bald erreichen.

Die Straße bog in einen schmalen Feldweg ein und plötzlich war alles da: der verrückte Zaun, der sich an Baumstümpfe lehnte, das gähnende Tor, das an einer Angel hing; Enten und Gänse, Hühner und Babys und ein bellender weißer Terrier mit einem Fleck über dem einen Auge. Der offene Brunnen unter dem Birnbaum. Die weiße Farbe, die von den Mauern der mit wildem Wein überwachsenen Villa abblätterte. Eine blonde junge Frau kam auf die Veranda heraus, ein kleines Kind hing an ihrem Rock, der Rock war eng über ihren schwangeren Leib gezogen. Einen langen Augenblick starrten wir einander an.

»Christina?«

»Janie?«

»Komm herein«, sagt Christina und tritt zurück. Die Holzbretter der Veranda sind trocken und warm. Durch das kleine Fenster im Hinterzimmer schaue ich schnell in den Obstgarten, der jetzt ganz verwildert ist, und muss eine neue Welle von unerträglichen Erinnerungen unterdrücken.

»Du kannst hier bleiben, solange du willst«, sagt Christina später, als wir vor Tellern mit gekochten Kartoffeln und saurer Milch sitzen. »Ich bleibe hier, bis ich im Oktober das Kind kriege, und bis dahin bist auch du willkommen. Ich freue mich, jemanden bei mir zu haben.«

Ich nicke schweigend. Christina glaubt wahrscheinlich, dass ich sehr müde bin, während ich nur einfach unfähig bin zu sprechen. Bei Sonnenuntergang inspizieren wir den Obstgarten. »Seit Papa letzten Winter gestorben ist, ist keiner da, der hier Ordnung hält«, erklärt Christina. »Der Hausmeister – erinnerst du dich an ihn und seinen Haufen Kinder? –, nun ja, er ist noch immer da, aber er hat ohnehin alle Hände voll zu tun. Seine Frau bekommt immer noch jedes Jahr ein Kind, nur dass es seit Kriegsanfang lauter Jungen waren. Anna, die Älteste, ist verheiratet und bekommt auch schon jedes Jahr ein Baby. Maryla, mit der du immer gespielt hast, hat diesen Frühling geheiratet und lebt jetzt im nächsten Dorf.«

Ich hob meine Augen vom Boden und da vor mir stand die riesige alte Eiche. An der mein Vater an jenem ersten Tag in Kreuzwege, vor so vielen Hunderten von Jahren, meine Schaukel aufgehängt hatte. An den Wochenenden, wenn meine Eltern auf Besuch kamen, deckte Stefa unter ihrem weit ausgreifenden Schirm den Tisch. Und in der Nacht schlief Tadek in ihrem Geäst. Und da steht sie jetzt, schwarz und nackt, bis zu den Wurzeln gespalten, die beiden Hälften voneinander weg gebeugt.

»Ja, es ist wirklich schade«, sagte Christina. »Sie wurde 1940 vom Blitz getroffen. So ein Gewitter hatten wir noch nie. Es war fürchterlich. Ich hätte den Baum fällen lassen sollen, aber ich bringe es einfach nicht über mich. Er ist viel älter als das Haus und ich hoffe noch immer jeden Frühling, dass er wieder austreibt.«

In dieser Nacht sitze ich in der winzigen, geweißten Zelle auf dem Bett, das ganze Bettzeug um mich aufgehäuft, und zittere vor Furcht. Durch die vorhanglosen Fenster sieht der Mond aus wie ein gebleichter Totenschädel. Ich sehe seltsame Schatten in den Ecken und seltsame Gerüche steigen aus dem fremden Boden auf. Und ohne hinzuschauen weiß ich, dass die Wände und die Decke voll sind von Würmern, Insekten, Spinnen und namenlosen Geschöpfen und dass sie jeden Augenblick mein Bett überfallen werden.

Es gibt kein elektrisches Licht in Kreuzwege, ich habe meine Kerze am Fenster gelassen, zu weit weg, um sie vom Bett aus zu erreichen, und nichts könnte mich dazu bringen, einen Fuß auf den Boden zu setzen, wo es ebenfalls von Gewürm wimmelt. Zitternd sitze ich da, der Schweiß rinnt mir über den Rücken, während die weißen Wände sich in eine Leinwand verwandeln und das Mondlicht Leichen malt, nackte, ausgezehrte Körper, Stacheldraht, Wachtürme und Baracken und die hohen Rauchfänge der Krematorien. Ich bin von ihnen umzingelt, der Geruch des Verbrennens ist in meinen Nasenlöchern, ich verstecke den Kopf in den Armen, um nichts zu sehen. Aber da sind sie auch.

Durch das offene Fenster murmelt der Obstgarten mit lang vergessenen Stimmen, die Dorfhunde bellen, ein Nachtvogel trillert. Und die dunkle Wand des Waldes über der Straße flüstert mir eine drängende Botschaft zu, die ich nicht länger verstehe. Vor vielen, vielen Jahren, oder war es in einem anderen Leben, war ich hier einmal glücklich. Jetzt kam ich her, um zu sterben, in der Hoffnung, Ruhe zu finden, aber ich brachte meine Qual mit und sie lässt mich nicht in Frieden. Ich habe das Ende des Weges erreicht. Hier muss ich bleiben, bis ich sterbe oder bis ich einen Ausweg finde in ein anderes Leben.

»Wie war's denn hier im Krieg?«, frage ich Christina eines Morgens beim Frühstück.

»Ach, es war ruhig. Ich war die ganze Zeit hier, weißt du. Papa war mit Janice in der Stadt – sie ist jetzt in der Schule – und Tadek war in Warschau. Er war beim Aufstand dabei und wurde nach Deutschland geschickt, in ein

Lager. Jetzt ist er zurück; vielleicht kommt er eines Tages vorbei. Hier hatten wir überhaupt keine Deutschen. Unten im Dorf, beim Postamt und im Geschäft, da waren sie ein paar Mal und natürlich sind sie auf der Hauptstraße auf und ab marschiert, aber in den Wald sind sie nie gekommen, unseren kleinen Feldweg haben sie nie gefunden. Stell dir vor... wenn ihr hier geblieben wärt, niemand hätte es erfahren... Deine Eltern und du und Stefa. Ihr hättet die leere Wohnung haben können...«

Ich stand abrupt vom Tisch auf. »Ich mache jetzt einen Spaziergang. Bis dann.«

»Komm zu Mittag zurück, ich werde uns was kochen. Schau, ob du wilde Erdbeeren findest, wenn du in den Wald gehst. Die werden jetzt reif...«

Der Wald verschlingt mich in seiner duftenden Dämmerung.

Ich liege auf einem Teppich aus Moos und Nadeln und lasse mich von der drängenden Stimme der tanzenden Äste in Schlaf wiegen.

Den Rest dieses Sommers verbrachte ich im Wald. Jeden Morgen ging ich mit einem Korb und einem Krug von zu Hause fort und füllte sie mit Pilzen und Beeren auf meinem Weg in den fernsten Winkel dieser Wildnis. Dort gab es eine kleine Lichtung, einen kreisförmigen Teppich aus langem Gras, mit ein paar weißen Birken, die an den Rändern standen. In der Mitte dieses Grasfleckens gab es einen kleinen runden Teich, ein klares blaues Auge, das fest und heiter den Blick der Sonne erwiderte. Kein Geräusch der Außenwelt drang in diesen Hort meiner Zuflucht; nur die Vögel, die in den Bäumen sangen, und die Hunderte von Fröschen, die am späten Nachmittag rund um den Teich quakten. Hier lag ich lange Stunden, starrte in den Himmel und spürte nichts außer dem kühlen, feuchten Gras unter meinem Rücken und der Sonne, die mir auf die Haut brannte.

Christina fand einen alten Schwimmanzug, den ich 1939 bei meinem letzten Aufenthalt hier getragen hatte, und ich stand zitternd da, den vertrauten marineblauen Wollstoff in der Hand, mit dem kleinen Jantzen-Mädchen, das graziös von meiner Hüfte ins Wasser sprang.

Ich war in den Jahren seither so wenig gewachsen, dass ich den Schwimmanzug noch immer tragen konnte, und den Rest dieses Sommers zog ich nichts anderes mehr an.

Als die Pilzzeit kam, aßen wir nichts anderes und ich lernte ihre vielen Arten erkennen. Es gab welche, die nur in dem jungen Tannenwald wuchsen, der erst vor kurzem gesetzt war, wo die Äste bis zum Boden reichten, so dass niemand eindringen konnte. Aber die Millionen Nadeln schreckten mich nicht, mit dem Kopf voran tauchte ich unter die tiefsten Zweige und kroch auf Händen und Knien geradewegs bis in die Mitte des Dickichts. Auf den Boden festgenagelt von den stechenden Zweigen, die bei jeder Bewegung meinen Rücken peitschten, erlebte ich dort einen Augenblick schwärzester Panik. Ich konnte nicht aufstehen, ohne dass mir die halbe Haut abgerissen wurde; ich konnte nicht weiter als einen Viertelmeter vor mir sehen; wenn ich jetzt die Richtung verlor, dann konnte ich stundenlang auf den Händen und Knien im Kreis kriechen, ohne jemals hinauszukommen. Der Geruch war erstickend, mein Kopf drehte sich und die Finsternis drohte mich zu verschlingen. Ich schob mich weiter, zuckend, meine Augen verdeckend, Haarbüschel an den Stämmen zurücklassend, meine Knie bluteten und meine Brust brannte vor plötzlichem Luftmangel.

Ich schoss aus diesem Wald hinaus wie eine Kugel aus einem Gewehr, saß keuchend im Gras und blinzelte im jähen Sonnenlicht. Es brauchte eine Stunde, um mir die Nadeln aus dem Haar zu bürsten, und ich war über und über zerkratzt, aber außer einem vollen Korb von Pilzen hatte ich auch noch eine seltsam hochgestimmte Empfindung, fast wie Triumph, als hätte ich etwas Großes geleistet.

Bei jedem Ausflug in das Dickicht kehrte dieses Gefühl wieder. Jedes Mal dieses entschlossene Untertauchen, Kopf voran, in die stachelige Mauer der jungen Bäume; das verbissene Kriechen unter den Ästen auf der Suche nach Pilzen, dann ein kurzer Moment der Panik, wenn ich den Mittelpunkt erreicht hatte und mir klar wurde, dass ich weder aufstehen noch meine Richtung erkennen konnte. Und dann die bewusste Anstrengung, meine Angst zu beherrschen und meinen Weg ins Freie zu finden.

Nach dieser Prüfung warf ich mich ins lange Gras auf meiner kleinen Lichtung und schlief bis zum Abend. Langsam vergingen die heißen Sommertage und unmerklich kam ich heraus aus meiner Trance. Im kühlen Gras liegend und in den blauen Emailhimmel starrend, ertappte ich mich dabei, wie ich plötzlich an Kalisch dachte, an meine Freunde dort, an Onkel, an viele alltägliche Dinge, sogar an meine Schulaufgaben. Ich konnte mir noch immer nicht vorstellen, dass ich wieder dort leben sollte, mich für irgend etwas interessieren könnte. Diese Dinge gehörten zu einem anderen Leben, zu einer Vergangenheit, in die ich nie mehr eingehen würde. Ich konnte nicht im Geringsten erkennen, was vor mir lag, aber zum ersten Mal, seit der Schlag gefallen war, war ich bereit zuzugeben, dass eine Zukunft auf mich wartete. Dass ich nicht sterben würde; dass es bald notwendig würde, Pläne für ein neues Leben zu machen, das weitergehen würde, trotz allem, was geschehen war.

Onkel hatte vage davon gesprochen, dass er nach Australien auswandern wollte, und als ich zum ersten Mal davon hörte, lehnte ich die Idee entsetzt ab. Ich konnte mir nicht vorstellen, jemals Polen oder gar Kalisch zu verlassen. Schließlich war das hier das einzige Leben, das ich kannte. Das war die Sprache, in der ich denken, lieben, beten, fühlen gelernt hatte. Die Sprache, in der ich noch immer Gedichte und Lieder schrieb, obwohl ich nicht länger betete. Was sollte aus mir werden, was mir bleiben, wenn ich auch das noch verlor?

Konnte man denn im Alter von sechzehn Jahren noch ein neues Leben beginnen, neue Interessen entwickeln? Und wer würde mir dabei helfen? Nein, das konnte ich nicht tun, ich hatte viel zu viel Angst. Und dennoch, wie ich jetzt so im Wald von Kreuzwege darüber nachdachte, schien das der einzige vernünftige Ausweg. Da ich mir nicht vorstellen konnte, hier zu leben, und da ich vorläufig aber auch noch nicht sterben würde, sollte ich vielleicht doch versuchen, ein ganz neues Leben anzufangen. Vielleicht sollte ich fortgehen aus dieser Stadt, die ich über alles liebte, die aber zum Grab aller meiner Erinnerungen geworden war; von diesem Land, dem einzigen, das ich kannte, und das zu einem riesigen Friedhof geworden war, bewohnt von Millionen nach Rache schreienden Geistern; fort, so weit wie möglich, ans andere Ende der Welt, wo keine genagelten Stiefel jemals über die Erde schritten und keine Bombentrichter die Felder verunstalteten. Ich wusste nichts über Australien, das in meinem Geografiebuch eine Seite im letzten Kapitel einnahm, zusammen mit dem Mond. Es schien eine gute Wahl.

In der Nacht konnte ich noch immer nicht schlafen, zitternd schaute ich zu, wie die weißen Wände sich auflösten und Szenen aus den Lagern zeigten, aber jetzt konnte ich manchmal auch andere Dinge sehen: unser altes Zimmer im Ghetto, Frau Kraut und ihren Mann, Rachel, die Sjercks, die Beatusse, die Straßen, die Menschenmengen, die Tore des Umschlagplatzes, die ich als Einzige nicht passiert hatte. Langsam, Wort für Wort, Gedanke für Gedanke, begann ich das Unsagbare zu benennen, die Worte auszusprechen und die Gefühle, die sie erweckten, zu beherrschen: Meine Eltern waren tot. Ich schluckte den Schmerz hinunter und sah zum Himmel hinauf und erwartete keinen Blitz mehr aus heiterem Himmel, der mich traf dafür, dass ich eine solche Blasphemie auszusprechen wagte.

Solange es noch eine leise Hoffnung gegeben hatte, dass Vater überlebt hatte, solange war auch Mutters Überleben gerade noch möglich gewesen ... Irgendwie hatte ich trotz Vaters Brief geglaubt, dass sie beide irgendwo zusammen waren und eines Tages zurückkommen würden. Jetzt gab es keine Hoffnung mehr. Mutter musste im Tod allein gewesen sein. Wie, und wann? Hatte sie uns, Erich und Lydia, wirklich gesucht, hatte sie versucht, vom Ghetto aus zu uns zu gelangen, durch diese paar kurzen Straßen, die seine Tore von unserem Haus trennten? Was war geschehen? Wer hatte sie auf den Straßen von Warschau verraten? Wie war sie gestorben?

Und Vater? Der Mann sagte, er sei dort gewesen, im Lager, im Jahr 1944. Plötzlich erinnerte ich mich wieder an dieses außergewöhnliche Gefühl von Vaters Nähe, dort in den Wäldern rund um das Kloster. Majdanek wurde im Juli 1944 von den Russen genommen. Wenn Vater damals noch lebte, war er wenigstens in Freiheit gestorben. Vielleicht ... vielleicht hatte er noch bis zum Herbst gelebt, als ich ihn so nahe spürte, dass ich jeden Augenblick mit seinem Erscheinen rechnete. War er damals wirklich gegenwärtig, im Geist, der schon seinen Körper verlassen hatte? Oder lebte er noch und dachte seine letzten Gedanken?

Ich drehte mich um und verbarg das Gesicht im langen Gras. Die Erde drehte sich mit erschreckender Schnelligkeit, raste durch die ewige Nacht, und ich klammerte mich mit beiden Händen fest, presste mich an ihre unnachgiebige Oberfläche. Wenn ich nur auch da unten sein könnte, wie alle die, die schon friedlich tot und begraben waren. Wie sicher würde ich mich endlich fühlen. Aber ich war draußen, die Erde wollte mich noch nicht, und es gab keinen Weg zu denen, die schon darunter waren. Es hatte keinen Sinn, mit den Fäusten auf sie zu schlagen und darum zu betteln, dass sie mich einließ. Ich musste die mir zugemessene Zeit zu Ende leben – allein.

Ich schloss meine Augen, drückte mich mit dem Rücken gegen die Erde und wiederholte laut: »Meine Eltern sind tot. Sie starben in einem Konzentrationslager oder, von ihren Mitbürgern verraten, auf einer Straße der Stadt. Wie, wann oder genau wo das geschah und wo sie begraben sind, werde ich nie erfahren. Es wird kein Grab geben, das ihre sterblichen Überreste aufnimmt. Dieses ganze Land ist ein Grab, die ganze Erde ein riesiges Grab, und irgendwo sind sie ein Teil davon. Ich kann jetzt fortgehen, aber solange ich die Erde berühren kann, solange bin ich auch mit ihnen verbunden.«

Durch halb geschlossene Augen schien der strahlende Himmel. Vor seinem harten blauen Hintergrund tanzte ein leuchtendes Muster von Blättern. Ich erwachte nach einem langen Schlaf, in dem der Duft in der Sonne reifender Äpfel und Birnen wie durch ein Wunder wiedergekommen war und sogar jetzt noch die Luft um mich erfüllte. Die Erde war weich. Ich lag auf dem Rücken, spürte, wie der Boden unter mir nachgab, wie eine warme

Wiege. Gras wuchs zwischen meinen Fingern und über meinen Leib; Ameisen krochen über meine Beine. Ruhig sah ich ihnen zu, ohne jeden Schauer der Angst. Sie und ich, wir alle gehörten der Erde an. Sie war die einzige unzerstörbare Grundlage unseres Daseins. Sie gab uns das Leben und zu ihr werden wir alle eines Tages heimkehren. Das war die einzige Sicherheit, der einzige Trost.

Aus den Obstgärten, die in der Herbstsonne träumten, brachte der Wind den Duft reifender Früchte. Den Duft des zurückkehrenden Lebens. Den Duft des Friedens.